U0592463

XIAOBANHUARANGJIAOYUZOUXIANGYOUZHIGAOXIAO

小班化
让教育走向优质高效

——小学数学小班化教学的实践与探索　　潘桂华 主编

山东人民出版社

威海市基础教育重点课题研究成果系列丛书

编 委 会

主　　任　王　强

成　　员　宋宗强　丛阳滋　包　英　董德权

王义君　张华燕　王万琛　于国贞

单永进　王曰牟　董绍才

本册主编　潘桂华

副 主 编　丛丽莉　梁　娟　董琰彦

编写人员　（以姓氏笔画为序）

于华静　于丽平　于爱敏　王晓萍

吕红芹　李　强　李淑芹　张娜娜

闵晓宇　侯军秀　韩卫东　葛丽霞

总　序

　　《威海市基础教育重点课题研究成果系列丛书》是威海市教研中心主持的几项重大课题研究的阶段性成果。"十一五"期间,市教研中心立足于提高中小学教育教学质量和培养学生良好的品格,先后启动了"小学小班化教学研究"、"初中构建生命化课堂的实验研究"、"普通高中新课程有效教学研究"、"中小学培养学生良好习惯实践研究"、"中小学综合实践与科技创新活动实施策略的研究"等课题研究,经过几年的辛勤探索,课题研究取得了显著成效,得到了广大教师和学校领导的高度评价,对加快我市教育的内涵、优质、特色发展起到了重要作用。同时,通过课题研究,初步探索出了具有本土化特色的体现"专业引领、同伴互助、自我反思"教师专业发展理念和基于问题解决的教研活动新模式,促进了教师的专业化发展和学生的全面而个性发展,这为"十二五"期间课题的深化研究打下了坚实的基础。

　　回首向来萧瑟处,亦有风雨亦有情。各课题组历时几载的实践探索,太多的精彩夹杂着难忘的煎熬,太多的感动伴随着难忘的痛楚。其中的研究历程让我们更加明了教育的应为和难为。我们奉献给读者的是课题研究的一系列思考、典型经验、做法和体悟,这些成果也许不够完美和成熟,但却是原生态的,是一线教师、学校领导和教研员共同走进课堂、走进学生,共同筛选与梳理问题,共同研究与反思的智慧结晶,也许对前行于课题研究之路上的人们有所启发。

　　借丛书出版之际,向为课题研究作出持续努力的各课题组成员表示最深切的敬意和谢意,向为丛书的出版付出辛勤劳动的山东人民出版社的领导和编辑表示深深感谢。

丛书编委会

 **序**

实施小班化教育实验三年之际,威海市教育教学研究中心将他们的研究成果结集出版,我欣然接受邀请,为这本题为《小班化 让教学走向优质高效——小学数学小班化教学的实践与探索》的成果作序。

国家中长期教育改革和发展规划纲要指出:"教育公平是社会公平的重要基础……教育公平的基本要求是保障公民依法享有受教育的权利,关键是机会公平,重点是促进义务教育均衡发展。"基于此,小班化教育是"在现代教育理念指导和小班配置条件下,小班化教育的实践和特征逐渐形成、发展和完善的进程"。从社会发展与教育发展的规律来看,小班化教育是均衡教育、公平教育和优质教育的发展趋势。我们始终倡导并落实赋予每位学生均等的受教育的机会与发展权利,着眼于教育内涵的弘扬,着眼于对受教育者更深层次和更为充分的生命关怀。这些目标在学校工作落实的主要途径就是小班化教育的课堂教学。

细细品读此书稿,感动之余,思有所启:只有小班化教育,才能更有效地把教育视觉真切地深入到孩子们的生命里,才能当之无愧地被誉为"学生喜爱、家长满意、师生心仪"的教育。

威海小班化教学,在创造性的班额配置物理时空里,力求将课堂与孩子的生命成长规律对接,与孩子的生活经验对接,与社会实践对接,在充分关注个体差异的前提下,构建丰富、灵活、和谐、高效的生命课堂。

几年来,在"关注个体,阳光普照、尊重生命、彰显个性"教育理念的引领下,威海小班化教育课堂教学经历了"感知模仿——实验体味——特色发展"三个阶段，在教学理念、师生关系、教与学方式、教学评价等方面引发了一系列的嬗变，并进一步将实践探索的方向深入到"个体生命优化"的路线中。在这里，每个学生都能平等而充分地参与各种教育教学活动，共享各种教育教学资源，呈现出"师生生命互动、教学滋养生成、个体优化灵活、差异相互充盈"的课堂景象，从而让每一个生命鲜活地生长。

"以梦为马，科学进行。"我们有理由相信，在"教育标准化、公平化、现代化、国际化"发展目标引领下，威海市小班化课堂教学将呈现出更为动人的师生生命成长风景……

徐云鸿　2011 年 2 月

导 言

随着新一轮基础教育课程改革的全面实施,与之相适应的教育观、教学观和人才观等都发生了根本变化,这就使得传统大班授课制弊端日益凸显,只有部分学生能与老师开展问答式的课堂直线交往活动,大部分学生只是陪客而被冷落,得不到老师的关注。而小班化教学能够使小班的时空优势"化"为更强劲的教育力,从而大大减少教育盲区,更加关注学生的主体性、差异性、互动性和情趣性,发展每一个学生的个性和创造性。基于此,威海市教研中心于2008年4月,启动了威海市教育科学"十一五"规划重点课题"小学小班化教学研究"实验,小学数学小班化研究作为子课题同步实施。

几年来,深入学习先进的小班化教育理念,借鉴南京、上海、大连等地小班化教育经验,大胆尝试,全方位进行研究,从小学数学小班化教学的外显特征与内涵发展等方面进行了梳理和总结,形成了一系列成果。这些成果既有实验者在实践过程中对小班化教育理念的认识和理解,还有教师的教学案例和具体操作策略,其间不乏对小学数学小班化课堂教学独到的见解和创造性的成果。

全书共分五章,第一章"绪论",主要是小班化教育理论方面的解读,包括相关概念的界定、小班化教育的特点、理论基础和价值取向等;第二章"国内外小班化教育概况及启示",分析了国内外小班化教育发展的概况与启示,着重介绍了威海实施小班化教育的背景与发展方向;第三章"小班化数学课堂教学的指导思想和特点及教学模式",结合大量教学案例,阐述了小学数学小班化课堂教学的指导思想、特点和典型模式等;第四章"小班化数学课堂教学中对学生学习的评价",围绕着形成性评价和终结性评价进行了解析,列举了小学数学学科对学生学习评价的策略，以及老师富有个性的评价方式；第五章"常见的教学研究成果的表达方式及文体"，陈述了常见的教学研究成果的表达方式，以具体的实例为引擎，对教学设计、教学实录、教学论文、教学案例、教学反思、教育叙事、课例研究报告、实验报告的内涵及撰写方法进行了诠释。

当然，由于课题研究的时间不长，问题的研究还有些浅显，特别是对小学数学小班化教学评价问题的研究不够系统。"十二五"期间，我们将对"小班化教学研究"课题进行延伸与拓展，届时，将对小学数学小班化教学评价进行更加深入和系统的研究，以期形成完整的小学数学小班化教学评价体系。

我们由衷地希望，在总结和展示我们探索成果的同时，能在某一方面，或者某一细微之处引起大家的共鸣，并留下我们在实施小班化教育过程中的探索足迹。

由于视野的局限，本书肯定会有不尽人意之处，诚恳地期待大家对该书提出批评与斧正！

编 者

2011 年 4 月

目 录 _____ CONTENTS

第一章　绪论

1.1　问题的提出

　　班级授课制的提出是近代教育史上的一件大事,对现代教育有着深远而广泛的影响。自 17 世纪初捷克大教育家夸美纽斯在《大教学论》中提出班级授课制以来,在相当长一段时期内,班级授课制的实施为工业革命输送了大批合格的技术人才,同时,对普及教育、促进教育发展、提高教育效率、提升人类整体素质等都起到了不可替代的作用。如今人类已迈入信息化时代,教育必须以培养现代人,即具有独立个性和人格、适应现代社会并促进现代社会发展的创新人才为目标。特别是随着新一轮基础教育课程改革的全面实施,与之相适应的教育观、教学观、人才观、学习方式、教育内容、教育手段都发生了根本变化,这就使得传统的大班授课制弊端日益凸显:只有小部分学生能与教师开展问答式的课堂直线交往活动,大部分学生只是陪客而被冷落,得不到教师的关注,学生的课堂行为和表现受到限制和压抑。长此以往,学生学习的主动性得不到发挥,因材施教得不到落实,知识和技能教学不能到位,能力培养和个性张扬不易实现,情感态度价值观的形成更是无从谈起。这种状况与我们的时代和社会的要求相差甚远。由此,小班化教育应运而生。

　　小班化教育是一个国家经济发展到一定水准,人口增长呈下降趋势后,在教育领域必然出现的改革现象。它是教育面向未来的需要,是教育面向全体的要求,是教育进步发展的趋势,是深化基础教育改革的良机。

小班化教育有利于实施素质教育,符合高标准、高质量实施九年义务教育的要求,符合基础教育全面实施素质教育的要求。以其作为载体,可以深入研究适应素质教育需要的许多重大课题。例如新课程教材改革方案的落实,新型教学策略的探索研究;为适应学生身心发展规律的多元化评价机制的研究;加强困难学生教育辅导的研究;现代教育技术在小班教学中运用的研究;小学生心理健康教育的研究和养成教育的研究等,都有可能在小班化的教育教学中取得突破性进展。

因此,小班化教育是当前小学阶段实施素质教育的一项重要措施,适应了现代基础教育的发展趋势,推行小班化教育不仅意义重大,而且势在必行。

1.2　相关概念的界定

什么是小班化教育?小班化教育是近年来在我国出现的一种新的教学组织形式,它是以改善教育综合效益为目的,以缩小班级规模为手段,使教育活动的组织方式发生全新变化的一个过程。关于小班化,教育界到现在为止也还没有一个确切的概念。即使是在最早进行小班化教育实验研究的欧美等发达国家,也没有专门对小班化教育的概念进行明确的定义和诠释。但在小班化教育的实践中,对小班化教育的内涵与概念的理解还是取得了比较一致的认识。

1.2.1　小班化教育的内涵

小班化教育是以提高每一个学生接受教育的充分程度为目标指向的教育,它的核心内涵分三个层面:小班、小班教育、"小班化"教育。

——小班,即学生数量较少的教学班,一般认为班额在 25 人左右,是教学组织的一种空间形式。

"小班"这样一种教育组织形式是相比较人数较多的"大班"而言的,除了因地域、经济发展、当地教育状况、交通、人口等因素的影响,而导致与大班人数的区别之外,在教学实施、课程设置、教学模式、教学策略等方面并无不同,只是单纯意义上的学生人数减少。

——小班教育

小班教育,即在学生人数较少的班级(即我们通常所说的小班)中,开展教育教学活动的组织形式。它是一种在新的教育理念下指导的教育组织形式。

小班教育的实验研究在国内外虽有争论,但就班级规模与学生学业成绩、情感等方面的关系,基本达成共识:班额人数减少后可能使教育活动发生一系列变化,特别是师生之间、学生之间的互动关系得到增强。由于小班教育的教育活动在时间与空间上得到重新组合,教育教学的策略、内容、方式、技术、评价等都要随之发生变化,并促使教育理念的变化,这将对实现学校教育现代化带来深远的影响。

——小班化教育

小班化教育,指在"小班"配置的条件下,小班教育的内在属性和特点逐步形成、发展,在一定范围推行"小班教育"的过程。

小班化教育是在小班教育的基础上演绎而来的。小班教育与小班化教育虽然只有一字之差,却有着本质上的差异。

在当前第八次基础教育课程改革的背景下,小班化教育已成为课程改革教育教学实验的一个重要组成部分,为课程标准的实施提供了一条可行之路。小班化教育的理论支撑、教学策略等方面的研究都积累了不少的经验,成为当前教育发展的趋势。

1.2.2　小班化教育的主要特点

——缩小班级人数规模

由于班级人数比较少,每个学生都在教师视野的关注范围内,不仅能让每个学生都得到教师的有效指导,而且能使活动教学(如游戏竞赛、角色表演、实践操作等)达到全员参与的效果。

另外,班级人数比较少,使课堂练习能实现面批面改,当面指出每个学生的优缺点,即时订正。

——改变教室空间格局

课桌椅的布置,一改过去那种简单的秧田型,而采用"半圆形""对边形""餐桌形""马鞍形""品字形"等多种形式。由于教学空间大大拓展,上课形式灵活多样,学生可在轻松和谐的氛围中学习与活动,同时也方便小组间进行合作。

小组学习,是合作教学的最基本形式。班级中可以组建各种不同的合作学习小组,让每个学生按不同的教学需要,参加不同的合作学习小组。

以形式分,可分为两人互助型、四人小组型、自由组合型等几种;

以内容分,可分为讨论型小组、互帮型小组、比赛型小组等几种;

以表达方式分,可分为中心发言式、自由议论式、互相检查式等几种。

——强调学生在班级活动中的主体地位

确立以人为本的思想,把学生视为一个个具有不同特点且客观上存在差异的人,充分了解每个学生的家庭背景、生活环境、性格特点、生活习惯、知识水平、爱好特长等,有利于实施因材施教。

在课堂教学中教师能以学生客观存在的差异为前提,有区别的制定教学要求,运用不同的教学方法,使每个学生在最适合自己的学习环境中求得最佳发展。

如根据学生个别差异,可分为 A、B、C 三个不同层次,对他们提出不同要求,可采用"同步教,异步学"的方法进行教学。教师可根据学生的个别差异,加强个别辅导,对 A 类学生重在指导自学提高,对 B 类学生重在化解难点,开发非智力因素,对 C 类学生重在补缺补差。

小班化教育的字面意义使一般人很容易就会与传统的大班教育进行联系,并对立比较。然而,这只是一种泛化的、浅表性的理解。班级人数相对较少固然是小班化教育的一个特征,但绝不是唯一的特征。在我们积极进行小班化教育实验之前,一定要对相关概念进行深入明晰的理解。

1.3　小班化教育的理论基础

20 世纪 90 年代末,随着我国教育改革的不断深入和发展,"小班化教学"悄然兴起,"小班化教学"实验也不断出现。办优质教育,办精品教育,已成为社会各界及专家学者议论的课题。小班化教学之所以在当前提出并渐成发展趋势,这与当前追求一流基础教育,让学生增加接受优质教育的机会,普遍提高全体建设者的整体素质息息相关。它有助于深化小学教育改革,推动素质教育运行机制的构建,符合当代发达教育的进步趋势。小班化教学的提出,是有其理论依据的:

1.3.1　心理学理论基础

著名的儿童心理学家皮亚杰认为,儿童的发展是一个不断演变的主动构建过程。在这一过程中,儿童主体的活动是第一性的,是发展的根本原因。从教与学的辩证关系来看,教师的教是外因,学生的学是内因,教师在整个教育教学过程中起主导作用,学生要发挥自我学习、自我发展的主体能动作用,教师的主导作用发挥得如何,主要看是否发挥了学生的自主性、能动性、创造性。因此,在我国基础教育正在进行的课程改革中,学校更加重视以学生自主性探索为基础的学习,注重学生在各种活动中的亲身体验。传统的大班教学,学生一般只能跟在教师后面,循规蹈矩,主动性得不到充分发挥;小班化教育,由于教学的空间条件发生了变化,上课形式灵活多样,学生可充分自主地学习与活动。

心理学研究还表明,学生在越受教师关注的条件下越容易取得成功(皮格马利翁效应)。良好的智力情绪,不仅能使人产生超常的记忆力,而且能充分发挥心理潜能,提高智力活动水平。小班化教学由于班级学生数量的相对减少,使得教师更有时间和精力关注到每一位学生的生命个体,帮助学生建立积极的情绪体验,从而促进学生更好地发展。

1.3.2 国际教育理论基础

据国外一项"视野与文化"的研究表明:教师在课堂教学中,视野关注的范围一般不超过 25 个学生。小班化教育由于班额人数少,增加了师生之间交往的额度,使每个学生都能均衡地得到老师的关怀和辅导,这就有效地保证了在教育过程中"面向全体学生"目标的实现。

1.3.3 教育公平理论

小班化教育是素质教育"面向全体"的需要。"面向全体"是素质教育的核心内容之一,也是现代教育的公平原则和民主精神的体现。教育公平理论是小班化教育的重要理论支撑之一,它具有四个层面的含义:

——教育观念层面。指不分民族、性别和宗教信仰的公民,人人都能平等地接受一定的教育。

——教育目标层面。教育公平的目标包括两方面:一是教育机会的均等,即每一个学生都应均等地获得充分发展的机会和条件;二是教育质量的公平,即人人都应享受到较高质量的教育,这是教育公平目标的真谛所在。

——教育制度层面。指教育制度、教育政策的公平,教育资源配置,师资力量分配的公平。

——教育过程层面。指在教育过程中应公平地满足所有儿童的发展需要,使每个儿童都获得充分的发展,即"每个人都受到适当的(而不是完全一样的)教育,这种教育的进度和方法要适合个人的特点"。

小班化教育更注重在教育过程层面上充分地体现教育公平原则精神,让学生充分享受各种教育资源,满足每个学生接受优质教育的需求。

1.3.4 教育学理论基础

从教育学理论来看,小班化教育的产生就是"个性化教育"的产物。20 世纪50 年代以后,世界各国兴起一股"个性化教育"思潮,其中马斯洛的"心理潜能发展"、罗杰斯的"非指导性教学"、科尔倡导的"开放课堂"等为个性化教育思潮奠定了理论基础。尤其是美国哈佛大学心理学家霍华德·加德纳的"多元智能理论"认为:人的才能是多元的,有语言智能、音乐智能、逻辑数理智能、空间智能、人际智能、身体运动智能、自我认知智能、自然认知智能等。这几种智能代表了每个学生的不同潜能,各种智能之间的不同组合表现出了个体之间的智力差异,这些潜能只有在适当的情境中才能充分地展示出来。在小班化教学中,教师能够做到针对学生的个别差异来设计,促进每个学生的潜能都得到发展。

——便于因材施教:小班化教学能使具有不同个性差异的学生得到充分的发展。"有教无类,因材施教"是我国教育鼻祖、师圣孔子于两千多年前对教育提出的精辟论断,他的这一理论得到了世界各国教育家的高度重视。在我们实施素质教育的今天,我们也同样提出了"因材施教"。而"小班化教学",由于学生人数少这一特征,教师就能根据学生的个性差异进行课堂教学,从而使孔子的这一理论落到实处。

——交流多向性:我们知道,传统教学的弊端是知识的传授者是教师,教师在课堂上讲,学生在课堂上听,这种教学行为我们称之单向交往。随着教学改革的不断深入,教师的课堂教学形成了师生的双边活动,我们称之双向交往。而"小班化教学",学生在课堂上就具有更多的交往机会,它不局限于教师的讲,而更多的是师生之间、生师之间、生生之间的多向交往。

——学习自主性:由于"小班化教学"具有多向交往的特点,适应学生个性差异发展的需要,它特别重视学生的自主心理品质,珍惜学生解决问题的自主权,提高学生独立解决问题的能力。学生主动求知、主动练习、主动超前学习、创造性的学习能力得到了充分的提高。

——学习情趣性:兴趣是最好的老师,而需要是情趣产生的基础。在"小班化教学"中,教师处处尊重学生,关爱学生,学生的肯定性需求就获得了满足,学生的厌学感、畏惧感、孤独感就消失了。师生之间互相交流学习经验或获得知识的方法,因而行动就趋于协调一致,气氛和谐友好,关怀、同情、支持等合作情感日益加深。

1.4 小班化教育的政策支撑

现阶段,我国进入"十二五"期间,社会、经济和教育的发展都发生了巨大的变化。一方面实现了高标准普及九年义务教育的任务,另一方面由于政府坚持稳定现行计划生育政策,出生人口大量减少,中小学的入学压力相应减轻。在这种形式下,人们对接受良好教育的要求越来越迫切,对现代教育提出了培养"富有个性的创新型和实践型人才"的目标。因此,教育改革中如何倡导学生自主探索、如何面向全体、如何因材施教等诸多问题成为学校教育工作者要深入研究的课题,小班化教育也就成为中国教育的一场革命。

1.4.1 我国的教育方针

我国从实际出发,依据马克思主义关于人的全面发展这一学说,明确提出了"受教育者要在德、智、体等方面都得到发展,成为有理想、有道德、有文化、有纪律的社会主义建设者和接班人"的教育方针,这对小班化教学起着明确的指导作用。我国现阶段以人为本的思想、中共中央关于全面推进素质教育的决定、教育的公平性原则、因材施教的原则同样也对小班化教学起到了强有力的支撑。

1.4.2 《基础教育课程改革纲要》的精神

《基础教育课程改革纲要》提出"改变课程过于注重知识传授的倾向,强调形成积极主动的学习态度,使获得基础知识与基本技能的过程同时成为学会学习和形成正确价值观的过程。""改变课程实施过于强调接受学习、死记硬背、机械训练的现状,倡导学生主动参与、乐于探究、勤于动手,培养学生搜集和处理信息的能力、获取新知识的能力、分析和解决问题的能力以及交流与合作的能力。"课程改革所倡导的"自主、合作、探索"的教育理念正是实施小班化教学的教学策略。小班化教学使得学生的自主探索成为可能,也使师生之间、生生之间的交流与互动更加充分。教师在教学过程中与学生积极互动,共同发展,注重培养学生的独立性和自主性,引导学生在实践中学习,促进学生在教师指导下主动、富有个性地学习。教师在教学过程中尊重学生人格,关注个体差异,满足不同学生的学习需要,创设能引导学生主动参与的教育环境,使每个学生都能得到充分的发展。

1.4.3 《国家中长期教育改革和发展规划纲要》的精神

《国家中长期教育改革和发展规划纲要》精神中提倡的教育均等理念也是小班化教育的重要政策支撑之一。在《国家中长期教育改革和发展规划纲要》中讲到"教育公平是社会公平的重要基础"。教育公平关键是教育均等、机会公平。教育均等是指社会中的任何成员都享有均等参与学习和受教育的权利,体现在课堂教学中,每一个受教育对象都有平等参与各种教学活动和平等共享各种教育资源的权利。义务教育作为法定教育,更要体现教育均等的思想。新一轮课程改革在指导思想上也更强调了大众教育,以教育均等观为基础,赋予学生均等的教育机会与发展权利。小班化教育为每一个学生的充分发展,为他们在课堂上动脑、动口、动手提供了更为广阔的空间,使教育公平目标的实施得到更有力的保证。

1.4.4　我国现阶段的以人为本的思想

我国现阶段的以人为本的思想同样为小班化教育构建了强有力的政策框架。1996 年,联合国教科文组织发布的一份报告中强调:应当把人作为发展的中心,接受教育不再只是为了升学和谋生,更是为了个人能力的发挥和个人终身学习以及社会的和谐发展。不久前颁布的《国务院关于基础教育改革与发展的决定》与《基础教育课程改革纲要》都体现了"以人为本"的思想,坚持了马克思主义关于人的全面发展的学说并结合时代发展赋予了新的内涵,使人的发展与社会发展需要相协调、相一致。学生是有能动性的、有学习愿望的、有实践能力的人,以人为本的教育强调以学生为本位,以"为学生的可持续发展奠定基础"为目标。建立在现代质量观基础上的小班化教育正是以人的发展为出发点和归宿,并且将以人为本的教育思想贯穿于小班化教育的始终,充分体现人的个体性、充分性与主体性,在完成教学任务的同时,实现学生道德品质、审美情趣、创新精神、实践能力等综合素质的全面提高,这也弥补了大班教育中的不足之处,有助于健全学生的人格。

总之,在以上政策支撑下,小班化教育将是我国实施素质教育、实现教育现代化一条新的途径。它必将使基础教育从理论到实践、从形式到内容、从观念到技术等发生一系列的革命性的变化。

1.5　小班化教育的价值取向

小班化教育是优质教育,它是以高质量的教育效果为追求目标,是素质教育最优秀的教育思想、教育过程和教育效果。小班化教育为师生平等交往提供了更多机会,教师关注到每一个学生的生命状态,平等地呵护每一个学生的心灵,提升每一个学生的精神品质,促进每一个学生的可持续发展。"注重学生个性差异,根据学生发展水平与需求因材施教,不让每一个学生落后"成为小班化教育的根本宗旨,也是小班化教育的价值追求。

1.5.1　小班化教育是教育"公平"的需要

《国家中长期教育改革和发展规划纲要》中讲到"教育公平是社会公平的重

要基础"，而教育公平关键是机会公平，所以"等距离"便成为小班化教育的核心理念。在班级规模缩小的前提下，教师在教育教学及班级管理方面，体现等高、等距、等爱的小班精神。

在课堂教学评价方面，小班化教育提出了明确的要求：上课发言"百分百"，小班课堂每一节课每一个孩子都应该得到发言的机会，发言面要达到 100％；课堂互动"百分百"，小班课堂每一节课都应该设计师生互动、生生互动的环节，让100％的孩子参与到学习互动中来，更好地掌握知识和技能；作业面批"百分百"，针对小班的特点，教师一对一地、面对面地对孩子进行作业批改，面批率要达到 100％，发现错题，马上讲解、当场订正过关，使小班孩子的知识学得更扎实；展示自己"百分百"，写好的作业、收集的资料、画好的图画、做好的手工，孩子们可以自由贴在教室的墙壁上。这几个"百分百"，是小班孩子接受公平教育的最好保障。

1.5.2　小班化教育是教育"优质"的需要

"优质"是一个相对的、动态的概念，是与时俱进的。优质教育不是天才教育，不是示范教育，也不是贵族教育。它是符合社会发展需要，符合青少年成长规律，符合国家的教育方针，能够促进每一个学生充分发展的教育。它是人类在教育科学领域中，力求要达到的理想境界。

小班化教育既可以最大限度地利用与优化组合教育资源，又可以使学生在活动中的密度、强度、效度获得大幅度的提高。同时，对时间与空间的利用率和效益也同步提升。这就使学生不但扩大了活动的范围，而且获得了更多的作为活动主角的机会。再由于班级人数的减少，教师有条件做到"面向全体学生"，对每一位学生实施"等距离教育"，让教师的"阳光"普照到每一个孩子的身上。避免了过去教育中教师容易出现"重视两头、忽略中间"的倾向，保障了每个教育对象受优质教育的权利。

我国近年来开展小班化教育的实践证明小班化教育的确提高了教育质量。第一，小班化教育可以使教师的教学设计与教学现实条件相契合，从而大大提高了教学的计划性和有效性。第二，小班化教育给师生提供了更为富裕的时间和空间，为教学过程的活动组织与开展创造了条件，学生有更多的时间进行实际操作，有更多的时空体验知识与教学内容产生、形成与发展的过程，教师可以及时了解学生的学习态度和对所学知识的掌握、运用情况，从而有效地指导和启发学生思想的升华，使学生的创造力得到发展。第三，小班化教育可以关注学生的个体差异，为学生的个性发展创造条件。由于小班化教育照顾到了每个学生的特点,因而能使每个学生都得到适合自己的发展。小班化教育可以说是优质教育的一种途径,可以满足广大家长对子女受高质量教育的需求。

1.5.3 小班化教育是教育"精致"的需要

事实上,精致教育并不是一种独特的教育类型,而是展现较高精致性的教育。"精致教育"树立为学生生命成长精心服务的理念,它把教育关怀更深入、更细致地落实到每一个学生,关切到每一个学生的精神内需。"精致教育"追求让学生课堂学习更精彩,让学生校园生活更精彩,让学生童年成长更精彩。要说到"精致教育",那只有小班化教育,其基本内涵是指:教育态度上的精心,教学方法上的精巧,教育管理上的精细,教育环境上的精美等。

例如,实施小班化的教育,可使教学空间和环境的设计变得更加"讲究",从教室前后空间的利用到学生课桌椅的设计和组合,都变得灵活丰富,课堂上出现了各种各样的课桌摆放方式,而同一班级在不同时间、不同课堂上也出现了不同的座次设计。小班教室的布置注重培养孩子学习兴趣和生活情趣,因此"让每堵墙每扇窗都会说话"成为小班教室布置的目标。

再如,实施小班化的教育,使课堂教学环节的设计和组织也在变化,教师备课不仅仅要备教材,还要把重点放到"备学生"上,要了解并指导每个学生的学习,分层教学具有更大可行性,单独辅导、作业面批、作业和测验的"分层"布置更易于被教师推行。

1.5.4 小班化教育是教育"创新"的需要

创新是素质教育的核心,是一种精神,是时代的要求。小班化教学,将小班的时空优势"化"为更强劲的教育力,从而大大减少教育盲区。首先,小班化教育能使每个学生都享受教育的"阳光",教师对于学生的关注程度大大增强,每个学生受教育的充分程度得到提高。教学针对性更强,有利于因材施教与个别教育,因而能有效促进每个学生的全面发展、持续发展和个性优化发展,为学生的"创新"打下坚实基础。其次,班额小使教学氛围更加宽松和谐,教师与学生之间、学生与学生之间、家长与教师之间的人际交往密度和频度提高,情感交流机会增多,从而大大增强了教师对学生的人格影响力、学习生活的亲和力和班集体的凝聚力,为学生的"创新"营造了良好环境。再者,班额小使每个学生享用的教室物理空间自然增大,享受的教育资源更为充裕,有利于学生的身心健康,有利于增强教学内容的丰富性和多元化,学生展示个人心智才能的机会增多,从而有利于落实人文教育思想和素质教育要求,为学生的"创新"提供了必要条件;另外,小班教学使课堂教学的形式和方法更加灵活多样,有利于学生自主性、探究性学习和体验式学习的开展,为学生的创新积蓄了能量和资源。

1.5.5 小班化教育是教育"高效"的需要

单纯人数少的小班并不能等同于高效,而充分利用小规模班级提供的客观条件有意识采用或强化相应策略,高效利用教育资源,使单个学生和单个小组的教育资源占有量增加,才能使学生获得尽可能多的收益。

在传统的大班教学中,教师在事实上绝不可能面向全体学生,往往只能关注于部分学习成绩比较优秀的学生,而忽视了班级里的后进生或者是默默无闻的中等生。相对于传统的大班额教学,在教学时间上,小班化教学由于班级人数的减少,教师工作量减轻,能有大量时间来分析学生的个性特点,做个别指导;在空间上,实行小班教学后,教师的"照顾面"明显扩大,有更多的机会在教室内巡回,这有助于师生互动,有助于教师关注每一个学生的发展,面向全体;在形式上,小班教学可以采取各种教学形式,照顾到学生之间的差异,灵活掌握教学要求和进度,并及时调整教学结构。可以说,小班化教育能使教师真正做到因材施教。

小班化教育在传授学生文化知识的基础上,还有利于培养学生个性方面的能力。小班化教育随着小组合作机会的增加,可以培养学生团队合作的精神和人际交往的能力,同时随着课堂上学生发言、动手操作机会的增多,提高了学生的动手能力、创造能力。教师对学生的个别辅导也有利于学生个性的发展。可以说,小班化教育能全面培养学生的能力,挖掘学生的潜能,发挥其特长,让他们的素质得到更好的发展,达到"优秀加特长"的培养目标。

小班化教育体现的是一种崭新的教育理念,以促进学生全面而有个性的发展为目的,在缩减班级学生规模的基础上,创造出更加和谐、宽松、有序的教育氛围,实现师生间的激情互动和智慧碰撞。小班化教育带来的是对学生个体的关注,更符合每个学生的实际,契合学生心灵。精致化的教育必然是一种人性化的教育,更是一种高效的教育。

1.5.6 小班化课堂教学是课堂教学改革的需要

课堂是贯彻与落实党的教育方针和实施先进教育理念的主要场所,当代中国探索教育改革的一个原点就在于研究课堂。课堂教学是学校教育最重要的日常工作和组成部分。八年多来,我国基础教育改革的实践不断走向深化并越来越清楚地表明:无论是落实素质教育的全面推进这一总任务,还是落实近年来十分重视的课程改革这一具体任务，都不能不进入学校活动的最基本领域——课堂教学及班级生活。因此，教学的组织形式必须要能够很好地适应教学理念的变革和教学方法的改革。下面结合小班化教学的优势来谈谈课堂教学改革的主要动向。

——关注学生的主体性和差异性

现代教育学的理论与实践证明，课堂教学成功与否的关键，就在于对学习者学习主动性和差异性的关注。虽然中国古代教育家孔子早就提出因材施教的教学原则，但教师在班级教学中面对几十位个性迥异的学生，要真正做到因材施教确实是一件很困难的事情。对此，西方一些国家在班级教学改革方面进行了努力和探索，发现小班化课堂的分层教学、个别教学等，能充分关注学生的主体性和差异性，能更好地根据学生个性设计"挑战性"的活动，使每个学生在活动中发挥主体作用，个体潜力得到最大限度的发展。

——关注教学过程的互动性、情趣性和实践操作性

课堂上的互动，实际上是教师、学生以自己固有的经验（自我概念）来了解对方的相互交流和沟通的方式，"通过相互作用的过程建构自己的意义世界"。哈泰帕把互动分为"水平性互动"和"垂直性互动"。"水平性互动"是年龄特征、知识经验与发展水平大体相近的学生之间的互动，这种互动常采用小组讨论、相互教学等形式。"垂直性互动"是指儿童与教师或高手之间的一种互动，它是在教师指导下的参与。小班化课堂教学，为"水平性互动"和"垂直性互动"提供了充裕的时间和空间，提高了师生、生生之间的互动频率，增强了课堂中情感、智慧的交流，促进了学生差异化的发展。

课堂教学的情趣性，往往通过创设情境实现。小学生年龄小，喜欢直观、形象、生动的情境，易受到情境的感染。小班化课堂教学，为情境的创设提供了有利条件，使教师有较多的时间精心创设情境，有更多的空间资源将学生置于生动的情境中，学生、教师能在情境中更多地交往互动，每个学生能在情境中充分享受学习的情趣。

新课程倡导学生主动参与、乐于探究、勤于动手。学生对知识的建构和学习能力的发展，都是在实践活动中表现出来并得以实现的。小班化课堂教学，能让每个学生较充分地参与实践，动手操作，并得到教师及时的指导。

——关注学习环境的开放性

传统意义上的课堂往往是封闭的，不仅表现为空间形式的封闭，而且体现为对学生心灵的压制。如何把一个僵化封闭的课堂转变为一个开放的、充满生

机与活力的学习场所,也是各国教育学界关注的改革重点。小班化课堂,因班额小,更便于教师通过多种方式开启学生心灵,让学生在安全轻松的氛围中静心学习,让学生在自然的学习状态中敞开心扉,思维充满创意,情感展现出活力;更便于教师带领学生通过现代信息技术,通过互联网实现远程交流,了解大千世界;更便于教师带领学生走出教室,走出校园、走进社区,走进大自然,实现开放式教学;更便于在开放的学习环境中,教师有较为充足的时间指导学生差异化发展。

——关注教学评价的多元化和个性化

如何开展健全的教学评价,加强对教育教学质量的监控,这也是近年来各个国家关注的改革重点。课堂教学评价,目的是鼓励学生学习的积极性,树立学生学习的信心,明确学习进程中的问题,总结有效的学习方法。人的智能是多元的,人的发展是具有个性的。小班化课堂教学,教师能针对学生的差异,敏锐地发现每个学生学习状态的变化,对每个学生的学习进行及时评价,发现并肯定学生某方面的优势,针对问题提出改进建议;教师能运用多种方式评价,或指导学生进行自评、他评,从而调控学习质量。

第二章 国内外小班化教育概况及启示

2.1 国际社会小班化教育情况

教育小班化走向是全球教育七大走向之一。随着人类社会的发展与进步,人类越来越关注自身的生存问题,大力倡导推进人的整体素质的提高,为人类的可持续发展提供可靠的保证。发展教育已成为各国求发展和立足的共识。进入信息时代和经济全球化以后,人们更加迫切需要提高教育的效益与质量,渴求优质教育。小班化教学已成为欧美发达国家普遍推行的一种教学组织形式。

——法国小班化教育情况

法国是最早实施小班化教学的国家。1937 年,法国开始小班化教学的尝试。1969 年,法国教育部的通知首次规定了小学班级定员编制标准,通知指出:"一般小学教育的班级定员,预备级(1 年级)为 25 人,其他各年级(2～5 年级)任何情况下都不得超过 35 人。"1970 年,教育部的通知则明确指示,预备级每班标准为 25 人,其他各班标准为 30 人。80 年代中后期,在法国的教育改革措施中,要求注重"精选基础教育课程内容,强调对落后学生的个别指导"将小班化教育推向新的高度。1999 年,法国教育部颁布新指导要领,其中的一项重要内容就是精选课程内容及强调用小班化的形式来加强对差生的个别指导。小班化教育的实施在法国也开始得到了重视,并得到了迅速地推广。

——英国小班化教育情况

英国的基础教育改革始于 20 世纪 70 年代中期。为了摆脱长期困扰英国社会的经济及失业问题,人们把希望寄托于教育改革。1976 年由劳动党发起,展开了教育如何适应于社会需要的"教育大讨论",并由此拉开了英国教育改革的序幕,其最终结果是导致了 1988 年的《教育改革法》的正式确定。在这部法规里面,要求每一所公立学校都必须公布招生数,不得超出每班 20 人到 25 人的限度,而且英国还规定了一个学校的总人数应该在 150 人至 900 人之间。从这一点我们可以看出,英国基础教育走的是"精品化的均衡"之路。在小班化的教学中,英国的教育部门强调"为全体成员创造机会,发展潜能,实现卓越",并且设置了不少让学生灵活选择的课程。教学环境的布置遵循"不浪费每一面墙壁"的模式,充满了育人的气氛,充分调动了学生的学习热情。对学生的分层教学和评价也使学生的个性得到充分的发展。

——德国小班化教育情况

联邦德国的小班化教育开始于 20 世纪 70 年代。如,北莱冈·威斯特伐利亚州在 1978 年《关于教员数的计算及班级设置的方针》中第二条"关于班级设置的方针",其中第三款"标准班级在学人数、最大班级在学人数、最小班级在学人数"的表中明确规定:"初等教育阶段 1～3 年级的标准值、最大值、最小值分别为 30 人、35 人和 18 人,4 年级分别为 32 人、40 人和 20 人;中等教育阶段的 5～10 年级的标准值、最大值、最小值分别为 33 人、40 人和 20 人,11～13 年级分别为 22 人、25 人和 13 人。"

1990 年东、西德国统一,原先期望合并后的德国经济快速发展的情况并没有发生,反而陷入了经济持续低迷、发展停滞不前、人口流动极不稳定等状况之中,全国出生率的普遍减少,使得招生数不足而导致中小学合并、撤销及教师被解雇的危机层出不穷,严重影响到德国的发展。在这样的大背景下,2000 年德国联邦教育与科学部提出要发展"个别促进"教育学,并将其纳入教师教育和继续教育中。实行小班化教学,德国的班级规模与美国相似,平均为 25 个学生。在小班中,德国的学校强调对外语的教学与加强信息化技术的教育。

——美国小班化教育情况

美国对小班化教育的关注与研究是基于 20 世纪七八十年代以来中小学入学人口的回升,班级人数相对于美国原来的班级人数有增加之势。为保证教育教学质量,一些教育学者未雨绸缪,提出小班化教育的改革措施并积极主动寻求践行的依据和策略。

美国开展小班化教育研究已有几十年的历史,在有关小班化教育理论研究上已有较为丰硕的成果。特别是随着全美范围内小班化教育试验的开展,也有了更多的富有成效的操作方式。在美国,集中探讨的并不是小班是否能使学生成绩产生差异,而是它怎样使学生成绩产生差异并在什么样的条件下产生差异。也就是说,它研究的不是该不该实行小班化教育的问题,而是在各州现实情况下,如何实现小班化教育效能的问题。这就使得美国小班化教育研究在层次上更加深入。

在美国小班化教育研究中,有着庞大的参与与研究队伍。从联邦政府到州政府、从学校到教师、从教育专家到家长,都在积极关注、热情支持和参与小班化教育研究。20世纪80年代,美国的部分州开展了缩小班级规模的实验。1993年克林顿总统倡导全国性提高学生学习成绩运动后,美国教育部门不遗余力地推动班级规模的缩小,并制定了相关的法规。目前美国中学的平均班级规模是25个学生。在20世纪90年代后期,美国总统克林顿又提出美国中小学班级规模应缩小到18人。从1999年起,联邦政府正式启动了庞大的"缩小班级规模计划"。其要点是:

(一)减少班级学生人数。将各年级班级学生人数,从平均每班23人减至18人,重点是小学一至三年级。

(二)联邦政府采用拨款方式,推动计划的实施。拨款主要用于招聘教师,少量用于增加校舍、设备与改进教材。1999学年,联邦政府拨款12亿美元,2000学年拨款14亿美元,以后7年内,联邦政府总拨款达到124亿美元。

(三)增聘合格教师。2000年之后的5年内,政府将用73亿美元增聘10万名教师,以吸引综合素质高的人才做主科教师。

到2000年,全美至少有25个州实施了小班教育计划。伴随着经费的支撑,从联邦政府的角度,还制定了关于美国中小学小班化教学的政策,即高中班级规模从原来的30人减少到28人,初中班级规模从原来的28人减少到25人,小学班级规模从原来的25人减少到20人。

——芬兰的小班化教育情况

芬兰教育从平等出发。60万在校中小学学生,分布在4000所综合学校,平均每校约150人,班级人数不超过20人。小班小校的制度有利于"无一人落后"(No Child Left Behind),没有贵族和平民学校之分。对芬兰人来说,有了公平,快乐就不是问题。只是,北欧国家都强调平等,芬兰能以黑马姿态脱颖而出,关键就在于运用了准确的教育发展策略。芬兰不是砸更多钱办教育,而是选择"专注"策略,把资源配置在"最需要的地方",也就是初中和学习迟缓者身上。在 OECD 国家评比中,芬兰是运用教育资源最有效率的国家之一。不同的是,在大多数国家,高等教育学生平均分配到的经费最多,反观芬兰,投资在初级中学的经费,每人平均达 8200 美元,在所有就学年龄中最高。

——日本小班化教育情况

日本教育改革的背景与美国大致相同。战后的日本在美国的"帮助"下开始导入民主主义制度,并注重发展基础教育,重视培养人才。这一举措使得日本经济在 20 世纪 60 年代得到了高速发展,而经济增长所创造的财力也为教育的进一步普及提供了物质上的必要条件,如日本的义务教育普及率现今几乎已达到 100%。但在 80 年代以后,随着国内少子化、老龄化趋势的加剧和国际化社会的进展,教育遭遇到了危机,主要表现为:教育理念的陈旧和僵化,教育方法的死板和划一,上学恐惧以及拒绝上学等现象层出不穷。所有这些状况都引发人们反复地思考这样一个问题:究竟应该通过怎样的教育改革才能创造出一个更适合学生个性发展的宽松环境,又应该通过怎样的手段才能培养出适合国际化社会发展需要的开拓性人才呢? 为此,日本从 1984 年起,历时 3 年,前后召开了 4 次集中的审议会议,最后审查并通过了关于全面实施基础教育改革的审议报告。报告中指出,在日本大力推行中小学的基础设施改造,更新教育理念,改进教学手段,在保证基础教育水平整体提高的前提下,借鉴美国的小班化教学的模式,由于每班 35 人至 40 人的现状难以在短时间内缩小到 20 人左右,在课堂教学中多采取小组合作性学习和小组学习实验研究。此项措施不失为在一定条件下,开展和推行小班化教育的另一种既经济又有效的途径。

——韩国小班化教育情况

韩国于 2001 年开展小班化教育。韩国教育及人力资源部于 2001 年度发表了《知识与信息时代,教育环境改善计划》("七·二〇行动")。该计划主要着眼点在于降低班级学生人数,另外包括改善学与教的方法,聘请更多中小学教师以及鼓励学校施行不同类型的教学法等。2000 年韩国高中平均每班有学生 42.7 人,中学 38 人,小学 35.7 人。政府于同年开始在小学实行"第七国家课程",课程以配合个别学生多元学习需要为目的,让学生有更大的选科权利,鼓励学生建立自我导向的学习能力。

综上所述,国外小班化教育的研究与发展历程给我们的启示有以下几点:

一是政府应该在财政投入上,为小班化教育的推行做好后盾。尽管我国近年来在改善办学条件的投入上有所提高,但与美国联邦政府对于教育投入的绝对数目(不考虑其相对比例)相比差距很大。

二是各地要抓住教育改革契机,主动求变。在我国许多地区,班级容量超大规模仍是严峻的现实,四五十人的班级司空见惯,班级人数达到七八十人的也不鲜见。当前,基础教育课程改革如日中天,大班教育的弊端日益凸显,要保证课程改革顺利实施,小班化教育的研究与开展显得更为迫切。

三是小班化教育能够满足时代发展的高要求。以牺牲多数学生为代价的大班教育从根本上违背了教育平等的信条。人们不仅要求受教育机会的均等,还进一步要求教育质量和教育效果的平等。在这种大众需求面前,我国政府作出了一些努力,如制定法律保护公民受教育权的平等,鼓励社会力量办学,扩大就学可能性,增加教育投入,延长义务教育年限等。但是,它们还远不能解决公共教育投入不足和人们教育需求日益增长之间的突出矛盾。

四是加强教师职业培训,这是保证小班化教育改革顺利进行的关键。在小班化教育改革中要把教师真正当成改革的关键因素。小班化教育是高素质的教育,高素质的教育需要高素质的教师,而教师培训则是提高教师素质的有效途径。所以,我们应该把教师的职业培训工作,视为小班化教育的重中之重。

五是实施小班化教育,有条件的地区应当先行。我国幅员辽阔,人多地广,经济与教育的发展也不平衡。有些区域,已经开始了小班级规模教育,如上海、北京等经济发达地区。因此,有条件的区域,应大胆尝试,先行一步。

2.2 国内小班化教育情况

我国开展小班化教育研究,一方面是由于 20 世纪 90 年代中后期以来某些地区中小学入学人数回落,这种班级人数的自然性萎缩使小班化教育成为一种自然需求。另一方面,随着经济的飞速发展和教育资源的充裕,人们对子女接受优质教育的需求越来越高,被称为"精品教育"的小班化教育在国内部分大中城市和经济发达地区渐露风采,成为教育改革新的探索热点,被称为"教育领域一场静悄悄的革命"。

在推行小班化教育方面,上海起步之早和迈步之速在国内至今领先:1996年上海市教科院普教所组织了小学实施"小班化教育"的可行性研究,主要采取行动研究法,辅之以教育实验、问卷调查、行为观察、个案分析等多种手段,在 12 所小学中进行研究。1998 年试点学校增加到 150 所,1999 年达到 280 多所,目前,上海有 300 余所小学实行小班化教学,占全市小学的 80%。

北京市于 1997 年开始进行小班化教育实验研究。实验初期,北京市小班化实验涉及 4 个城区,85 所学校,222 个教学班,5700 余名学生。实验班人数控制在 20～30 人之间,多数为 25 人。时至今日,有 16 个区县,145 所学校,819 个教学班,20300 名学生参与小班化教学实验,平均班额不足 25 人。

天津市开展小班化教育起步于 1997 年,小班化实验学校所占比例为 2.3%,1998 年为 16.7%,1999 年为 23.8%,2000 年为 57.2%。目前,小班学生人数在 30 人以下的占学校总数的 85.71%(其中在 25 人以下的占 47.22%),小班学生人数在 31～35 人的占 14.29%。

南京的小班化教育始于 2001 年,是南京市教育局原局长在一次国外考察回来后,要求开展的一项重点实验工作——小班化教育实验研究,启动资金 500 万元。实验之初,他们就到国内外进行考察和学习,之后进行小班化实验学校的申报和确认工作,至 2009 年已有 100 所小班化教育实验学校。南京的小班化教育主要由行政部门推动。市教育局会同市财政部门为各小班化教育实验学校的每个班级提供 2 万元的启动实验经费,实验班的人头经费是普通班的两倍。人事局同意或认可教师编制的扩大。教育局初教处出台《南京市小班化教育实验工作细则》,规定小学每班的学生数控制在 25 人以内,初中每班的学生数控制在 30 人以内。这种“自上而下”的小班化教育推进模式,为实验工作的快速推进扫平了道路。小班化教育已成为南京市优质教育发展与学校特色创建的中心工作,从整体上促进了教育的均衡发展。

作为大连市市委、市政府所在地的西岗区,地处城市中心。近年来,随着旧城改造速度的加快、大片城市商务区的新建,大量人口外迁,该区不少学校面临生源难题。在这种情况下,有不少学校,特别是相对薄弱的学校生源萎缩很快,学校士气低落,很多校长坦言看不到前途。学苗的减少对于西岗区而言将是一个趋势,面临发展的新问题该怎样办好教育?当地决定应时而变,在全区整体推进小班化教育,并且把推进小班化教育作为推进区域教育优质均衡发展的重要举措。2008 年,西岗区政府将小班化教育研究写入政府工作报告,并对开展小班化试点学校覆盖比例进行了具体要求:2009 年年底小班化实验校比例达 40%,2010 年突破 60%,政府每年投入专项资金 500 万用于小班化教育研究。为推进小班化教育,当地专门成立了小班化教育研究与推进中心,并硬性规定班额定员:小学不超过 30 人,中学不超过 35 人。

当然,国内实施小班化教育的区域除了上述地区,还有浙江的杭州、宁波、台州、金华,广东省的广州、深圳、中山,江苏的苏州、泰州、无锡、大丰等等。

2.3 威海市实施小班化教育背景

威海市小班化教学实验的正式启动始于 2008 年 2 月。2007 年秋,威海市新课程改革已走过一轮,在第二轮启动之际,市教育局为进一步深化基础教育课程改革,促进威海教育均衡发展,深入落实威海市教育局《关于进一步深化基础教育课程改革意见》和《关于威海市基础教育均衡发展和可持续发展纲要》精神,在全市启动了三大课题(高中有效教学研究、初中生命化课堂研究、小学小班化教学研究)和三大主题活动(习惯养成、综合实践活动、大课间体育活动)的实验研究工作。《小学小班化教育教学研究》作为威海教育科学"十一五"重点规划课题应运而生。

威海小学小班化教育研究实验可以说是迎难而上,算是一个另类。当 2002 年上海、北京大力宣传三年"小班化教育"改革实验成果之际,威海市教研中心便在充分学习、论证与研讨的基础上,当年秋学期便在文登第二实验小学、乳山畅园小学和徐家完小、荣成寻山完小和 38 中学区完小六所学校的一年级新生中搞起了"小班化教育"实验,开山东小班化教育实验先河。如今,第一届小班化教育实验的学生已经升入高一。经过多年的实践与改革,这些学校在学习、研究和实践的基础上,摸索出本地区开展小班化教育的经验与教训,为今后全面深入开展小班化教育研究,全面提高本地区教育教学质量,全面落实素质教育的要求打下了坚实的基础。

威海市实施小班化教育教学研究的基础与优势:

——经济的可持续发展,为小班化教育提供了发展前提

威海地处山东半岛最东端,是"中日韩黄海经济圈"和"青、烟、威环黄渤海经济圈"的重要支点。总面积 5689 平方公里,总人口 252 万(2008 年威海年鉴统计数字),下辖三市四区,其中荣成、文登、乳山三个县级市为全国百强县,威海高新技术产业开发区、威海经济技术开发区和出口加工区是国家级重点开发区。

自 1987 年建立地级市以来,全市 GDP 年均增长 18%,2005 年人均 GDP 超过 6000 美元,城市综合竞争力在中国大中城市中位居第 27 位。

发达的经济,推动了教育发展。多年来,市政府始终把教育摆在优先发展的战略地位,在教育投入上持续增高(见表 1),为威海教育的可持续发展提供了先决条件。

表 1   2003～2008 年威海市基础教育经费投入

年　份	2003 年	2004 年	2005 年	2006 年	2007 年	2008 年
经费投入（亿元）	13.00	15.59	17.76	18.96	22.55	25.74

实施小班化教育,需要改善教学环境,增加教学设备,优化师资队伍,这些都需经济作保障,所以,经济发达地区是有条件开展小班化教育的。

——办学条件不断改善,教育信息化建设走在全国前列

2008 年威海市认真落实加快农村教育发展的各项政策措施,按照威海市政府与各市区政府签订的《2007～2010 年农村教育工作目标责任书》的要求,以农村教育"四大工程"建设为重点,全面改善农村学校办学条件。

在校舍建设方面,多方筹措资金,加大校舍新建和维修改造力度(表 2),为小班教学提供了硬件保障。

表 2   2003～2008 年威海市中小学新建学校面积

年　份	2003 年	2004 年	2005 年	2006 年	2007 年	2008 年
面积（万平方米）	7.20	12.25	10.36	6.90	12.30	6.44

在教育信息化方面,截至 2008 年底,全市中小学拥有计算机 22 万余台,学生平均每 10 人拥有一台计算机。2009 年,中学"校校通"保持 100%,小学"校校通"比例达到 95%。

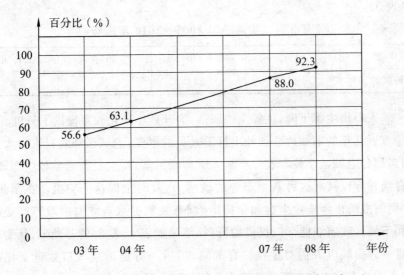

图 1   2003～2008 年威海市中小学宽带网(校校通)建设情况

——市民渴望享受优质教育的愿望日趋强烈,让小班化教育呼之欲出

近几年来,威海市经济、社会持续快速发展,生产总值平均年增长率10％以上,广大市民的物质生活水平大大提高。广大市民在物质生活质量不断提高的同时,对提高精神文化生活的质量不断提出新的追求。教育是提高社会生活质量的重要手段之一,是精神文化生活的重要组成部分。人民群众接受优质教育的愿望非常强烈,他们渴望子女的学校生活有更大的活动空间、更优美的环境,有更多的机会处于活动的中心地位,有更多的时间与教师交往,得到教师的个别化教育。也就是说,广大市民对接受教育的价值取向发生了巨大的变化:人们更加关注教育的人本化、民主化和个别化。因此,提高每一个学生接受教育的充分程度,让广大市民的子女享受高质量的基础教育,已经成为进一步提高市民生活质量的新的增长点。而小班化教育,这种建立在素质教育高标准、高要求的质量观和现代办学效益观基础上的新型教育形态,其根本宗旨是促进每一个学生全面而富有个性的发展。它改变的不仅仅是班额的大小,而是在逐步改变着教育本身,涉及教师教育思想和观念、教育方式和方法、课程计划、教学策略、教学模式、教学管理、教学设备和环境等一系列的改变,它让传统教育活动变得更加精彩和丰富。实施小班化教育能够达成一些大班教育无法达成的教育理想与理念,可以尽量满足市民在"普九"后对子女享受优质、高质教育的热切需求。推行小班化教育,在市民的需求声中成为可能。这一点可以从我市小班化教育的典型——威海第二实验小学几年来招生班级数的逐年增加得到体现(表3)。

表3　　　威海市第二实验小学 2005～2010 年班级数

年份	07 年	08 年	09 年	2010 年
班级数	14	28	34	40

——人口出生率下降,生源高峰回落,为开展小班化教育提供了契机

随着近几年的旧城改造和外出打工人员的增多,老城区和农村人口大量外迁,相当部分老城区学校和农村小学入学高峰回落,特别是普通学校生源骤减。市教育局领导以其对这种新型态势的敏感力,及时把握这一契机。在预测"十一五"期间威海市年毕业生数和年招生数(有关数据来自威海市教育产业统计资料和下城区政府职能部门提供的资料,结果如表4、表5)的基础上,认为小班化教育一方面顺应人们对优质教育的冀求,另一方面适应人口数量变化的趋势,是优质教育冀求和生源萎缩现实之间的一个最佳结合点。

表4　　　　　　　　2003～2007年威海市小学生在校人数

年份	2003	2004	2005	2006	2007	2008
人数 （万人）	13.66	13.5	12.91	12.19	11.74	11.39

表5　　　　　　　　2003～2007年威海市小学平均班额数

年份	03年	04年	05年	06年	07年	08年
平均班额	51	50	49	47	48	45

——基础教育改革纵深发展，为小班化教育奠定了基础

　　基础教育课程改革开宗明义地提出，改革的总体目标是要"全面推进素质教育"，以实践能力与创新精神为核心培育学生的素质，"一切为了每一个学生的发展"成了新课程的最高宗旨和核心。在教育内容上，一方面重视认知与情感、意志的结合，以塑造教育对象完整的人格，另一方面又强调针对每一个个体差异，提供最适当的教育。小班化教育正好与上述要求相适应，它能够通过教学方式、学习方式的改变，全面提升学生素质，培养学生主体意识，发展学生的创新能力和实践能力，提高教学质量。概言之，小班化教育为基础教育课程改革实施提供了一条有效途径。反过来，要取得基础教育课程改革的成功，小班化教育无疑是最好的教育组织形式。

　　——追求教育高位均衡发展，为小班化教育提供了机遇

　　威海基础教育有着深厚的底蕴，小班化教育为威海素质教育高位均衡发展提供了有利的平台。小班化教育是对传统教育组织的空间形式、教育活动的组织方式及传统教育的观念与理念的一种突破与发展，一种在时代背景下的创新，是实现全班教学、分组教学和个别教学的最佳结合。小班化教学，能够充分发挥班级授课制群体教育优势的同时，真正做到因材施教，全面渗透分组教学、个别教学等教育理论，有效提高教育质量。此外，通过小班化教育实验，能够促进城乡之间、强弱校之间、教师之间、生生之间的交流互动，实现资源共享，经验互鉴，共同发展。

第三章 小班化数学课堂教学的指导思想、特点及教学模式

　　小班化教学强调以学生为中心因材施教,优化教学资源,让学生的个性特长得到更好的发展。小班化教学有利于全体学生受到更充分的教育,有利于使每个个体受到更多的关注,有利于学生主体性的充分发挥,有利于学生实践能力与创新精神的培养。

　　陶行知先生早年曾呼吁"砸碎儿童的地狱,创造儿童的乐园"。小班化教学摒除了"师道尊严"的旧观念,改变了教师至高无上的权威者地位,努力为学习者营造民主、平等、自由地进行"学术"研究的良好氛围,此时教师已不只是知识的传授者,而是教学活动的组织者、指导者、参与者和研究者。

　　本章从小班化数学课堂教学的指导思想、特点及教学模式三个方面对小班化教学的理念及操作加以论述。

3.1 小班化数学课堂教学的指导思想

　　小班化教育指导思想的核心在于实现以人为本,它让每个人的全面发展有了可能。"以人为本"教育思想的内涵非常丰富,表现在数学课程改革中,数学教学越来越重视学生在教学过程中的表现,越来越重视学生的学习"过程与方法",越来越重视"情感态度与价值观"课程目标。在数学课程标准中明确指出:"义务教育阶段的数学课程,其基本出发点是促进学生全面、持续、和谐地发展。

它不仅要考虑数学自身的特点,更应遵循学生学习数学的心理规律,强调从学生已有的生活经验出发,让学生亲身经历将实际问题抽象成数学模型并进行解释与应用的过程,进而使学生获得对数学理解的同时,在思维能力、情感态度与价值观等多方面得到进步和发展。"小班化的理念,为小学数学教学实现以人为本提供了良好的土壤,其面向全体学生的教学组织形式和以人为本突现学生个性的教学思想与新课程的教学改革不谋而合,即面向全体学生,使学生获得全面发展、有个性的发展和可持续的发展。小班环境下的小学数学教学"以人为本"的教育思想体现在以下几个方面:

——以促进学生全面发展为本

"以人为本"即以学生为本,以学生的发展为本,以学生的全面发展为本。一是要面向全体学生,二是要为了每一个学生的发展,三是要关注学生作为"整体的人"的发展。

数学是人类的一种文化,不仅要学习它的内容、思想、方法,而且数学的特点决定了它对人的思维发展具有巨大的作用,可以培养人的推理能力、抽象能力、想象力和创造力等。学生作为"整体的人"的发展体现在教学评价方面,"对数学学习的评价不仅要关注学生学习的结果,而且要关注他们学习的过程;不仅要关注学生数学学习的水平,更要关注他们在数学活动中所表现出来的情感与态度,帮助学生认识自我,建立信心"。小班化数学教育要以全面发展为宗旨,在教学过程中,除了帮助学生掌握基础知识与基本技能外,还要帮助他们提高人文素养,树立正确的道德观,形成健全人格,为培养具有创新精神的人才打下基础。

——实施"个性化教育"

小班化教学与传统的大班教学比较,能针对每一个学生的个体差异,提供其最适当的教育。教育服务的主要对象是学生,每个学生由于他的本身和生存环境不同,具有个体特有的特性,然而他们又有可塑性,这就决定了学生发展存在着不均衡性,每一个学生发展的状态可以是不一样的,但作为教育就必须适应学生个体的需要。而小班化教育具备并能够提供这种个别化的教育。

小班化教育在培养有个性的学生上有优势,它能为学生提供个别、充分的教育。由于学生人数明显减少,教学时空的扩大,教师有更多的机会了解每一位学生的各种状况,与学生沟通的几率提高,这就有利于教师发现并且掌握每一个学生的实际情况,教师在分析学生的学习状态后,在教学设计时就具有较强的针对性,同时教师也有更多的时间和空间对学生加强个别指导,实施一种类似分餐制形式的教育,它比原来意义上的分层教育更进一步,是真正意义的因材施教。这样的教育,改变了教师仅是教学传授者的角色,而成为教育活动的参与者、帮助者、促进者、指导者。尊重差异,是小班化教育的个性化教育内涵,在小班环境下,使因材施教、分层教学与师生间的密集有效互动成为可能。

——关注每个学生的已有经验

建构主义理论认为,学习是主体和客体之间的交互作用,学习者主动地去接触有关的信息,并利用学习者已有的知识和观念来解释这些信息。学习者以自己的经验和观点来构建知识,获得对客观世界的理解并赋予意义。学生是学习活动的主体,在建构知识的过程中,教师并不是知识的分配者,而成了学习活动的共同参与者。学习并非是学生对于教师所授予知识的被动接受,而是以其自身已有的知识和经验为基础的主动建构。这意味着学习是主动的,它要对外部信息做主动的选择和加工,必须借助于学生自己已有的知识经验与新的知识经验之间发生交互作用来完成,促进自己认知发展。按照建构主义的观点,教师注意的重点并不在教材上,而在学生的"认知过程"上面,教师所关注的是提高学生学习的品质。对学生的评估也就不是单纯的以成就测验的方式去测量学生学了多少知识,而是更多的重视"质量的评估"。

数学是人们的一种主观建构,数学教学追求的是"理解学习"。学生对数学知识的建构过程并不是一个简单的记忆过程,而是从自己的生活经验出发,在尝试、探索、反思中发现、了解、体验和掌握数学,认识数学的价值,寻求学生主体对数学知识的建构。《义务教育数学课程标准》指出:"从学生已有的生活经验出发,让学生亲身经历将实际问题抽象成数学模型并进行解释与应用的过程。"能否恰当地把握学生已有的经验、对学生已有经验(生活中的问题、与科学概念一致的日常概念、与科学概念冲突的日常概念)的调动和利用、把新的学习内容与主体已有的知识和经验联系起来,帮助学生把新知识纳入到学生已有的认知框架之中是保证新课程实施的基本条件。数学的教学过程,只有在尊重学生的已有认知和生活经验的基础上,通过教师的巧妙设计和有效引导,真正地调动学生的思维参与,才能优化教与学的关系。数学教学活动应该是:从学生的生活经验和知识背景出发,向他们提供充分的从事数学活动和交流的机会,帮助他们在自主探索的过程中真正理解和掌握基本的数学知识与技能、数学思想和方法,同时获得广泛的数学活动经验。教学过程要关注学生已有的生活经验,作为新一轮课程改革所积极倡导的重要理念之一,已成为广大教师的共识。

小班学额的减少,教学空间的变化使多种教学策略成为可能和现实。小班化教育作为教育发展的一种趋势,其价值体现的关键在于教师。它要求我们在了解学生个体智力情况、情感状况、个性特点和认知风格的前提下将个别化教学和集体教学有机地结合起来。首先,小班环境下便于充分了解每一个学生,确定教学起点。大班备课时,也要求教师备学生,但是由于人数限制,只能对学生情况有着大致的了解,而在小班,教师则有更多的时间和精力了解每一个学生的现状。因此,能全面、准确、深入地了解学生,面向差异,分析差异,找准基点,有的放矢。进而为每一个学生确定目标,因人而异。其次,小班环境下便于教师了解学生已有的生活经验,引导学生把所学数学知识应用到现实中去,以体会数学在现实生活中的应用价值。数学源于生活,生活中处处有数学。对于小学生来说,"数学现实"就是他们的"生活经验"。在小班环境下,教学中能够有效地让学生运用所学知识去解决生活中的实际问题,使学生在实践数学的过程中及时掌握所学知识,感悟数学学习的价值所在,从而增强学好数学的信心,学会用数学的眼光去看周围事物,想身边的事情,拓展数学学习的领域。

——注重自主学习能力的培养

教育的目的是什么?是"授之以鱼"还是"授之以渔"?对这一问题我们都有着明确的答案,教育的目的不在于告诉学生有哪些知识,更多的是教会学生如何去自主学习,如何学会自主学习。但究竟如何"授之以渔"呢?自主学习能力的培养是教育培养目标的根本所在。

小班化教学为学生自主、合作、探究学习提供了实践的可能。小班化教学是一种呼唤主体、体现主体、发展主体的教学模式。自主、合作的学习活动,是学生主动积极的参与才能实现的学习活动,由于学生的自主时空大,学习兴趣易激发,使学习更具有趣味性。自主、合作学习活动能充分体现学生的主体地位,让他们在活动中充分思考、探究、操作、讨论、质疑、发现,从而解决现实问题。

小班环境下的小组学习更为丰富多彩,为提高自主学习能力提供了广阔的空间。前苏联著名的心理学家维果斯基将儿童的最近发展区界定:由独立解决问题所决定的实际发展水平与通过成人指导或能力更强的同伴合作解决问题所确定的潜在发展水平之间的距离。在他看来,儿童间的合作活动之所以能够促进成长是因为年龄相近的儿童间的最近发展区内操作,表现出较单独活动时更高级的行为。小组合作学习的优势在于课堂内增加了生生合作的机会,使得自主学习的可能性更大,可以有效提高学生自主学习能力。一是使学习者产生更多、更高水平的洞察力、认知能力、道德推理能力,更深入的理解力,更敏锐的批判性思维和更深的记忆。二是使学习者取得更高的成就,产生更多更有效行为,更少破坏行为;保持更好的心理健康,心理调节和心理状况,更高的自尊和自信,更强的社交能力。三是激发学习者更大的成就动机和内在动机,对学习有更加积极的态度。四是更能从他人的角度看问题,建立积极的、支持的同伴关系。五是有利于学习者在日常生活中迁移所学到的知识与技能。

3.2　小班化数学课堂教学的特点

在新课程改革的今天,我们建立了这样的理念:教育目标的中心和唯一主题其实只有一条,那就是"培养人"。课程标准关于培养人的目标中明确提出:为学生全面发展和终身发展奠定基础,促进学生全面、持续、和谐的发展。在数学课堂中,如何实现学生的全面发展呢? 数学课程标准要求:"数学课堂必须突破以知识传授为本位,确立以学生发展为本位的核心理念,实现在知识技能、过程与方法、情感态度与价值观三维目标的和谐统一。"但随着课程改革的深入,我们愈来愈发现过度膨胀的班级规模(班级人数远远超过国家规定的 40 人,有的高达 70 人),阻碍了课堂中学生全面发展的三维目标的落实。在课堂教学中,班级规模影响到教师的教育关照度,影响到课堂教学管理,影响学生参与课堂活动的机会和程度,影响学生获得个别指导的机会,影响学生获得教师期望的水平和程度,也影响着教学效果,还影响到课堂教学中的人际关系和情感交流。一句话,班级人数过多,导致教学效益下降,难以充分落实教育面向全体、使学生全面发展的"两全"要求。而小班化教学提供了开展优质教育的土壤,尤其是在小学,当班级人数减少到教师可控范围内时,教师可以更好地从小学生的年龄特征和身心发展规律出发开展教学,在教育理念、教育活动的组织方式、教育教学的评价方式等方面进行突破、创新与发展,促进学生学业成绩及个性、创造性等方面的全面发展。小班化教学似一缕春风,吹活了教育的天空,为我们的数学教学带来了春天的生命力,数学课堂翻开了崭新的篇章,展现出独特的魅力。

3.2.1　教学环境和谐愉悦

美国心理学家罗杰斯曾说过:"成功的教学依赖于一种真诚的尊重和信任的师生关系,依赖于一种和谐安全的课堂气氛。"创设一个宽松、自由、民主、和谐的课堂气氛对促进学生身心的全面发展有着重要作用。师生积极的情感和态度,能营造出一种温馨、和谐的氛围,给学生以自信与信任、轻松与自由、个性张扬与思维放飞的土壤。在这种和谐的氛围下,学生在学习过程中才能得到真正意义上的发展,学生产生和释放的能量将是超常和无法预测的。

创设和谐的教学氛围,主要取决于教师。它要求教师要有民主意识,善于尊重每一位学生;要尊重学生在学习与交往中的主体地位,不包办代替学生自己的活动;要尊重学生的自尊心,杜绝一切伤害学生自尊心的言行;要尊重学生的个性特点,不强求千篇一律、千人一面。只有这样,才能让学生拥有一块属于自己的精神乐园,才能为学生开展合作与交往创造一个宽松的环境。过去教师要实现这些要求,往往会因为班级学生人数多而心有余而力不足,但在小班化的课堂中却可以比较好地实现。主要表现在:

——小班下的数学课堂能使学生的情感需求得到充分地满足

马斯洛关于人的需要的学说告诉我们:每个人都有被人爱和受人尊重的愿望,对于小学生来说尤其渴望得到老师的爱。当学生的心理需求得不到满足时,很难调动其产生积极向上的情绪体验,反之,自然就容易形成宽松和谐的课堂气氛。

一个班额在四五十人甚至七八十人的班级,教师无论身处何位,总有一部分学生会因为与老师之间距离远而影响到情感交流的通畅,譬如老师在讲台上讲课,后排的学生与前三排学生相比,听到的声音效果就明显不同,也无法很好地感受到老师言行举止及面部表情等肢体语言所传递的信息,空间的距离感拉大了内心情感上的距离。并且,每个学生都是一个活生生的个体,有着丰富多样的情感,尤其是小学生情绪的变化犹如"朝晖夕阴",教师只有及时捕捉学生稍纵即逝的情绪变化才能加以正确引导。而一般来说,一位老师最多能关注的学生人数不会超过 30 人,不能同时兼顾所有学生,总有一部分学生情感上会有失落感。因此,在大班中学生经常有情感需求得不到满足的境况。

小班化课堂中缩短了师生间的空间距离也就缩短了师生间情感的距离。在小班中,教师会与学生有更多的目光接触,运用更多的积极评价,并更热衷于使用直接教学等,师生之间情感交流更通畅。师生课堂互动交往距离缩短了,每位学生的举止行动、情绪流露都在教师可监控的视线之内,教师可以察言观色判断学生的情绪。如果说以前某个孩子只能偶尔感受到老师对自己的关心与期许,那么现在教师可以将关爱与关注倾洒在每一位学生身上,在课堂上可以尽量向学生传递情感信息、爱的语言:当学生遇到挫折有畏难情绪时投去鼓励的眼神,当学生做错题时送去一缕宽容的微笑,当学生有了与众不同的发现时给予欣赏的语气,当学生敢于质疑时送上一个嘉奖的眼神,当学生破解难题时给予热心的祝贺……这一切都在向学生表达一种信息"在这个课堂中你是安全的,你是受人喜爱的,大家都爱你"。有良好的情感交流作为基石,师生情感的融会,师生之间亲密无间,学生从心理上感受到的是教师对自己的关爱值、期望值在上升,这样很容易产生积极的情感效应,使他们全身心投入到学习中,主动地建构数学知识,掌握方法,发展能力,并从中收获到学习数学的快乐感与成就感。

——小班下的数学课堂能够使学生个体得到充分地发展

"以人为本"的教育理念告诉我们:每一个学生都是一个充满生命力的独立个体,由于生活经验、知识结构、个性等方面的复杂性和差异性,带着自己的知识、经验、思考、灵感、兴致参与课堂活动,每一个学生都渴望可以更多地展示交流自我,个体得到主动地、充分地发展,从而真正实现人的全面发展。然而在大班额的课堂教学中,这种学生个体的发展却不得不受到很大的限制。例如,新课程理念下的计算教学,教师应该鼓励学生独立思考,自主探索出各种算法,引导学生从不同的角度、不同的层面去思考,发展思维能力,体验算法多样化带来的快乐。算法的交流、分析与比较是课堂教学的重要组成部分,但是班级人数过多则制约了互动交流的展开。"谁还有不同的算法?"问题一出,教师只能有选择性地挑选两三名学生发言。我们曾经对大班额下的数学课堂进行过跟踪调查统计,在一些师生互动效果比较不错的课堂中,一般只能有 1/3 左右的学生获得发言机会,更多的学生满怀信心地举手,最后只能失望地放下手,一节课时间的有限与学生想要交流的欲望形成鲜明的对比。试想这些得不到发言机会的学生心中是怎样的情感体验?

不仅如此,大班教学中的课堂常规管理与学生的个体发展之间也存在着矛盾。为了保证班级中大部分学生听课的质量,教师要人为地制定一系列的课堂常规制度,如双手端放在桌上,不乱动,坐姿端正,先举手得到允许后才能回答问题等等,涉及课堂方方面面的细节。但我们都知道,精力旺盛、活泼好动是儿童与生俱来的天性,在小学的课堂教学中,要让每个学生遵守这些规定几乎是不可能的,不能"规规矩矩、专心听讲",说小话、走神、未经允许而主动参与或插嘴、搞小动作等"毛病"是屡教不改,教师如果管得太松,会造成课堂教学秩序紊乱,常常是教师在上面讲得眉飞色舞,学生在下面干什么的都有,给教学带来很大的麻烦和困难。组织教学是教师们最头疼的问题,也是教师必备的教学"功夫"。关注面的局限性使得教师只好依赖个人的魅力及苛刻的"规章制度"去影响和管理学生,一些教师甚至会对学生采取严令禁止、批评甚至训斥、挖苦等措施,这些都成为数学课堂中不和谐的音符。更关键的是,在教师这种严格要求的状况下,学生会处于紧张的情绪下学习,学生的思维活动就会受到限制和压制,学生对课堂教学就会产生恐惧。这种课堂氛围紧张、不和谐的学习环境,压抑了学生个性的发展,容易封闭学生的视野、限制学生的思维、挫伤学生的兴趣,并可能使学生丧失学习的激情、向上的动力和创新的灵感。

在小班课堂中,师生关系是和谐的,课堂氛围是自由的、安全的和宽广的,学生个体可以得到充分的发展。由于学生人数少,每位学生与教师进行对话的机会明显增多,师生、生生互动交流的时间、空间扩大,交流频率和密度大幅度提高,加之我们要求教师以统计图、表等形式对课上学生发言的参与率进行统计,随时调整自己的教学行为,因此课堂上的高参与率甚至于100%的课堂发言率也不再是遥不可及的梦想。例如:多种多样的算法呈现出来后,学生最大限度地参与到课堂中,获得了更多的机会交流自己的想法,学生在交流、比较、反思中去理解、感悟每种算法的意义、区别和联系,学生在此期间或同意或反驳,在思维碰撞中主动地建构知识。原来在大班额的数学课上"未经允许而主动参与或插嘴"被视为严重扰乱课堂正常秩序的不可容忍的行为,在这里变成了将每一个学生自我优异特质充分展示的行为,个体获得最大的发展。同样,由于学生可以得到教师更多的关注与重视,基本上能够使每一个学生都处于教师的视线之中,并得到及时地提醒与督促,将无意注意转移到有意注意上来,促进学生的注意力从低级向高级发展,"小动作""走神"等行为也悄悄溜走,课堂上师生之间关系更融洽,学生获得更好地发展。

总之,在小班化的课堂中,师生以诚相见、情感交融,在课堂上听不到呵斥声,看不到苦恼和僵持的局面,体验到的是民主、尊重、信任、亲情与关爱,得到的是激励、鼓舞、感化和指导,自由、安全、和谐的课堂文化使学生能够大胆地发表自己成熟的或不成熟的意见,在互动争辩中逐渐成熟,形成判断问题、分析问题的能力。在这样的课堂中,创造性思维的火花在迸发,成长与发展的天性自然地流露,学生主动地发挥自己的潜能,愉快地、创造性地学习。

案例1

乐趣横生与理性思考
—— 《用数对确定位置》一课的思考

在威海市小班化教学研究小学数学课例研究现场会上,我有幸执教了《用数对确定位置》一课。在研课、磨课的过程中,我对这节课有了更深刻的理解和把握,尤其对在小班化教学下"如何创设和工作愉悦的教学环境"这一问题,有了更理性的思考。

一、痛苦抉择

该课选自《义务教育课程标准实验教科书小学数学》（青岛版）五年级上册，主要目标是使学生在具体情境中认识列与行，理解数对的含义，能用数对表示位置。在设计这节课的教学时，我有两种思路：

思路A：从实物图中引出"列"和"行"，进而引出"数对"。至此，新知识基本传授完毕，再将实物图直接变成"圆点图""方格图"让学生说数对，把"圆点图"和"方格图"当成变换形式的练习，之后是形式各异、趣味极强的练习题。

思路B：动态清晰地展示"实物图"到"圆点图"再到"方格图"的变化过程，中间穿插引入"列、行、数对"的概念，三种图各个击破，分别配上对应练习。

对比两种思路，思路A注重数对本身的概念，讲少练多，所有学生都能轻松掌握本节课的内容，即使平时的"学困生"也表现得非常踊跃，敢说、会说。各种类型的练习题学生很感兴趣，各环节衔接紧凑。老师可以轻松驾驭，师生互动较好，气氛活跃，而且时间容易调配。思路B注重方格图的形成过程，让学生清楚地看到方格图是怎样由实物图一步一步演变来的，讲的远比A多，练习的内容、形式相对A单调一些，所有学生也能掌握本节课的内容。但环节显得琐碎，一会儿是实物图，说数对，一会儿是圆点图，又找数对，一会儿又变成方格图，再找数对。老师不容易控制好时间，很易超时，气氛也不如A。但思路B最大的优点是可为初中的平面直角坐标系打下良好的基础：方格图稍作改动，只留第0行（X轴）和第0列（Y轴），加上箭头（正方向），就变成了平面直角坐标系了。两种思路各有利弊，到底采用哪一种呢？我陷入抉择之中。

二、豁然开朗

在磨课的过程中，我突发奇想，让正在上二年级的女儿做听众讲了这节课。意想不到的是，在没有课件、图片等任何资源的前提下，女儿居然没费半点劲儿就学会了！这绝不是说我女儿绝顶聪明，这个结果不能不让我深思：这节课的内容连这么小的孩子都能学会，再想想，可不是吗？没有必要知道"列"和"行"，只要会数数，且知道先竖着数第几个再横着数第几个就能准确地说出任何一种物品位置的数对，那么为什么不把这部分知识安排在一、二年级，却安排在五年级呢？编写教材的专家肯定是"醉翁之意不在酒"，不仅仅让学生会用数对表示物体的位置，更应让学生了解方格图的形成过程，为初中学习抽象的平面直角坐标系打基础的。我的思路渐渐清晰。

还清楚地记得我上初三时的那节数学课，老师一上来就讲："横线是X轴，竖线是Y轴，A点的位置对着X轴的3、Y轴的4，那么A点的坐标就是(3，4)。"数学成绩在全校拔尖的我听得一头雾水，什么"X轴""Y轴"，什么是坐标？坐标是干什么的？自信的我几乎对自己的数学才能表示怀疑！经过几天的学习强化，勉强悟出坐标是表示某点的位置。试想，如果我在小学时亲眼目睹了"方格图"的形成过程，再由"方格图"迁移到"平面直角坐标系"，还会有惘然和疑惑吗？想必真的会像数数一样简单。

智力的发展离不开系统的知识，乌申斯基说得好："智慧不是别的，而是一种组织得很好的知识体系。"所以，数学教师应当完整、全面的把握所教知识的整体构架，在促进学生后续发展的基础上追求外显的热烈、精彩。那些表面上的气氛活跃、形式灵活和暂时的"掌握牢固"变得不堪一击。如何在保证学生得到基本数学素养提升的前提下，创设愉悦的教学环境呢，我做了一些探索。

三、改进完善

1. 巧设平台，培养符号感

小学数学课程标准非常强调发展小学生的符号感，指出："符号感主要表现在能从具体情境中抽象出数量关系和变化规律，并用符号来表示；理解符号所代表的数量关系和变化规律；会进行符号间的转换；能选择适当的程序和方法解决用符号所表示的问题。"因此，在数学教学中，让学生以小强的位置"第3列第2行"为例，根据数学的简明性和符号化的特点让学生自己创造更简洁的表示方法，为学生提供了自主思考的空间，学生的思想无拘无束，创新灵感、创新思维不断涌现，课堂真正成为他们发挥自己聪明才智的乐园。因为是小班化教学，所以我可以让学生展示所有的表示方面，再针对学生自己创造的方法，通过师生互评、生生互评，让学生产生矛盾冲突，抽取共性，从而产生确定位置的方式——数对。学生经历这一过程后主动性和创造性得到尽情释放，符号感也得到了很好的培养。

2. 知趣交融，快乐学习

心理实验表明，学生经过20分至30分钟紧张的新课学习后，会感到疲劳，学习兴趣降低，学困生表现尤为明显。而"兴趣是最好的老师"，为了继续保持学生积极的学习状态，我设计了"快速找药"的练习，采取男女对抗赛的形式，规则如下：

台下的同学以开火车的形式对照图片依次说出表示某种中药位置的数对，台上的同学根据描述在电脑上把这种中药找出来，比一比在30秒内谁找的中药多。

该练习形式活泼有趣,极大调动起了学生学习的兴趣。学生在这一活动中,动眼看,动耳听,动脑想,动口读,动手做,调动了多种感官参与学习。在开展游戏活动的同时,引入男女对抗的竞争机制,不仅能增强游戏活动的趣味性,关键是使全体学生都能主动参与,而且培养了学生的集体荣誉感和善于合作的能力。

3. 构建知识,后续发展

本课有两大主线贯穿始终:一条是图例的抽象和演变:由实物图——点子图——方格图,这一抽象的过程细腻、清晰,借助"数形结合"的方式很好地渗透了"坐标"这一较难理解的数学知识,为学生的后续学习做好铺垫。另一条线是确定位置的方法:由不同的描述方法——列与行的方法——数对的方法,这一表达方式逐步递进、简化、抽象,都使学生对数学的简捷性和抽象性有了深刻的感受和体会。

课堂中,两大主线的层层递进与发展,把数对的产生与发展过程展现得淋漓尽致,而且随着两大主线的每一次递进、转化,教师都引导学生进行前后对比反思,及时提升学生的认识,培养反思习惯和能力。通过学习,学生不但熟练地掌握了数对知识,而且感受到了数学能够把复杂的问题简单化,也真正体会到了数学符号的简洁清晰,最重要的是学生真正亲身经历了数学知识、数学思想的形成过程,这些都为学生的全面发展、长远发展打下了良好基础。

创设生动有趣的教学情境,营造和谐融洽的教学氛围,能够轻松拉近师生之间的距离,让学生如坐春风,思维活跃,积极探究,乐此不疲。学生个性得到张扬,潜能得以发掘,课堂上迸发出创新的火花,焕发出生命的无限活力。

追求表现形式的精彩,更要促进学生后续发展。为了学生的发展,我们绝对不能只顾眼前,要"Today",更要"Tomorrow"!

(威海市长征小学 王昱珊)

案例2

和谐的课堂,让数学思想方法绽放美丽
——《小数的意义》教学案例及其思考

【案例背景】

本课是在学生已经学习了"分数的初步认识"和"小数的初步认识"的基础上进行教学的。小数的意义是比较抽象的数学概念,学生理解起来有一定的难

度。并且,小数的意义是本单元学习的重点之一,是本单元后续学习的基础和切入点,是小数概念建构的重要环节。

【案例描述】

学生用自己喜欢的方式,线段图、圆形、长方形、正方形等,探究发现一位小数的意义之后,小组合作探索两位小数的意义。

师:在十格图上,或者在你画的线段图、长方形、圆形上面能表示出 0.25 吗? 说说理由。

生:不能。十格图是把一个正方形平均分成了 10 份,只能得到一位小数。只有将它平均分成 100 份,才可以找到两位小数。

师:大家同意吗?

生:同意。

师:老师为大家每人准备了一张正方形百格图,请你涂色表示一个两位小数? 先独立完成,再小组交流。

全班交流,投影展示作品。学生边展示,边交流自己是怎么想的。

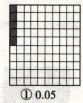 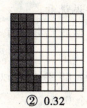 

① 0.05　　　② 0.32　　　③ 0.65

生 1:我把一张纸平均分成 100 个格子,取其中的 1 格表示 0.01。我在百格纸上涂了 5 格表示 0.05。

师:非常好! 会用分数表示吗?

生: $\frac{5}{100}$。

师:你知道 0.05 里面有几个 0.01 呢?

生 1:有 5 个。

师:为什么?

生 1:因为 100 个格子里涂了 1 个表示 0.01,那么涂了 5 个就有 5 个 0.01。

师:非常棒,谁还想交流?

生 2:因为 1 个格是 0.01,所以我在百格图上涂了 32 个格,表示 0.32。0.32 里面有 32 个 0.01。

师:真好,表述很清晰。谁还想交流?

生3：因为我已经学会表示 0.6 和 0.05，所以我用两张正方形的纸加在一起表示。

"啊——"全班疑惑。

这种表示方法，教师预案中没有。师非常喜悦：这个表示方法真特别，谁来评价一下对不对？

生惊讶：哦，他的意思是把 0.65 给拆开来，分成了 0.6 和 0.05，再分别用纸表示出 0.6 和 0.05。我怎么没有想到这一点？

师：谁还想来说一说？

此时同学们都纷纷举起了手，师请生多次进行了表达。

师：有谁能知道 0.65 里面有几个 0.1 和几个 0.01 呢？

生：有 6 个 0.1 和 5 个 0.01。

师：为什么？

生：因为 0.65 可以由 0.6 和 0.05 组成，而 0.6 里面有 6 个 0.1，0.05 里面有 5 个 0.01。

师：明白他的意思的同学请举手再说说看。

师：谢谢这位同学用两张百格图帮助我们知道了这么多新知识！那大家知道 0.65 我们还可以怎样表示？

生4：像这样，在一张百格图里选中 65 份就可以了。从这张百格图可以看出，0.65 里有 65 个 0.01。

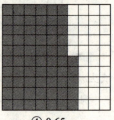

④ 0.65

教师引导学生归纳：通过两个同学展示的不同方式，我们得知：0.65 有不同的表示方法，因此就有不同的说法。我们可以说 0.65 里面有 65 个 0.01，还可以说 0.65 里面有 6 个 0.1 和 5 个 0.01。

师：通过刚才的研究，谁来总结一下两位小数的意义？

生：把 1 张纸平均分成 100 份，其中的一份是 $\frac{1}{100}$，也就是 0.01。

生：其中的 5 份是 $\frac{5}{100}$，也就是 0.05，65 份是 $\frac{65}{100}$，也就是 0.65。

生：1 里面有 100 个 0.01。

生：老师，我知道了 0.01 表示 $\frac{1}{100}$，0.25 表示 $\frac{25}{100}$。

同学们纷纷举手发言。

师欣喜：太精彩了！对，两位小数就是表示百分之几。我们一齐把它记下

来。(板书:0.01 表示 $\frac{1}{100}$。1 里面有 100 个 0.01)

在此基础上进行类比猜想:三位及三位以上小数表示什么意义。教师再适时通过课件演示正方体方块图,帮助学生形成比较系统完整的小数概念。

【案例反思】

"高明的理论不仅是现在用以理解现象的工具,而且也是明天用以回忆那个现象的工具。"对于小班化里的每一个学生,"不管他们将来从事什么工作,唯有深深地铭刻于头脑中的数学的精神、数学的思维方法、研究方法,却随时随地发生作用,使他们受益终生。"数学思想方法在小学数学学习中是至关重要的。

1. 数形结合,提供支撑点,化难为易

形和数这两个基本概念,是数学的两块基石。著名数学家华罗庚说过:"数缺形时,少直观;形少数时,难入微。"数形结合是解决数学问题的一个有力工具,更是一种重要数学思想。

我借助学生已有的知识水平和生活经验,充分发挥教材"模型图"在教学中的作用,利用正方形方格图给学生一个支点"模型图",引导学生在观察、操作、思考、交流、反思等活动中,把数字和图形在头脑中不断地进行转化,理解认识了两位小数的意义。这样,有效地解决了教学重点。

数形结合是感知向思维过度的中间环节。学习三位小数的意义时,我则用课件演示正方体方块图,架设"数""形"思维桥梁,将抽象的数学问题给以形象的原型,有效地突破了教学难点,学生很好地掌握了三位小数的意义。数形结合方法融入计算机技术,也是学生开展数学研究性学习的一个重要渠道。

纵观本课,我借助"形"的生动和直观性认识"数",以"形"为手段,"数"为目的,"以形助数","以数定形",使抽象思维与形象思维相结合,缩短了思维链,简化了思维过程,学生们尝到了"数形结合"带给他们的快乐。

2. 观察比较,创造生成点,推陈出新

著名教育家乌申斯基曾说过:"比较是一切理解和思维的基础,我们正是通过比较来了解世界上的一切。"比较是认识的起点,是一种十分重要的数学思想方法,对培养学生思维的灵活性、深刻性、独创性等各方面都有很重要的作用。

本环节,我在展示学生表示两位小数的作品时,紧紧抓住一位学生用两张百格图表示"0.65"这一有效的生成性资源,引导学生理解 0.65 是由 6 个 0.1 和 5 个 0.01 组成的。在此基础上,抛问:"0.65 还可以怎样表示?"学生通过观察比较,理解了 0.65 也可以说成是由 65 个 0.01 组成的。同质异形比较方法的运用,帮助学生从运用不同的描述方法中,启发了直觉思维,理清了头绪,抓住实质从而归纳出结论。

运用观察比较法,有助于突出教学重点,突破教学难点,使学生容易接受新知识,防止知识的混淆,提高辨别能力,是帮助学生理解知识掌握方法的有效工具,也是培养学生数学创新能力的必由之路。

3. 类比运用,发掘生长点,由浅入深

类比也是一种基本的数学思想方法,是产生数学猜想的一个重要思维方法。类比方法的每一次运用都是思维的一次跨越。

显然,一位小数的意义是小数意义学习的起点,直观感受这个过程非常重要;两位小数意义的学习,是类比思想方法在本课学习的初次渗透,它建立在直观体验的基础上,从直观感受上帮助学生突破难点;而三位及三位以上小数意义的学习,不再以直观操作活动为支点,重点则放在类比这种思维方法的运用上。本节课,我以"联想"为前提,以"相似性"为向导,以提出"猜想"为使命,以发现"新规律"为目的,进行了类比活动的体验,这对于学生的数学认识活动提供了富有创意的思维方法。

4. 技术辅助,找准着力点,锦上添花

传统教学手段和信息技术只是作为教学的"辅助手段"。我充分利用"黑板"作用,精心设计板书,注意数学逻辑思维的培养。在传统教学鞭长莫及的情况下,巧妙运用信息技术,取长补短,协同发挥其教学功能。

实践证明,数学思想方法是知识、技能转化为能力的桥梁。培养创新人才,最根本的是要让学生掌握一套科学的、终身受用的学习方法、思维方式。只要我们教师充分挖掘教材的内涵,尊重学生认知发展水平,找准数学思想方法渗透的结合点,持之以恒地将思想方法教学的目标落实到课堂中,久而久之,学生会拥有无数把提高学习能力的金钥匙,并在不断探究中尽情享受学习带来的无限快乐!

（荣成市府新小学 王英水）

有效交流生成精彩课堂

——《两位数减两位数》案例分析

围绕学校进行的《小学数学小班化教学提高课堂交流有效性的研究》的课

题研究,我上了一节课——《两位数减两位数》(100 以内不退位和退位),组内的老师跟随听课、评课。

【片断回放】

师:小朋友,今天我们学习 100 以内的减法。
(出示情景图)

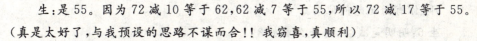

师:参观海洋馆,你知道了哪些数学信息?

(根据学生的回答在黑板上板书:17,72,56,80)

师:根据黑板上的这些数据能不能提出一些减法问题,并列出算式?

(根据学生的回答板书算式,如:72-17,56-17,80-56,72-56 等)

师:我们先来算"72-17"。(学生回答:65,55)

师:到底是 65 还是 55,谁来说说理由?

生:是 55。因为 72 减 10 等于 62,62 减 7 等于 55,所以 72 减 17 等于 55。

(真是太好了,与我预设的思路不谋而合!!我窃喜,真顺利)

师:真是太好了,谁还能再说一遍?

(挑选三名学生依次模仿着说了一遍,而后同桌互说)

归纳小结并进行了大量的巩固练习。

课后,我们组进行了研讨。首先我谈了自己上完课的感受:课很顺利,我按照教学流程一点没漏地上完了课,但感觉很闷,计算课太枯燥了,学生学习的热情不高,学得比较被动,课堂交流也不活跃,看得出学生不喜欢上计算课。其他老师有同样的看法,觉得课堂气氛太沉闷,学生的学习热情没有被充分调动,思维没有被激活,没能体现新课程理念。大家在集体反思与讨论的基础上,有了一个共同认识:我们上这节课的目的是研究课堂交流的有效性,但我们的课堂有交流吗? 连交流资源都没有如何去谈有效性? 最后决定,应该鼓励学生独立思考,提倡算法多样化。可是怎样开发呢? 一位同事的话点醒了我"你只顾着进行你的课,怎么没发现还有那么多举着的小手呢? 他们的想法可能正是把思维向纵深推进。"是呀,第一个学生回答完毕,我只顾着总结那说到我心坎的计算方法,只顾着将我的课顺利进行,而忽视了那么多在高高地举着等着回答的小手。这是多好的资源呀! 要利用这些资源,启迪他们的思维,调动他们的热情,只有如此才有可能培养学生灵活计算的能力,课堂交流才有实效。

于是我在另一个班进行第二次教学。

【片断回放】

师：72－17 得多少呢？

生1：我是这样算的：72－10＝62，62－7＝55，所以 72－17＝55。

师：谁理解他的意思了？你能解释一下吗？

生2：他的意思是先把 17 分成 10 和 7，先用 72 减 10 等于 62，62 再减 7 等于 55，所以 72 减 17 等于 55。

师：还有谁也是这样做的？谁还有不同的方法？

生3：我的办法与他的差不多，我也是把 17 分成 10 和 7 的，不过我是先减 7，再减 10 的，答案也是 55。

师：你们的方法相同，只是先减哪一个数的次序不同。

生4：我是这样算的：72－20＝52，52＋3＝55，所以 72－17＝55。

师：你对他的解法有什么想法？你能解释吗？

生5：他把减数 17 看成 20，先用 72 减 20，因为多减了 3，所以要再加上 3。

师：你有问题想问他吗？

生6：明明是减法，为什么要加 3？

师：谁能解释他的问题……

在学生交流的过程中，我边板书边用"还有不同意见吗？""你怎么想的？""谁能解释一下他的想法？""你有问题想问他吗？"等语言引导发言者表述自己的思维过程，倾听他人的意见，整理获得的信息并提出自己的见解，激发了新的资源不断生成，课堂气氛异常活跃，孩子们的学习热情空前高涨。

对于这堂课，我们组的老师和我一样感到很兴奋。他们一致认为：课堂中老师的适时介入、启发性提问、引导性思考激活了孩子们的思维，打开了他们交流的源泉，深层次的思维碰撞生成了课堂的精彩！

通过这次课例研究，我们深切地体会到：注重数学交流，培养学生的数学交流能力，是让学生学会"数学地思考"的一个重要途径，是"让不同的人在数学上得到不同的发展"这一教育理念在教学实践中的具体化。在课堂教学中，我们应注重营造和谐的学习氛围，搭建交流的舞台，让每一个学生积极自主地、充满自信地、自由平等地进行数学交流，以促进学生的全面发展。唯有交流，才能激活学生的思维，愉悦学生的身心，张扬学生的个性，迸发出创新的火花，让我们的数学课堂绽放魅力、生成精彩！

（文登市第二实验小学 李 霞）

案例4

创设愉悦情境 促进主动发展

所谓情境教育,是指运用先进的教育理论,通过创设一种以美激趣的教学情境并与亲和的人际情境交融在一起的环境,在课堂教学中激起儿童热烈的情绪,使他们在宽松、和谐、愉悦的氛围中,主动、积极地参与教学过程,使儿童的认识活动与情感活动有机地结合,从而促进儿童潜能的开发与良好个性的发展。在小班化数学课堂教学中,如何创设轻松愉悦的学习环境,激发学生自主探究的欲望,调动其主动学习的积极性,提高学习效率呢?以下是我的几点做法与思考。

一、"轴对称图形"教学片断与反思

片断一:激疑引入

伴随京剧唱腔,出示京剧脸谱的精美图片(窦耳墩、包拯、张飞)让学生仔细观察,哪个脸谱在图案设计上与众不同?为什么?学生马上发现包拯的脸谱设计不对称(额头,鼻梁上的花纹)。教师就此引出课题,对称和不对称都能让人产生美感,在日常生活中经常可见;今天的这节课我们就来研究与对称有关的图形(板书:对称图形)。

片断二:感知探索

1. 动手操作中体验对称图形的特点

教师神秘地打开一个红折子,呈现剪好的对称图形,激起学生创作的愿望,然后让学生利用学具盘中的材料(彩纸、点子图、剪刀、彩笔、尺子),通过剪一剪、画一画的形式,创作出一个对称图形。并要求学生边做边想:怎样能证明创作出的图形是个对称图形?活动中小组同学可以商量,比一比哪组创作又快又好。

(教师巡视并深入到各组进行合作探究)

2. 生活现象中体验对称图形的特点

镜像游戏。(出示剪好的半个喜字,半只螃蟹图)让学生小组合作共同想办法,要想看到一个完整的对称图形,应该把镜子放在什么位置?通过实践操作,同学们发现应该把镜子放在中心线上,当有的说放在中间的虚线上。教师马上引出:这条虚线数学上称它为对称轴。(板书:对称轴)接着让学生到前边指黑板上这些对称图形的对称轴,并追问"你认为什么叫对称轴?"

3. 抽象概括轴对称图形的含义

刚才同学们创作的对称图形都叫轴对称图形。(板书:"轴"字)两人互相说说:你心目中的轴对称图形是什么样的图形? 判断下面的图形是不是轴对称图形? (出示小车图)为什么? (电脑演示验证)

片断三:图片欣赏

伴随着优美的钢琴曲,欣赏生活中的轴对称图形。电脑演示:世界各国的建筑,自然界中的动物等立体图形(实景)——呈现平面图——平面图上画对称轴——对折重合——打开平面图形。

【反思】

1. 情境的创设具有鲜明性和新异性

教师借助现代信息技术,利用多媒体,伴随京剧唱腔,将鲜明的感知目标——京剧脸谱的精美图片展现在学生面前。脸谱的形象美,使学生因爱美而产生"要学"的愿望,在观察中引发学生对"脸谱设计有何不同"的思考,进一步使学生因探究而"要学"。教师充分运用现代信息技术的多媒体功能,从文字、画面、音响全方位为学生提供鲜明、新异的感知目标,从而激发了学生的学习兴趣和求知欲,变"要我学"为"我要学"。在情境教学中,通过创设问题情境,造成悬念,引发学生因好奇而要学,这种积极情感正是产生其学习活动内部的诱因。

2. 创设生活与实践的情境,增强情境体验

教学中,教师选取了"镜像游戏"的生活情境及"剪纸创作"的实践情境,进一步重演人们认识"对称轴""轴对称图形"初始阶段情境,再现美的教学内容,使学生身临其境。通过教学与生活的沟通及儿童操作实践,强化了儿童对数学的感受,深化了对已感知内容的内心体验。通过使学生倍感新奇与乐趣的情境的创设,为学生的思考与想象提供了线索,使其思维逐渐明晰,并向纵深发展,学生的思维能力因此得到了锻炼,创造性思维随之得以萌发。

3. 创设亲和的人际情境,为学生良好个性的发展留有广泛的空间

学习数学需要独立思考,也需要伙伴合作。教学中,教师创设了以合作学习为主要特征的亲和的人际情境。学生对数学学习的感受、体验,对问题的兴趣、好奇,对不同观点的碰撞、辩论、澄清、认同,对探究过程中的困惑与理解,伴随着师生的情感及教材美的内涵而推进、深入。学生在合作学习中,通过学习、探讨、交流,学会发现问题,逐步提高分析问题、解决问题的能力。在和谐相助的情境中,促进了学生爱学、乐学、与人沟通交流能力及合作精神的培养。

二、"10 的认识"教学片断与思考

片断一:

师:小朋友们,你们在哪儿见到过 10?

生 1:在市场卖水果的牌子上。(标价牌上)

生 2:在大桥旁边的牌子上。(限制载重的牌子)

生 3:在钟上。

生 4:在钞票上。

师(拿出 10 元纸币):是这种钞票吗?(生点头)

教师出示 10 个 1 元硬币。

师:10 个 1 元硬币也可以用 1 张 10 元纸币代替。

师:刚才计数器上拨了 9 粒珠子,现在只需怎么拨就能拨满 10 粒?

生:只需再拨上一粒。(动手拨珠)

师:请同学们在数学书上从第 1 页起数出 10 页纸,摸摸看有多厚?

师:请同学们把书翻到第 10 页,举起来给老师看看。

师:看来大家都已经认识了 10,下面请同学们来交流交流自己带来的"10"。

生 1:我带来了 10 个苹果。

生 2:我带来了 10 支铅笔。

生 3:我带来了 10 根牙签。

生 4:我带来了 10 张纸。

生 5:我问我爸借来了 10 支香烟。(指半包香烟)

生 6:我的直尺上就有 10。

师:真的吗?其他同学也请拿出直尺找找看。

片断二:

师:老师可什么也没带,但我却请来了 10 个小朋友。

请一生帮助老师数出 10 个小朋友,站到前面来。

师:我们请这 10 个小朋友和大家一起来做个游戏。

师:蹲下 1 个,还剩几个?(10 位学生中按教师的指令要求蹲下,蹲下后的学生座位上的同学看不到!)

生:还剩 9 个。

师:9 再添几个是 10?

生:添 1 个。(刚才蹲下的那 1 个同学马上站起来)

生(马上齐答):9 和 1 合成 10。

师：下面由同学来发指令，玩游戏。

……

师：老师在想，上面的小朋友一共是 10 个，那么谁是第 10 个小朋友呢？

生 1：张小红是第 10 个小朋友。

师：还有谁也可以是第 10 个？

生 2：李小伟也可以是第 10 个，因为我可以从右边往左边数。

生 3：宋燕婷是第 10 个到上面来的同学，宋燕婷也可以是第 10 个。

生 4：把他们从高到低排队，高世东也可以是第 10 个。

……

师：我们来玩小棒游戏，名称叫"看小棒猜数"。

师：先请两个小朋友示范。

一个随便摸出几根小棒（最多 10 根），让另一个猜猜有几根，然后一起数数有几根，看看是否猜对？接下来让猜的那个同学补满 10 根，捆成 1 捆，另一个同学做好记录。

师：同桌合作游戏，比比哪组快！（学生游戏）

片断三：

师：今天你们与"10"交上了朋友，生活中很多地方都有"10"的身影。请你们联系实际说一句话，用上"10"这个新朋友。

生 1：我家饭店里的一张圆桌旁放着 10 张椅子，10 双筷子。

生 2：我们身上有 10 个手指。

生 3：我们身上还有 10 个脚趾。

生 4：一条香烟里面有 10 包烟。

生 5：我们一组有 10 个同学。

生 6：我今年 6 岁，再过 4 年就是 10 岁了！

……

师：同学们对"10 的认识"学得好，用得更好！老师十分高兴。下课！

【反思】

低年级学生数感的培养应从认数开始。"10 的认识"是认数教学中关键的一课。针对儿童的心理特点和认知规律，教师在教学过程中创设使儿童获得探究、审美、创造的乐趣的情境，让学生在认数的同时，增强对 10 的体验，适时地培养了"数感"，使教学真正成为得到儿童认同，获取积极情感体验的自我需求的活动。反思本课教学，在数感培养方面主要体现了以下几个特点：

1. 创设认数情境，丰富认数情感

学生的学习动力来自于其对学习的需求。"认数"是学生对认识客观世界的需求增强后所产生的必然要求。教者合理地利用这一内容优势，联系学生的认数经验，通过师生交流创设了愉悦的认数氛围。在这样的认数情境中，学生感受到了生活中"10"的普遍存在，激起了学习新数"10"的欲望。随后，教师又让学生交流他们自己带来的"10"。伴随着所带直观物体中蕴含的10，学生形象丰富地感受到了原本比较抽象的"10"，为理解10的意义积累了丰富的表象。在这一环节中，教者充分利用学生已有的生活经验教数学，让学生在相互交流中学数学，丰富了认数学习的情感。

2. 直观游戏，熟悉数的分合

学生对数的认识，不能停留在对数的意义的直观理解上。只有在熟悉数的组成和分解后，学生才能将认知较好地融入自身已有的数的体系中，脑中才能清晰地建立起有关数大小的感觉，不断地积累、比较、完善，清晰的数感的建立才有厚实的根基。片断二的教学中，教师很好地利用学生游戏、操作活动，将原本较枯燥的分合练习形象化、趣味化，同时也让基数和序数的含义在活动中得以渗透和区分。让学生在轻松、愉快的氛围中，在快速猜数的游戏中，对数的直感在增强，这也是数感培养不可少的一环！

3. 回归生活实际，提高用数能力

数学课程标准明确指出低阶段数感的培养目标是："理解数的意义，初步学会用具体的数描绘现实世界中的简单现象。"在"10的认识"的教学中，教师通过创设认数情境和借助游戏，在学生充分理解10的意义的基础上，回归生活实际，进一步让学生用数来表达和交流信息，使数感的培养目标在应用中落到实处。从第一环节的刻意创设10的认数环境，到第三环节中自然地运用10来描绘、交流生活现象，是学生认数能力升华的必然之路。数学本身就与生活密切相关，学生在认数到用数的过程中，体会到了学习的价值和学习成功带来的快感。数学的价值在于应用，学生的数学素质、数感能力也应在自觉应用数学中得到体现。在认数的学习活动中我们需要培养数感，而数感的培养则离不开学生的体验和生活这一厚实的载体，更离不开学生对数的自然、自觉地应用。

（威海市北竹岛小学　丛明会）

3.2.2　师生互动深入有效

教育部颁布的《基础教育课程改革纲要（试行）》中明确指出："教学过程是师生交往、共同发展的互动过程。"随着课程改革的不断推进，互动作为新课程的一个价值取向,已成为课堂教学中不可或缺的行为。互动、对话、交流、沟通、交往这些描述课堂教学基本形态的语词已逐渐为我们所接受,大家都意识到这样的教学方式可以使整个课堂教学生动活泼、充满活力,而学生的智力、情感都能得到全方位地发展。教师已不再排斥互动,而是主动地将互动纳入自己的教学设计,体现为教学的主要状态。但我们不难发现有很多的课堂"互动"只是形式上的、浅表层次的,无实效性的,如专制的互动,互动的主体是教师,互动的主动权在教师,互动所有过程及结果都是教师调控的,这样的互动的效果可想而知。如垄断的互动,互动只是由少数学生掌握,教师与学生的互动仅限于少数的尖子学生或其他特征的学生,问题针对这些学生提出,回答由这些学生完成,活动由这些学生控制,这样的互动成效也更主要的是限于这些学生,对其他学生来说效果低下。如形式的互动,互动承载的内容很少或者没有,课堂上常见到教师询问学生"对不对""好不好",学生齐声回答"对""好"之类,似乎就没有承载多少实质性的内容。诸如此类的互动,显然不是新课程的目的,现代教育理念下的互动应该是一种积极的、真实有效的课堂互动。

与大班教学相比,小班化的数学课堂因其人数减少,教师关注面及反馈面增大,从而能保证学生互动的有效性,能引导学生深层参与到互动过程中,获得真正的发展。主要体现在:

——小班化的数学课堂能够使学生真正成为互动的主体

课堂互动,从大的维度分为师生互动和生生互动两大类,从小的维度看又可以细化为六个主要互动方式(如下表):

互动方式　互动类别 交往方式	师生互动	生生交动
个体	师——生	生——生
小组	师——组	生——组
班级	师——班	生——班

课堂互动是否有效,不是简单地以活动的频繁为标志,也不是简单地以课堂气氛活跃为尺度,而是以每种互动方式中学生主体性的充分发挥作为核心参数。只有学生以主人翁的姿态参与互动,在互动中才能真正有所收获,得到最大的发展。在大班,教师也会尝试各种不同的互动方式,但互动效果差强人意。例如数学课上常用的小组合作学习,大班下,每6人一组,全班能有10个组之多,由于师生比例的悬殊,教师在巡视指导时只能和其中三、四个组互动,或者只能每个组走马观花、蜻蜓点水,只有少部分学生有机会和教师直接进行对话

交流,沟通思想,更多的学生只能处于旁听席的位置上,学生主体性得不到充分发挥;在小组的内部,尽管每个学生都有机会参与互动,但由于教师无法对每个个体进行关注与指导,互动成为过场,教师在课堂上缺乏捕捉和判断有效信息的能力,缺乏有效的点拨、提升和中肯的评价,实质上也是一种放羊式的互动,不会对学习过程产生太大的影响,因而学生的主体性也没有真正得到发挥。这样的互动交流很容易成为表面化、无效化的过程。

而小班因其之“小”,反馈面增大,教师能够关注、了解到每一组、每一个学生参与互动的情况,因而在多个维度展开互动上更具优势。在小班化的课堂中,教师有足够的时间和空间,以一个普通合作者的身份,自然地参与到小组活动中去,和每个小组都“亲密接触”,基于相互尊重、信任和平等的立场,师生之间,生生之间充分地进行信息与人际交流,并因组而异、因人而异为学生提供必要的启发式帮助,教师可以及时捕捉住话题的灵感、火花,将互动中生成有价值的资源推广到全班加以利用,生成新的符合学生实际的教学流程。教师还能够更好地掌握并运用好评价这个课堂杠杆,有效地激发学生参与互动的热情,建立一种师生、生生之间多维有效互动下的动态生成。师生形成一个“学习共同体”,都作为平等的一员参与学习过程,分享理解,促进学习,进行了心灵的沟通与精神的交融,每个学生真切地体验到合作学习的成功与快乐。

——在小班化的数学课堂中能够引导学生深度参与互动。

在数学课堂教学中,学生参与互动的状态通常有三种情况:第一种,能够发表自己的意见,但不听也不管别人说些什么;第二种,能够倾听别人的发言,但自己不做深入的思考,只是重复补充别人的话;第三种,既会倾听,又能够针对别人的发言来发表自己的见解、看法,他的发言是在他人基础上的一种更深入的思考,一种提升。无疑,第三种状态是有效互动、深度参与的最佳状态。在小班的课堂,更容易达成这种状态。

首先,小班教学有利于学生更好地去倾听。认真倾听是有效互动的前提。只有认真倾听才能获得更丰富的信息。在一节二年级的《4 的乘法口诀》的听课观察中,我们曾经对互动环节学生倾听的情况做过统计:全班 62 人中,当一名学生在回答教师提出的问题时,全班有 27 名学生在低头做自己的事情而没有注意倾听交流的内容。其实,这种情况在日常大班额的数学教学中是比较常见的(尤其是低年级),小学生好奇心强,多动,注意力不稳定。小学生的年龄特征决定了学生在小班化的数学课堂能更好地倾听。对比小班的课堂,同一位教师在小班实验班中执教《4 的乘法口诀》,同一互动环节,25 名学生中只有 3 名学生开始没有很好地倾听,经过教师予以关注和督促也参与到课堂中来。

其次,小班教学有利于进行深层对话。在课堂教学互动中,师生之间、生生之间的对话是最主要的途径和形式。"水本无华,相荡而生涟漪;石本无火,相击始发灵光。"思维的激活、灵性的喷发源于对话的启迪、碰撞,只有深层次地对话才有闪光的生成,课堂才能产生"整体大于各部分之和"的系统效应。因此,建立教师与学生之间的深层对话,是进行深层互动的重要途径。我们可以通过有意识地培养和引导帮助学生学会深层互动,例如,质疑精神的培养。质疑是有效互动生成的催化剂。"疑是思之始,学之端。"宋朝著名学者陆九渊说"为学患无疑,疑则有进,小疑则小进,大疑则大进"。学生常有问题,才能常会思考,常有创新。学习数学更离不开问题。我们使用的青岛版教材的主要特色其中就有由"情境串"引出"问题串",让学生自己发现问题——提出问题——解决问题。其实小学生天性是好奇、好问,试想:哪个孩子在幼儿园不是"十万个为什么"? 为什么上学时间越长,问题越少呢? 除了年龄特点外,我们还可以找到更深层的原因:第一,不敢问。从心理角度分析,学生存在不敢问的心理。面对人数的众多,平日发言机会就很少,自卑紧张的心理使得他们站起来都需要勇气,更何况怕问了不该问的或问错了而被取笑,因而宁可把问题放在头脑里,也不愿提出来。第二,不会问。一部分学生由于基础差或思维能力弱,不知怎么问问题,也得不到教师这方面及时的指导。第三,没机会问。人数多,课堂互动交流中优生占据时空优势,其他人得不到机会问。在小班化下,每个孩子都能获得充足的时间和空间,锻炼自己提问的胆量,对于思维批判性较差、辨别是非能力较弱的学生,教师可以有意识跟踪指导、及时地伸出援手帮助他们提出有价值的问题。总之,通过质疑,引发学生的深入思考,"挑起"学生的争论,让学生思辨,使思维的火花璀璨耀眼,也使学生在不断地自我超越中增加学习信心,通过互动学习真正得到发展。

案例1

以学生需求为导向构建互动交流的课堂
——《笔算三位数乘两位数》教学案例

【背景】

小班化教育为实施素质教育创造了一个崭新而又广阔的空间,它能让学生享受多种教育资源,增加接受教育的机会,从而使每一位学生全面而有个性地发展。教师授予学生的不仅仅是知识与能力,更重要的是在学习过程中开启他们的智慧与觉悟,让学生在自然朴实、自主探究、民主和谐的氛围中获得知识与体验,使学生在学习过程中既是知识的接受者,又是知识的发现者。2010 年 3 月,我有幸在威海市小学数学教材下册备课会暨小班化教学研讨会上执教了一节研讨课《笔算三位数乘两位数》,能有这样的机会研究计算教学,使自己在螺旋前进的"磨砺"过程中不断提升课堂教学水平,更幸运的是通过专家的指导使自己获得了专业方面的提高。以下是我磨课过程的片段呈现,与大家一起分享,希望能在计算教学方面给予大家一点启迪。

【教材呈现】

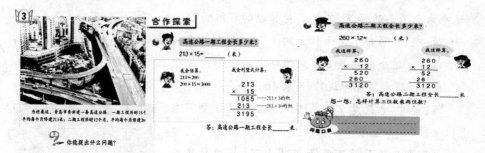

【片段回放及分析】

第一次——"挤牙膏"式"探究"教学

上课伊始,我就采用让学生观察信息——提出问题——自己解决问题的流程进行教学,学生很自信地开始计算213×15,巡视时我发现大多数孩子都能算对,但个别学生出现忘进位、对错数位的现象,于是我把这样的错误信息收集起来,准备交流时让学生在不同认知结构的碰撞中,分享"思想的果实",当大多数学生算完,我们就开始了交流。下面是教学片段:

师:请你介绍一下怎么算的?

生1:我先用 5 去乘 213,得 1065。再用 1 去乘 213 得 213,最后加起来就是 3195。

师:还有谁能说得更加详细?(学生们一脸茫然地看着我,想从我脸上寻找答案,看到这种情形我马上就用手示意黑板上的个位、十位,反应快的学生马上意会到)

生2:先用个位上的 5 去乘 213,然后用十位上

的 1 去乘 213,最后再加起来。

师:(笑着问)都同意这样计算? 可老师还有点不明白,这 1065 是怎么得来的?

生 3:213×5 得 1065。

师:哦,也就是 213×5 的积,那这个数(2130)呢?

生 3:1×213 得 213。(借助这个错误的回答,我可不能错过引导学生。)

师:既然是 213,那 3 应该与个位对齐,怎么 3 写到了十位的下面了?

生 3:用十位的 1 去乘的,所以写在十位上。

师:谁能说得更清楚一些?

生 4:用十位上的 1 去乘 3,一三得三,是指 3 个十,所以 3 要写在十位上。(这个来之不易的答案,不就是对算理的理解吗?)

师:哦,我明白了用十位上的 1 乘 3,得到的 3,表示的是 3 个十,所以把 3 写在十位上。这个得数是 213 乘谁得来的?

生 4:(顺水推舟地说)213 乘 10。

师:是呀,也就是 213×10 的积,所以 3 要写在十位上。

算理在我的引导下终于说明白了,赶快趁热打铁再让学生说说怎么算的,学生也很聪明地在这次交流中加上了是用什么数位上的数去乘 213,俗话说得好"理越辩越明",赶快找来刚才收集的错题(如右图),通过辨析来加深算理,明算法。

【设计意图:计算教学中算理是计算的原理和根据,算法是计算的基本程序和方法,算理不清,算法难以牢固;算法不明,计算技能难以形成,所以在执教过程中我就特别注意让学生多说。】

大约 20 分钟这一环节结束,紧接着进入自主编题,探究中间及末尾有 0 的计算方法环节,学生在不断出题、计算、交流中探究计算方法,学习兴趣很高,在这种氛围之下进入到了归纳三位数乘两位数的计算方法的环节,情境如下:

师:大家编了这么多题进行研究,相信你对三位数乘两位数该如何计算、为什么这么算有了新的认识,谁来用自己的话说说三位数乘两位数的笔算是如何算的?

学生又是一脸茫然……

【设计意图:我认为在学生已经理解算理,并能用自己的语言说算法的基础

上,一定要归纳提升成文字形式的计算法则,便于建构起系统的知识。】

【案例反思】

一节课下来教学内容只进行了一半,在例题的讲解中,理解算理、明算法耽误太多时间,课堂气氛整体比较沉闷,学生思维不够活跃。课上完之后,我校数学团队中的徐老师对我说:"这节课总感觉你问得太多,都快成一问一答式教学课堂了。你像2130怎么得来这个环节中,有个学生说到'是用 $1×213$ 得来的',如果你能等一下或者问一句都同意这个说法吗,相信就会有学生提出反驳,在辩论中孩子是不是对于算理会明白的更透彻一些?"还有李老师提出:"这节课明显时间不够,是不是可以采用先预习的方式让全体学生先感知,再在课堂的交流中通过互相碰撞加深理解,同时也可以节省时间再探究其他情况?"张老师还说:"这节课也有一个亮点,那就是学生自己编题来探究有0的这种情况,学生参与的积极性很高,这个设计我们可以保留。"结合他们的交流,我静下心来思考,觉得有必要从以下几方面进行改进:

1.这部分知识是在学习三位数乘一位数及两位数乘两位数笔算乘法基础之上再学的,其计算方法基本相同,只是计算的步骤增多了,所以没有必要像探索两位数乘两位数的计算方法那样去教学本课时。

2.整节课总感觉学生不能用严谨的数学语言来归纳三位数乘两位数的计算方法,我就在教学中提示"通常我们把这个数称为第一个因数,这个数称为第二个因数,谁能像老师这样把三位数乘两位数如何计算说一说?"这样的行为又把学生思想禁锢了起来,整体感觉一节课下来我的问题太细琐,应该把自己的步子放大一点。

鉴于以上思考,便有了第二次教学的实践与思考。

第二次——"自主预习"式"探究"教学

一、检查预习,探究新知

师:我知道大家课前对本节课的知识进行了预习,通过自主预习你都有哪些收获?

【板书课题】

(一)估算

师:怎么估算的?那么估算有什么好处?

(二)笔算 $213×15$

介绍如何计算。学生介绍过程中,教师点拨明算理,如:这个1065是怎么来的?那3为什么写在十位上?

学生再次介绍213×15怎么算?

同桌两个互相说一说。

(三)笔算260×12

介绍书中两个算式计算方法,探讨第2个竖式在计算的过程中没有出现0,怎么在积中出现了0?

比较这两种算法哪种更简便?

【设计意图:学生自主学习是课程改革的主旋律,所以想通过预习让学生自己解决简单问题,对于不明白的"模糊点"在课堂上进行有针对性探究。同时学生都有强烈的好奇心和探究的兴趣,对自己有疑惑的问题肯定会加倍关注,这样也就提高了教学的实效。】

二、通过课前自测题,探究其他笔算方法

1. 自我检查预习时出的自测题。

2. 组内互相检查,全班交流新情况。

探讨组内有争议的题,如:

(1) 230×20

总结规律,找计算窍门。

(2) 208×19、205×34

自己选择一题来做。交流如何计算?注意什么?

交流并改正错题。

……

【设计意图:学生们预习后已经根据自己的预习情况自己出题进行检测,这一环节的设计即在小组内对每个人的测试题进行交流检查,并互相学习探究其他情况的笔算。】

【案例反思】

学生通过课前预习,课上对于"213×15这个例题怎样计算",以及"2130是怎么得来的"这样的算理性问题已经能按照课本上的信息来说,但是学生在交流时只是个别发言,其他同学成了听众,当我问及有没有不同意见时,学生都没有意见,看上去好像什么都明白了,但是在后来的小组检查课前自测题、探究其他笔算方法环节中,出现了这样的一幕:"老师,毕瀛丹出的这道题第一个数末尾有0,第二个数的末尾

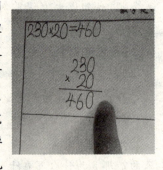

也有0。"我马上问道:"的确是个新发现,你们检查计算结果了吗?""我们检查了,是正确的。"组里两个学习比较优秀的学生立刻答道。我目光扫向组里其他孩子:"你们都是这样认为的?"他们的眼神由兴奋变为迷惑,很显然他们并不明白其中的道理。当时,我心里"咯噔"一下,孩子没有亲身计算,只通过用眼观察又怎能直观判断出结果呢?"好脑子不如烂笔头呢!"这样的设计怎能关注到每个孩子?

研讨时,教研中心的丛老师也指出本课知识应当是学生已掌握的两位数乘两位数的扩展和提升,教学时要密切关注学生已有的知识经验和认识发展水平,应为学生提供由旧知迁移到新知的广阔空间,要放手让孩子自己出题,自主探究,使他们在"再发现、再创造"中发展创造性思维。

"放手,放手,让孩子动笔算,让孩子自己亲身体验",对此我有了更深切的体会,因此又做了如下调整:

第三次——"动态生成"式"探究"教学

一、情境引入,自主探究

1. 探究213×15的笔算

出示情境图。仔细观察你发现了哪些数学信息?根据信息你能提出什么数学问题?今天这节课我们来重点研究一期工程全长多少米?怎么列算式?你会算吗?试着算一算。

(1)估算

师:谁想来展示?

生:213×15≈3000,我把213看做200,用200乘15就得3000了。

师:说得头头是道,你用估算的方法得出了一个大致的结果。那谁算得出精确结果?请你到前台来展示一下。

(2)笔算213×15

师:【板书:笔算】你来详细介绍一下好吗?

生:我先用5乘213得1065,再用1乘213得213,最后再把他们相加,就得3195。

师:都同意他的介绍?

生2:我不同意他的说法,这个数应该是2130,因为是用十位上的1去乘的。

师:为什么偏要说是用十位上的1去乘?

生1:如果说是1乘213,那得213这个3就应该写在个位上,而这个3写在十位上,所以要说用的是十位上的1去乘的。

生2:我有补充,这个数是2130,不是213,它是213×10得来的,不是乘1得来的。

师:你们赞同哪种说法?

师:有没有不一样的结果?请你来展示一下。如右图:

师:你发现了什么?

生:他在算213×15的时候忘记进位了。

对比总结:计算要认真仔细,别忘进位。

师:那么现在谁再来介绍一下213×15怎么算的?

生介绍完同桌,两个互相介绍。

【设计意图:学生在自主探究过程中,教师要真的当好引领者,在学生出现问题时多问一句"你们都同意他的意见吗?"真正做到让学生多说,在认知冲突中理解算理,明算法。】

(3)自我出题检测

师:谁能仿照这道题出个类似的题考考大家?

生:214×16得多少?

师:你们会算吗?那赶快在答题纸上完成。哪位小勇士愿意到黑板上来写?如右图:

学生点评黑板上所写的竖式。

师:刚才老师发现有一个同学是这样写的。如右下图:对于他列的竖式谁来点评一下?

生:这个竖式太长,容易出错。

师:笔算时我们习惯上把位数多的数写在上面。下面同学谁做对了请举手。观察这两个算式,与我们上学期学过的乘法算式有什么相同、不同的地方?

生:我们以前学的是三位数乘一位数,今天多了一位数。

师:那计算方法呢?

生:一样。

师:同学们真会用联系的眼光看问题,相信再多位数的计算也难不倒大家。

【补充课题:三位数乘两位数】

【设计意图:学生出题的过程就是对知识的认识和重建,而且对学生巩固所学的知识,培养他们的多种思维能力、合作学习能力和交流能力等诸多方面都会起到意想不到的效果;通过与以前所学三位数乘一位数比较,沟通新旧知识,注重笔算方法的延伸。**】**

2. 自主编题,探究中间及末尾有0的笔算

师:光会做这一题,就能说明你会做三位数乘两位数的笔算了吗? 那除了这种情况,还有没有不同情况? 有同学有想法了,下面就对各种情况来个全面了解。现在可到了同学们大显身手,才艺展示的关键环节了——自主创编。(生创编,师巡视时搜集部分作品)

(1) 探究一个因数末尾有0的笔算

师:看这个132×40算式,你发现了什么新情况?

生1:乘的是整十的。

生2:一个因数后面有0。

师(对出题的学生)说:猜中你的心思了吗? (问全体)对于这种新情况,你能解决吗? 在答题纸上试试! 找两生板书。如右图:

师:看黑板上这两位同学算的一样吗? 不一样在哪里?

生:(第一种)他是先没算0,算的132×4得528,最后把0落下来。(第二种)是按运算顺序依次做的。

师:这两种计算方法都正确,你觉得这两种算法哪种更简便一些?

生:第二种。

师:在计算末尾有0的乘法时,建议大家选择这种比较简便的方法。

(2) 探究两个因数末尾有0的笔算

师:150 × 90 你又发现了什么新情况? ——大家眼力真不错。那像这样两个因数末尾都有零该怎么算呢? 赶快试试!

师:谁上来展示一下? 如右图:

师:这题的末尾到底填几个0,说说你的

理由？咱们要以理服人。

生1：15×9得145,145后面填1个0。

生2：我不同意,15×9得145,145后面填2个0。

生2：我补充,15×9得145,因为150里有一个0,90里有一个0,所以再在90后面填上两个0得14500。

生3：我是用估算的方法计算的。如右图:我把 $90 \approx 100, 150 \times 100 = 15000$,所以 $150 \times 90 \approx 15000$。

师：是呀,估算可是检验的一大法宝呀！谁来估算一下。当然同学编的题还有很多新情况,这里我们就不一一展示了。

……

【设计意图:渗透用估算的方法进行验算,培养学生养成验算的习惯。】

【案例反思】

回归学生的思考才有效,即数学教学只有充分尊重学生,重视知识建构,才能找到学习的突破口。

这节课我在学生已有学习经验基础之上,自主探究213×15的笔算方法及算理,学生在不知不觉中就自主运用到了迁移的数学思想方法。此外,我还注重充分发挥学生的自主意识,让学生自己来出三位数乘两位数的题,在学生众多的题型中挖掘其他类型的算式,提供给学生共同探究,让学生在自编自乐中学到了新知识,掌握了算理。

当然这节课中我也有需要改进的地方,首先自己的及时性评价语言过少,这需要在今后的教学中加以注意。其次,在展示学生作品的时候,不能只关注计算正确的学生,更应该从计算出错的同学那入手,通过找错、对比等“融错”方式来加深对计算方法、算理的理解。

【教学感悟】

多给孩子一些空间,小班化教学更精彩

在课程标准中,“数与计算”占有了很大的比例,是数学学习的四大领域之一。计算教学旨在培养学生的数感,增进对运算意义的理解,培养小学生的计算能力一直是小学数学教学的主要目的。就整个小学阶段的数学学习来说,数学知识的学习几乎离不开计算,但是计算教学却又是教学中比较难于教授的一

部分知识，学生是学会了算法，可是却不一定懂得算理。所以虽然在解读教材时就知道三位数乘两位数的乘法是在学生已经学习了两位数乘两位数的基础上进一步学习的，三位数乘两位数的计算方法与两位数乘两位数的计算方法在算理上是一致的，所不同的是一个因数的位数由两位变成了三位，不少学生已经会计算，但是在第一次试教时仍然是让学生提出一个问题解决一个问题，再提出问题再解决，虽然解决问题时是学生在自主交流中明确算理、算法，但是由于牵得太紧，学生没有发挥的空间，第一节的课堂气氛很沉闷，学生的激情也不是很高。于是在第二次试教时想给每个孩子探究的空间，我将预案设计成让学生通过课前预习、课上交流的形式来形成共识，但是执教时出现了怪异的现象，课堂上只有几个同学发言，其他学生只是听众，并且听众好像并不乐于其中。课上完后教研员丛老师对我的课进行了细致的点评，使我恍然大悟，是呀，只有学生本人的积极思考、主动探索，才能有所发现、有所创新。有效的课堂不一定要"华丽"，但应该有"内涵"。所以我又重新进行了设计，这次我放大了步子，只用信息窗中的一个问题引入，学生在自主探究中弄清算理、算法的基础上，再让学生自己出题解答巩固计算方法，紧接着在学生创编题的交流中探究其他形式的三位数乘两位数的笔算，结果学生带给我太多的惊喜：课本中的这几种类型在自主创编中都出现了，没想到孩子们学习积极性是如此的高涨，都争先恐后地到台前交流自己带给大家的新情况，当遇到与自己意见不一样的情况时，如 $150×90$ 到底是 1450 还是 14500 时，单馨同学居然用到估算的方法来进行验证，一下把两边争执不下的情况给安抚了下来，现在回想起来心头还存有一丝的甜蜜……

　　学生是有发展，有个性差异，有自主精神的人，那就在课前给学生一次机会，让他们自己去体验；课堂中给学生一点权利，让他们自己去发挥；课后给学生一片空间，让他们自己向前走。教师在教学中，不应以得到标准答案为满足，要引导学生展开思维过程，小班教育使思维过程的展开成为可能。小班化教育的实施，给我们的教学带来了崭新的思想和可操作的平台，我们清晰地感受到小班化教育充满活力的气息，我们始终有理由也有信心认定，小班化教育将会很快走向成功。

（威海市锦华小学　郭高丽）

案例2

利用"产婆术"，突破概念本质

——"倒数的认识"教学有感

"倒数"这节课，我以前曾听过多次，也上过多次。教师们一般都认为倒数的意义很容易理解。教学时，一略而过。通常是出示一组乘积是1的题目（比如：$\frac{3}{2} \times \frac{2}{3} = 1, \frac{1}{2} \times 2 = 1$ 等），让学生观察这些式子有什么特点，接着归纳出：乘积是1的两个数互为倒数。然后把教学的重点放在倒数的求法上。教师始终围绕"分子、分母互换位置"做文章。即使求整数、小数和带分数的倒数时，也无一例外。这样很容易让学生把"倒数"与"分子、分母互换位置的两个数"画上等号，导致学生对"倒数"概念的理解处于很肤浅的层次。

怎样教学才能让学生深刻理解倒数的意义呢？我认为学生的概念学习需要经历一种经验性的活动过程。从某种意义上讲，学生的建构过程其实就是学生已有经验被激活、重组、积累和提升的过程。学生在经历此过程后，模糊的经验变得清晰起来、紊乱的经验变得有序起来、错误的经验变得正确起来。带着这样的思考，我在小班课堂上作了如下尝试：

一、直接揭题　提出目标

1. 教师板书课题《倒数》，让学生读课题。（"倒数"这个词有两种读法，教师要点明正确的读法）

2. 看了这个课题，你想知道什么？（根据学生的回答，教师随机板书：意义、方法、用途）

二、自主学习　探究发现

1. 自学课本：生带着提出的问题自学课本，独立解决这些问题。如果有困难，前后桌同学可以商量。

2. 讨论交流：

（1）什么叫倒数？随着学生的回答，师板书：乘积是1的两个数互为倒数。

（2）再次理解：你们能说出一个算式，使它符合这句话的意义吗？

学生举出的例子，大多是分数×分数，分数×整数的形式。产生原因：受教材例子的影响，也表现出了对概念理解的片面性。

（3）师：看来书上倒数的概念有问题了，是不是应该说乘积是1的两个分数或整数互为倒数呢？还能举出其他的例子吗？（在老师的引领下，学生会把数的范围再扩大到小数、带分数等，比如 $0.25 \times 4 = 1$）

（4）这样的例子你能找完吗？观察一下这些式子，你发现了什么？（渗透数学思想，感知数学的奇妙）

（5）指黑板上的例子（比如：$\frac{4}{3} \times \frac{3}{4} = 1$）。如果 $\frac{4}{3} \times \frac{3}{4} = 1$，那么 $\frac{4}{3}$ 和 $\frac{3}{4}$ 互为倒数是什么意思？能解释一下吗？（理解互为的意思）

（6）我们以前还学过有这样相互依存关系的知识，你还记得吗？（因数和倍数）

（7）正、反思辨，深层理解。

① 如果 $a \times b \times c = 1$，那么 a,b,c 互为倒数。

② 因为 $0.25 + 0.75 = 1$，所以 0.25 和 0.75 互为倒数。

③ 因为 $0.25 \times 4 = 1$，所以 0.25 是倒数。

④ 4 的倒数是 $\frac{4}{1}$。

……

【教学反思】

苏格拉底把教师比喻为"知识的产婆"。他认为教学是通过教师不断地提出问题，学生不断地回答问题，让学生直面自己认识中的不足，认识到自己理解的粗糙。让"自以为知者知其不知"，从而逐步引导学生最终形成正确的思想方法，促进他们获得真正意义上的建构与重建。

在安排学生自学课本后，让学生交流"什么是倒数"，孩子们很轻易地说出：乘积是 1 的两个数互为倒数。此时学生头脑中对倒数的认识基本上是"倒数就是倒过来"的数。面对这种情形，我提出了这样的问题："你们能说出一个算式，使它符合这句话的意义吗？"学生提出都是书上出现的类型：分数与分数相乘或分数与整数相乘的积是 1。这时我又提出："乘积是 1 的两个数"是不是一定得是分数呢？这样进一步引领学生深入探究，逐渐意识到自己原先认识的不准确、不全面。在进一步的思考中，使他们对"倒数"的外延的理解从最初的"必须两个分数""分数与整数"拓展到了现在的可以是"分数与小数""小数与整数"等等。继而通过对"互为"含义的理解和辨证的练习，使学生真正掌握了"倒数"的本质属性。更值得庆幸的是在后面求倒数的时候，学生首先想到的办法就是用1除以这个数，这是以前课堂，老师引都引不出来的。可见只有深层次的对话，才有闪光的生成，学生才能有效、深入地参与其中。

窥一斑而见全豹。小学阶段类似的概念很多,老师怎样当好"助产师",让学生在已有经验的基础上,不断提升,不断建构,把概念教学落实到实处,应是我们不断探讨的话题。

(文登市教研中心 吕洪芹)

案例3

让语言交流成为开启思维大门的钥匙

这天,二年级的一位数学教师临时有事,我去给这个班代了一节数学课,内容是乘法意义的练习课。

按照惯例,先领着学生做了一组基础练习:

1. 根据题意写算式并计算:

加法算式:＿＿＿＿＿＿＿＿＿　　加法算式:＿＿＿＿＿＿＿＿＿

乘法算式:＿＿＿＿＿＿＿＿＿　　乘法算式:＿＿＿＿＿＿＿＿＿

2. 3个9相加＿＿＿＿＿＿　　　6和4相乘＿＿＿＿＿＿＿＿

学生很快就列出了算式,教学进程很顺利。

接着,我出示解决实际问题的题目,问题情景:"国庆节小朋友们做小旗,每个小朋友做6面,5个小朋友做多少面?"

小朋友们不假思索,很快就列出了算式:

算式一:6×5＝30(面)

算式二:5×6＝30(面)。

按照解决问题教学的要求,我及时鼓励学生继续深入:"大家做得真好,那你能说说你是怎么想的? 为什么这样列算式呢?"目的想让学生结合问题实际说说数量关系。

问题一抛出,小朋友们都踊跃举手。

生1:"因为每个小朋友6面,所以5个小朋友就是五六三十面。"

"哦,你清楚地说出了题目的意思,老师想知道你是怎样想的,为什么要用乘法6×5来计算呢?"我进一步追问,适时进行评价和纠正。

被提问的学生有点语塞,我赶紧说:"哦,有点困难呢,坐下来好好想想。"我示意他坐下后,又把期待的目光投向了其他的同学:"谁想说一说?"听了前面的回答,有很多学生都疑惑地放下了手,只剩下几个孩子的手还在举着。

第二位同学发言:"因为用加法太麻烦了。"

其他学生都面面相觑,没有了答案。

我及时引导:"他说的很有道理,乘法就是比加法简便,真好!同学们,你们同意他的说法吗?"好多小朋友都应和着。

我进一步追问:"你们说的加法是哪些数相加的呢?"

只有一名学生举手,说:"是5个6相加。"

"这位同学真会思考。"听到这样的评价,有些学生受到鼓舞,班上又有几个小朋友举手。

生4:"是6个5相加。"

其他学生也表示赞同。

……

教学至此,我已经明白问题所在了:很多学生不明白解决这个实际问题使用的数量关系,即便是有点儿想法的学生,也不能清晰地表达自己的思路……

现实问题中的乘法数量关系难以建立起来,问题究竟出在哪里?我个人认为应该是现实问题与数量关系之间的桥梁没有搭建起来。怎样能搭建起这个桥梁呢?要靠语言。接下来的教学,我就紧紧围绕加强学生的表达来进行,一步一步帮助学生梳理思维。为了让学生形象地理解其中的道理,我先请了5个小朋友站起来,每人比划6,让学生叙述:"要求一共有几面小旗,就是5个6相加,6+6+6+6+6,列成乘法算式是5×6=30(面)"。

趁热打铁,紧接着我又出示另一问题情境:"一本科学漫画书8元,小华买4本需要多少元?"学生列完算式后,先让学生想象情境理解题意,然后着重让学生讲道理,讲思维的过程,通过教师的引导帮助学生逐步理清思路:"买4本书多少元,就是4个8相加,8+8+8+8,列成乘法算式是4×8=32(元)"。

在交流互动过程中,我时刻关注着每个学生的反馈情况,努力调动全班孩子参与到课堂中来。渐渐的,积极发言的学生越来越多了,大多同学都能有根有据地说出自己的想法,自信又回到了孩子们的脸上,课堂上又荡漾起勃勃生机。

……

这样的教学,帮助学生储备了一定的数学语言,在此基础上理清了数量关系。在学习过程中,学生通过语言的表达来阐述思路,让思维显性化,然后不断地丰厚加强,从而进一步发展了学生的思维,提高了思维能力。思维和语言的关系是十分密切的,抽象思维的进行和结果都必须用语言来承担,发展思维与发展语言具有一致性,语言表达对数学学习和数学思维的促进作用真是很显著!"语言促思维"作为数学教学的一种手段,更是一种追求,用口语训练来促进学生思维能力的发展是一个科学的途径,而小班化的课堂教学为这样的数学语言训练提供了无可比拟的优势,需要我们不断地探索与积累。

(威海高区田村小学　赛咏宏)

在"辩论"中学会"计算"

教学《小数加减法》时,我抽取了学生自编计算题中的特例1.7—1.65,请同学们独自计算,出现了四种算法:

	1. 7	1. 7	1. 70	1. 7
	−1.65	−1.65	−1.65	−1.65
	0.52	0.05	0.05	0.15

怎么办? 看着一张张期待的小脸,我不由得想起课间他们"逗嘴儿"的场景,一个大胆的想法冒了出来:"看来同学们的计算方法和结果有歧义,我们不妨说一说、辩一辩,大家愿意吗?"

我的话音刚落,孩子们"呼"地一下凑在一起,组成四个辩论小队。我提议:各小队有2分钟的准备时间,主持人由班长于乘扬担任,做好辩论的组织、协调工作;孩子们提出:老师作为旁听者,可以发表自己的观点,但不能做裁判。

辩论正式开始了!"哪一队先来发表自己的观点?",主持人刚发话,二队的王艺洁马上说:"我们二、三两队的结果都是0.05,所以少数服从多数,另外两种肯定错了!"

一队的董彦君不甘示弱,反驳道:"这不是理由,你们的竖式都不一样,结果怎么会一样呢?"

王艺洁一听愣住了,队友黄新惠不慌不忙站了起来:"第四小队肯定错了,结果中的5是怎么来的? 如果是0减5,向前一位借1,十分位上就是6—6=0,不是1。我怀疑你们是用7—6=1,然后直接把5拖下来,算成0加5"。

第四小队无言以对,我微笑地站了起来:"在日常的计算过程中,大家也经常犯类似的错误,我们一定要看清运算符号,按照从低位向高位的顺序依次计算。"

三队的张晓航说："还可以用验算的方法进行检验，0.05＋1.65＝1.70，根据小数的基本性质，1.70＝1.7，所以我们两队的结果是正确的。第一小队也是错误的。"

一队、四队的同学纷纷拿笔进行验证，我发现在简短的思考之后，有的孩子继续坚持己见，有的还在犹豫，而有的慢慢转移了阵线，选择性地加入二、三两队，二队的多，三队的少。其实经过第一回合的辩论，已经解决了最基本的问题——谁对谁错，接下来就看怎样解释算理了。

主持人于乘扬面朝一队，问道："你们有什么想法？"

在简短的商量之后，赵检嘉站起来说："张晓航说得很有道理，可按照我们列的竖式计算也没错呀！你们看，按照整数加减法末尾对齐的方式，我们把1.7和1.65的末尾对齐再计算，你们为什么把7和6对齐呢？"

"你们理解错了，整数加减法的竖式看起来是末尾对齐，其实是个位和个位对齐，十位和十位对齐，百位和百位对齐，千位和千位对齐，小数也有自己的数位……"余彩娟迫不及待地说道。

"这点很重要！"意识到学生已经说到了点子上，我及时地进行了引导："其他同学能接着说吗？"

"她的意思就是整数加减法计算的时候是相同数位对齐！"

"说的没错！所以小数加减法也应该是相同数位对齐。"

"7在十分位上，表示7个十分之一，6也在十分位上，表示6个十分之一，所以7和6对齐！"

"5在百分位上，表示5个百分之一，没有和它对齐的，它就只好自己待着了。"

"在计算时，把1.7看成1.70，向前一位借1，用10减5计算。"

"就像我们三队计算时，把1.7依据小数的基本性质变成1.70列竖式，这样'0'和'5'都在百分位上，数位就对齐了，就可以相加减了。"

……

精彩的辩论仍在继续，我观察到一队和四队的同学主动改正了错误，自主加入了二、三队，辩论队形统一了。于乘扬看了我一眼及时进行了总结："对，小数加减法和整数加减法一样，在计算时都应该把相同数位对齐，再按照从低位到高位的顺序依次计算。"

我悄悄走到"特优生"于小伟的旁边，惊喜地发现他不仅改正了错误，而且在竖式上还注明了数位，小脸上洋溢着自信的笑容。经过第二回合的辩论，同学们自主解决了小数加减法计算中的重点问题——相同数位要对齐。

看到同学们的辩论归于平静，作为旁听者的我着急了，还有重要的一环没人想到，怎么办？我决定和孩子们来一次辩论："同学们说得非常精彩，我也有一种想法——在计算小数加减法时直接把小数点对齐就行了。"

一听我的话，同学们窃窃私语：

"不对，相同数位对齐，怎么成小数点对齐了！"

"老师的话还能错么？"

"老师只说她那么想，又不一定是对的！"

"我们做几道题，试试不就行了。"

在学生们做题的过程中，我发现他们的计算热情比以往的学生高多了，计算的正确率和速度都有明显提升。在做了4、5道题之后，田宇佳叫道："对！老师说得对！"

还没等他说完，连广宇跑到讲台前，指着黑板说："我知道！大家看，小数点对齐后，左边整数部分就对齐了，右边小数部分也对齐了，这样相同数位就对齐了。"听了他的话，同学们颌首同意！我终于松了一口气——经过亲身计算与检验，孩子们真正掌握了计算小数加减法的小窍门！

三个回合的辩论结束了，带给我的却是长久地思索：在小班化课堂中，发言率达到了100％，有的同学还不止发言一次，这与以往的大班相比较，学生的个性得到了更大程度的张扬，师生间的关系更加和谐完美。"辩论"只是一种形式，由此带来的更深层次的是教师教学思想和教学方式的变革。教师只有切实从学生的实际特点出发，真正地了解学生、关注学生，才能激起学生内在的需求，挑起学生学习的欲望，满足学生个体需要和个性发展，才能让课堂焕发出生机与活力，才能让高效的数学学习同样快乐而充实！

（荣成市第二实验小学　王　晶　王爱萍）

案例5

让意外的"尴尬"生成精彩
——《角的分类》教学案例片段与反思

【案例背景】

小班化的教学环境，成就了一个个鲜活的个体生命。孩子们上课比较活跃,喜欢提问,对新鲜事物充满了探究精神,一个个灵动的生命在这片沃土中孕育而生。孩子们在学习过程中,带着自己的灵感、知识、经验、兴致参与课堂活动,从而使课堂呈现出多变性和复杂性,生成了许多即时的没有预料到的"尴尬"。因此,在教学中我们不能固守带有预设性的教案不放,而要善于捕捉意外中的"尴尬",及时巧妙地调整教学环节,进行生成性教学,积极构建动态的生成课堂,让意外的尴尬演绎出精彩。

【案例描述】

《角的分类》是青岛版数学四上第五单元中的内容,教学主要流程如下:寻找生活中的角——画角——量角——给角分类、排序,环环相扣,层层递进。课堂伊始,按照我预设的教学环节进行着,没想到在课堂教学中出现了让我意外的尴尬场面……

【课堂回放——角的分类】

师:同学们,我们通过折一折、摸一摸认识了角的各部分特征,也学会了用量角器量角,还会用量角器、三角板等工具来画角。下面,我们来画各种不同的角。请小组长拿出活动角摆出角不同的"优美身姿",避免没有必要的重复。请小组其他成员在卡纸上画出不同的角。组长组织好小组的活动。(孩子们积极地投身于小组活动中去,教师巡视指导,画出不同的角)

师:刚才同学们都交流了小组作品。你们用灵巧的双手画出了不同的角,画法正确,图像美观。下面想为它们做点什么?

生1:想为角起名字。

师:这个主意不错,很有创意。

生2:想用量角器量一量他们角度的大小。

师:你也很有想法,不错。

生3:我想给角分分类。

师:嗯,有见解。这么多角杂乱无章地摆着,的确令我们眼花缭乱,给角分分类,我赞同。

师:"我为角来起名字"和"我为角来分分类"活动现在开始。

度数	小于90度	等于90度	大于90度 小于180度	等于180度	等于360度
名称	锐角	直角	钝角	平角	周角

交流汇报完毕,我正准备进入下一个教学环节时,突然有学生举手质疑:

"老师,我有疑问,大于180度而小于360度的角是什么角?"

角的分类教过无数遍,还从来没有学生问过这个问题,自己也从未想过这个问题。仔细观察表格,确实"大于180度小于360度的角"没有列入表格,也没有属于它们的名称。我试图努力回忆:在读中学及师范时是否接触过这类角,脑子里没有一点印象。我的老师没有教给我呀?在集体备课中,也没有哪个老师提起过呀?我有些慌了神,愣在那里有点不知所措。

哎,现在的孩子真难应付,怎能提出这样的问题,令我这个当老师的多尴尬。转念一想我应该高兴才是,孩子们能提出这样有见解性的问题,我都始料不及,不是吗?平日里,我还自鸣得意,感觉自己就是那"如来佛",孩子们从来没有逃过我的"手掌心"。今天……唉,一言难尽。我赶快变被动为主动,扭转不利局面。难道数学界还没有给这样的角起名字?不妨就让学生亲自为这类角起起名吧!于是,我对学生们说:"这个同学独具慧眼,能看到在夹缝中隐藏的角,真是了不起。你们认为这样的角应该叫做什么角比较合适呢?"

生1:我认为叫大头角,因为头长得比较大。

生2:我认为叫大半角,因为它已经超过了周角的一大半了。

生3:我给它起名叫奇角,因为它比较奇特。

生4:老师,我想叫它无名角,因为像无名指一样,其他手指都有了自己的名字,唯独它没有,所以取名为无名角。

……

学生交流着自己独特的创意,思辨着,也加深了对这类角的进一步认识和理解。

此时,我不再为意外的尴尬而困惑,而是很诚恳地说:"丛老师从来没见过这样的角,还真不知道它的名字。"

班里最调皮的一个学生发话了:"老师,你也有不会的问题呀?"

师:是呀,老师和你们一样,也是一个平凡的人,当然也会和你们一样遇到不会的问题。

生:(众生诧异状)啊?!

师:学无止境,我们一起上网查一下,它究竟有没有自己的名字,好吗?

生:好!(异口同声)

我便和学生在教室上网,在百度搜索一栏中输入"大于180度而小于360度的角",屏幕上便出现了许多相关信息。有一大段文字映入学生的眼帘:平角的一半叫做直角,直角是90度。小于直角的角叫做锐角,锐角大于0度小于90

度。大于直角而小于平角的角叫做钝角,钝角大于 90 度而小于 180 度。小于平角的角叫做劣角,锐角、直角、钝角都是劣角。大于平角小于周角的角叫做优角,优角大于 180 度而小于 360 度。

生(眼神闪动惊喜的目光):哦,原来叫优角呀!

生:真是大开眼界!我知道了锐角、直角、钝角是劣角,大于平角小于周角的角是优角。

师:这位同学把我们引入了数学的新领域,是否该感谢一下这位同学呢?

……

【案例反思】

课堂教学是一首流动的诗,随时都会有不确定的因素生成新的音符,甚至会有和预设完全不和谐的"噪音""杂音"出现。面对这些突如其来的意外,教师要灵活处理,巧妙捕捉"意外"、选择有效信息及时转化为课堂的有效资源,促进课堂精彩生成。要达到这种状态,我认为应该注意以下几点:

一、正视意外,促成精彩

新课程是倡导以学生的自主学习为基础,以合作学习为途径,以探究学习为目的的教学。学生是一个个有思想、有灵魂的生命个体,身上蕴藏着无穷的潜能,都有对问题不同于大人的独特视角,必然会在课堂上产生许多新的学习信息,出现老师意想不到的意外。《角的分类》这节课,学生大胆提出"大于 180 度而小于 360 度的角是什么角?"这一问题,我如果按照原先预设的活动按部就班进行的话,或者用课后再研究之类的搪塞词来回避学生的提问,必然扼杀了学生的创新思维,课堂上就不会有"美丽的精彩"出现。课改下的数学课堂,教师要充分尊重学生的个体间差异,要正视学生提出的非预设性问题,不要慌乱不已,不要害怕耽误时间,要勇于面对意外。

尊重意外,正视意外,就是鼓励孩子,也是每一个爱孩子的教师最希望达到的境界,让孩子在意外中成长,让教师在意外中出彩。

二、捕捉意外,绽放精彩

在传统的课堂中,教师实施教学的依据是教案。教师为设计教案绞尽脑汁,力求尽善尽美。然而在课堂教学中,我们时常会面临棘手的情形:学生没有随师所愿。他们每一个独特的思维,每一个另类的想法,有的在教师的预设之中,有的却在教师的意料之外。教师作为课堂教学的引领者,主要的作用是引导。在引导中捕捉可利用的意外资源,通过巧妙地点拨,架起动态生成与教学目标之间、学生与文本之间的桥梁,使课堂教学峰回路转、柳暗花明。本节课,我的确疏漏了"大于180度小于360度"的优角。学生能仔细观察,提出有挑战性的问题,我及时捕捉课堂上稍纵即逝的意外,挖掘优角这一知识点作为拓展延伸的内容。最后,肯定学生的意外行为,让精彩在尴尬中得到绽放。

实践证明,我们的课堂教学不应该是一个封闭系统,它应该是开放的,具有创造性的过程。课堂出现意外情况非常正常,正是这种意外才能让学生的个性特征得到充分展示。只有处理好这些意外,才能不断发掘意外中所蕴藏的教育价值,体会到意外带来的收获和喜悦,从而有效地激发学生参与的热情,建立起师生之间有效的动态生成。让我们正视意外、捕捉意外,采撷一份出乎意料的喜悦吧!

(荣成21中学区崂山完小　丛日芬　戴振早)

3.2.3　关注个性因材施教

众所周知,儿童的认知发展水平是有差异的,正如世界上没有两片相同的树叶一样,每个学生都是一个活生生的个体,每一个个体都必然存在着客观上的差异。个体差异对课堂教学带来不利影响,随着学生年级的升高,学生程度参差不齐,差距越来越大,出现两极分化日益严重的尴尬局面。《基础教育课程改革纲要》指出:"教师应尊重学生的人格,关注个体差异,满足不同学生的学习需要,创设能引导学生主动参与的教育环境,激发学生的学习积极性,培养学生掌握和运用知识的态度和能力,使每个学生都能得到充分的发展。"

尊重差异,首先要找到适合的教学方法。心理学家曾做过一个著名的"猕猴实验",他们教5只猕猴做动作,其中3只很快就学会了,另两只却没有学会。是不是这两只猕猴比较笨呢?为了检验这个判断,这些心理学专家换了一种方法来教这两只猕猴做动作,换方法的结果推翻了上述判断,也就是说这两只猕猴也很快学会了做动作。此后,这些心理学专家反复多次对许多猕猴做这个实验,得出的结论是:猕猴的聪明程度没有太大的差别,要教会猕猴动作,关键是要找到适合猕猴特点的方法。"猕猴实验"对学校教育的启示是:每个学生的聪明程度也是相差不大的,每个学生都有自己的强势智能和弱势智能,只要教师找到适合学生的教育教学方法,因材施教无疑就是使每个学生都得到充分发展的最好方法。大班教学很难做到因材施教,班级学生成绩标准差较大,教师教学中就很难做到满足班级整体需求。苏霍姆林斯基认为"相当一部分'差生'是教育造成的"。相对于传统的大班教学,在时间上,由于班额减少,教师的工作量减轻,能有大量时间来分析学生的个性特点,作个别指导;在空间上,实行小班教学后,教室空间增大,能增加师生间、生生间交往的频率,教师的"照顾面"明显扩大,有更多的机会在教室内巡视,这有助于老师关注每一个学生的发展,面向全体学生;在形式上,小班教学可以采取各种教学形式,照顾到班级中学生之间的差异,灵活掌握教学要求和进度,并及时调整教学结构,使因材施教成为可能。

——小班化的课堂教学能够更好地实现分层教学,为个性发展创造条件。

在教学实践中,开展分层教学,可以很好地实现因材施教。小班化教学,人数少,能够根据学生的个体差异,针对学生的学情开展分层教学,实现"培优、扶差、促中间",满足不同层面学生的需要,努力让每个学生都体验到学习上的成就感,使学生的个性得到全面发展。

例如,教学"长方体和正方体的表面积"时,根据学生的差异,课上分为三个组别采取不同的学习方式进行学习。A组,大胆地"放"。"放"就是充分给学生自主权,先自己独立寻找解决问题的最佳途径,然后同伴互动交流,发现问题,鼓励采用讨论方式尽量在同伴间解决,得出结论,实在解决不了,再向教师质疑问难。最后互相说说学习收获。B组,适当地"帮"。让学生先通过组内合作,交流对话,合作中学会知识。教师随时关注,适时加以点拨诱导:"长方体和正方体各有几个面,它们的面有什么特点?"然后让学生自己尝试解决,解决后试着总结学习方法。C组,精心地"扶"。"扶"就是发挥教师的主导作用,指导学生学会画、看平面图的方法,引导学生说出每个面的形状及这个面的长和宽(或边长),指引学生有序地思考,梳理出解题思路,一步步列出算式解决问题。之后引领回顾解题过程,分析知识的疑处、难处,帮助学生总结学习方法。与此相适应,课内练习的设计也分层设计,分为A级基础题,和学习的新知内容基本相似;B级为提高题,较基础题要灵活多样一些,有变式;C级为拓展思维题,需要灵活应用所学知识,同时有较强的综合能力才能完成。三种类型的题学生可以根据自己的需要和能力自由选择,满足了学生差异的发展。人本主义心理学家罗杰斯认为:人都有优良的潜能,都有成长与发展的天性,只要条件许可都可以发展成为个性健全,富于创造的人。分层教学创造了这样的条件,实现了因材施教,每个学生不仅可以在知识、能力上得到发展与提高,更重要的是可以体验到学习的成功与快乐,建立自信心,形成健全的人格,获得有利于一生发展的良好情感态度和价值观。

——小班化课堂能够将差异变为资源,使学生的个性得到更好的发展。

尊重学生的差异还表现在不要简单地把学生之间的差异看成是教学的不

利条件,而是要把学生之间的差异看成是课程资源,教学中要充分利用这一资源,使学生之间发生实质性的互动,这是实现教学增值,也是教学面向全体学生的重要保证。多元智能理论告诉我们,每个学生都有各自的个性,有各自的长处,也有各自的短处,因此可以让他们在共同探究中相互学习,相互启发;在合作中求得互动,在互动中达到互补。例如教学"百分数的认识"时采取下面的教学过程:① 课前让学生自主上网,或通过其他书籍、报刊查阅资料,搜集生活中有百分数的信息。② 课堂采用异质小组形式对所搜集的资料进行交流,要求你说我听,我说你听,你提问我回答,你不足我补充,你有错我纠正,你优秀我学习,在合作中互动、互补,然后用语言文字或画图方法将自己对百分数意义的理解表示出来,归纳总结本组最有代表性的内容,准备与其他组进行交流。③ 组与组间互相交流并概括其内容,讨论哪组对百分数意义的理解更准确、表达方式更形象直观,有没有新的创意。在学生进行自我评价过程中,教师要进行引导,然后选出学生上台展示。④ 班级交流。让学生自由谈启示,从不同角度谈论、评价,各抒己见,充分展示学生的主体意识与创新精神。

　　小班中可以经常进行这种分组教学,使班级内每个小组形成异质互补、组间同质可比的结构,不同个性品质的学生经常学习、讨论、生活在一起,相互影响、感染,可以弥补一些学生个性品质方面的不足,促进良好个性的形成,减轻学生遭受挫折或失败的心理负担,增大学生展示个性品质的机会。不过,这需要教师对每一位学生的认知基础、思维方式、兴趣、爱好、特长等做深入了解,再通过课堂关注,发现契机,指导到位,激活他们各自的潜能,因而这种分组教学在小班教学中更具有优势。

　　——小班化课堂能够以差异评价提升师生期望值,促进学生个性发展。

　　数学课程标准要求:"义务教育阶段的数学课程应突出体现基础性、普及性和发展性,使数学教育面向全体学生,实现:人人学有价值的数学;人人都能获得必需的数学;不同的人在数学上得到不同的发展。"这一要求就是告诉我们学生的个体差异是客观存在的,面向全体不是让每个学生都获得一样的发展,而是让每个学生都在自己原有的基础上获得发展。因此,尊重学生的个体差异,在教育教学实践中,我们就不能只用一把尺子,一个标准去衡量每个学生,那样在我们的眼里就有了好学生和差学生之分,在我们的心里就有了对"好学生"的偏爱和对"差学生"的厌恶。尊重学生的个体差异,我们要明白"学习上的成就这个概念本身就是一种相对的东西:对一个学生来说'五分'是成就的标志,而对另一个学生来说,'三分'就是了不起的成就"。所以,我们在平时的教学中要寻找一种评价方式,目的不再是反映优劣之分,而是能真实地反映出每一个学生学习过程中付出的努力及收获的多少,通过这些更能尊重差异的评价(差异评价)来提升师生的期望值,从而帮助学生获得最大的发展。

课改以来,我们在教学实践中尝试了很多积极的、多样的教育评价方式,但一直无法真正实现反映学生个体发展水平。不是评价方式不好,而是缘于人数太多,给评价改革带来了难度。譬如成长记录袋,在班级人数太多时教师精力顾不上,但在小班中,人数少,教师能及时观察、及时记载孩子们的个性特长和在校的表现,"太棒了,你的计算题全对了""今天你有进步了,能大声地回答问题,奖一颗标志""今天你主动举手了3次""祝贺你,今天遇到困难没有退缩,通过自己的努力成功克服了它",这些评价不仅反映了学生对知识的掌握和积累程度,更重要的是对影响学生身心发展的其他重要因素诸如学习兴趣、学习习惯、意志品质等都能做出价值判断;再如分层评价,就是将试卷分为 ABC 三个部分:A 层为基础部分,B 层为提高部分,C 层为拓展部分。评价标准为:每一层次的题都为 5 个小星星,学生可以有选择的先完成任何一个层次,多余的时间可以做其他感兴趣的题。完成了其他的题还可以多得小星星。测试时,学生表现出了极大的兴趣,大部分学生将全部的题目都做了,学生都特别喜欢这样的分层检测形式。做自己能做的题可以提高自信心,吃跳一跳才能摘到的果子,能够给学生成功的喜悦。这样的评价方式,使教师对学生、学生对自己的期望值会不断地提升,从而促使学生更努力、自主地去学习,使每一个学生都能在自己原有的水平上得到不断发展。

案例1

关注差异　不同组合　切实发挥小班化教学的有效性
——《长方体与正方体的认识》教学案例分析

【案例背景】

我校的小班化实验课题经过两年多的实践,在关注差异、小组构建、合作学习方面已初具特色。下面就以"长方体、正方体的认识"这节课为例,试做分析。

"长方体和正方体的认识"是青岛版小学数学第九册的教学内容。这是一节引导学生探索并掌握长方体、正方体特征的新授课,根据教材内容、特点和学生的年龄特征,教学时我主要采用小组合作的方式,以学生的操作活动为主线,引导学生在具体的问题情境中合作探索、总结归纳长方体和正方体的特征。

【情景再现】

片段描述一:考虑到学生之间的差异,新课开始之前做蜻蜓点水式的复习,为新知的学习牵线搭桥,做好铺垫。

师:今天老师给大家带来了一些图形,想看看吗?好,如果你认识这些图形,就大胆地喊出它们的名字,好吗?

依次出示用彩纸剪的长方形、正方形、三角形、平行四边形、梯形,学生说名字,教师贴在黑板的一角。

提问:这些都是咱们以前学过的一些图形,它们有一个共同的特点,你知道吗?看谁最善于观察。看来完成这个任务有一定的困难,没有关系,请你来摸一摸,就不难发现它们的共同特点了。

学生发表意见。

师小结:这些图形都在一个平面上,拥有共同的名字——平面图形。

师提出:请同学们看另一组物体:教师摆出长方体、正方体、圆柱的模型,以及牙膏盒、足球等,这些物体的各部分都在一个面上吗?(生不是)

师明确:对,正是由于这些物体的各部分不在同一个面上,所以它们都是立体图形。

【分析】

在以往的教学中,我总感觉学生对于平面图形和立体图形的概念没有起码的分界线,以至于学习新知很长一段时间,仍把长方体说成长方形,正方体叫成正方形。本次新授课,我组织学生简单复习之前学过的平面图形,使其进一步明确平面图形最基本的特征,即只有一个面,用手摸上去平平的、滑滑的,这样就能让学生将平面图形和本节课即将学习的长方体(正方体)更好地加以区别。

片段描述二:动手操作,直观感知面、棱、顶点的概念,并在此基础上异质小组合作探究,掌握长方体的特征。

师:在老师出示的这些立体图形中,有一种形状是长方体,猜猜看,是哪一种呢?

生都能指出哪是长方体。

师:那你知道长方体有哪些特征吗?

下面请同学取出学具袋里的长方体,找到了就举起来给老师看一下。根据老师的口令大家跟着做相应的动作:

请用手摸一摸长方体是由什么围成的?

请用手摸一摸两个相邻的面相交处有什么?

请摸一摸三条棱相交处有什么?

教师板书:面、棱、顶点

1. 合作探究长方体的面、棱、顶点的特点,围绕这几方面异质小组同学展开讨论,同时填好小组合作学习表格一。

(1)长方体有几个面? 每个面的大小和位置有什么关系?

(2)长方体有多少条棱? 棱的长短和位置有什么关系?

(3)长方体有多少个顶点?

异质小组合作学习表

长方体的特征研究报告		
面	个数	
	形状	
棱	条数	
	长度	
顶点	个数	

小组交流讨论,教师随机课件演示,同时简单板书长方体的特征。

2. 出示长方体框架引导学生观察,总结归纳长方体的长、宽、高的概念和相关知识。

教师提问:你发现了框架上的 12 条棱有什么规律呢? 你认为可以分几组? 怎样分比较合适? 同质小组同学互相交流。

小组代表发言。

师用数学的语言总结:我们把相交于一个顶点的三条棱的长度分别叫做长方体的长、宽、高。

小组同学用手指着互相说说相交于同一顶点的长宽高,并说说长方体的长、宽、高各有多少条。

【分析】

长方体的特征是本节课的重点和难点,当学生通过异质小组讨论,填写报告单,能用自己的语言归纳出长方体特征后,教师利用电脑演示:清晰、有序地显示长方体六个面,相对的两个面重合,从而验证了学生的认识:长方体有 6 个面,相对的面相等;有 12 条棱,相对的棱长度相等;有 8 个顶点。紧接着进一步学习长宽高的特征时,同质小组合作学习,交流想法,达成共识,长方体有 4 条长、4条宽、4条高,分别相等。掌握了这些,再来学习正方体的特征就顺理成章,本节课剩下的教学内容学生完全可以通过自学的形式来完成了,可以说这样的课堂教学设计是收放适度,充分体现了学生是课堂的主人,尊重了学生的主体地位,真正发挥了学生的主观能动性。

片段描述三:学生自学正方体的特征,在此基础上归纳总结长方体和正方体的联系与区别。

课件演示:长方体的长、宽、高逐渐变为相等,6个面都变成了正方形,长方体变为正方体。

教师提问:看一看新得到的长方体与原来长方体比较有什么变化?

生说自己的想法。

师:请你说说这个立体图形的特点,你会给它起个什么名字?

学生开展研究性学习活动。

正方体的特征研究报告

长方体的特征研究报告		
面	个数	
	形状	
棱	条数	
	长度	
顶点	个数	

学生交流。

学生讨论比较长方体和正方体的异同。

相同点:面、棱、顶点的数量都相同。

不同点:在面的形状、面积、棱的长度方面不相同。

教师提问:看一看长方体的特征正方体是否都有?试说一说长方体和正方体的关系。(正方体是特殊的长方体)

教师板书集合图并说明,长方体包含了正方体,正方体是特殊的长方体。

这一环节多照顾到班级学困生的发言,因为有了前面长方体的基础,正方体的特征不再成为学习的难题,大多数学生都应该能够正确归纳,不会有很大的压力。

【案例反思】

1. 关注学生的基础差异,做好铺垫,为新知识的学习扫清障碍。

对于以前学过的图形:正方形、长方形、平行四边形、梯形、三角形等,学生记住的往往是这些图形的周长或者是面积的一些计算公式,而没有上升到平面图形这一领域。而本节课学习的内容与之前的图形完全是两个空间的概念,只有一字之差,学生稍不留神就把长方体说成了长方形,原因很简单,就是因为他们习惯了说长方形、正方形,也没有从本质上去理解和区别长方形和长方体之间的不同。所以在新课的开始,就要给学生灌输一种立体几何的概念和空间感,尤其是对一些学困生,要从理论上加以引导,正确认识和对待平面图形和立体图形,复习旧知,为进一步学习新知打下良好的基础。

2. 以动手操作为途径,以同质(异质)小组合作探究为主要学习形式,提高课堂教学的有效性。

心理学研究表明,新颖的、活动的、直观形象的刺激物,最容易引起儿童大脑皮层有关部位的兴奋,激发求知欲望。认识长方体特征这一学习环节中,正是利用学生的心理特点,组织学生开展形式多样的学习活动。课堂上通过学生亲手抚摸长方体的实物和框架,认识了面、棱、顶点的概念。学生在小组合作中,感知长方体的特征,在学生互相争论、互相补充、互相启发中建立长方体清晰的表象;再通过多媒体形象验证学生的认识,促使学生形成新的认知结构。这样,多种感官参与活动,有利于学生掌握新知,发展能力。通过电脑演示验证,促使学生形成新的知识结构,也突出了教学难点。学生在观察中理解,在操作中感知,不仅拓宽了思路,获取了新知,而且沟通了知识的内涵,领悟了学习方法,激活了学习热情,达到全员主动参与"学数学"之目的。这样,他们在主动参与、亲身实践,合作探究的同时,掌握了所学知识,提高了课堂效率。

(威海高区后峰西小学　刘　丹)

关注学生个性差异,提高课堂教学有效性

【案例背景】

新课程观认为,课程是教材、教师、学生、环境所构成的一种生态系统,学生个体由于所处的环境不同、生活经验不同、知识背景不同,在数学学习过程中所表现出来的知识经验、学习方法、思维方式、情感体验等方面也必然存在着"差异",教学实践也表明,学生个体之间的差异是客观存在的,作为教师我们应该承认差异、尊重差异、关注差异和正视差异;由于每个学生都带着自己独特的感受,来到课堂进行交流,这本身就是一种课程建设,所以我们认为差异也是一种

课程资源。如果我们在教学活动中在正视学生差异的同时,能有效地利用差异,那么差异不仅不会成为我们教学活动的阻力,而且还能转化为学生学习过程的一种动力。

既然学生个性差异是客观存在的,那么,我们应该如何关注学生的个性差异,组织好课堂教学呢?下面是我在小班化数学课堂教学中的几点做法。

【案例叙述】

一、重视学生知识经验的差异,合理组织学习材料

由于学生所处的环境、背景不同,学习能力、思维方式的不同,必然存在知识经验与认知结构的差异,如何让每个学生都能在学习过程中学有所获,实现最优发展?怎样在有限的 40 分钟内,实现课堂教学的最佳效益?这就必须要根据学生知识背景所存在的客观差异,探寻适合不同学生学习发展的"最近发展区",合理地组织学习材料,使每个学生都能在原有学习知识经验的基础上顺利地实现知识、能力、情感的迁移。如:

在探究"平行四边形面积计算公式"时依据学生知识经验的差异,我提供了以下探究学习材料:

1. 大小不同的平行四边形硬纸片若干(底和高都是整厘米数的)。

2. 面积为 1 平方厘米的小正方形若干个。

3. 用自己喜欢的方法计算平行四边形的面积,并做好记录。

4. 思考:平行四边形的面积与什么有关?你能推导出平行四边形面积计算公式吗?

由于学生的知识经验不同,有的学生需要用 1 平方厘米的小正方形来量平行四边形的面积(数方格法);有的学生将平行四边形割补成了一个长方形再计算它的面积,割补的方法则多种多样……但无论用什么方法,每个学生都能依据自己的知识经验独立地完成探究的基本任务,为进一步探索平行四边形的面积计算公式储备了丰富的感性经验。

二、关注学生学习方法的差异,引导个性化学习

学生由于知识经验不同、思维样式不一,其所表现出来的学习方式也必然存在着差异,教师要关注学生学习方法的差异,"允许学生用自己的方式学数学",引导学生进行个性化学习。只有这样,学生才能展示自己的学习个性,并在学习过程中实现原有认知经验基础上的个性发展。与此同时,引导学生个性化学习,还能为课堂教学活动提供丰富的、生成性的课程资源,通过学习过程的交流与互动,起到取长补短、思维碰撞、共同发展的目的。如:

"两位数乘两位数"的笔算教学中,计算 24×12,用成人的观点看,"列竖式计算"的办法是最好的,它可以既准确又快速地算出结果。但是学生却不一定这样认为。教学过程中,教师让学生自己尝试计算 24×12,不同的学生采用的方法也是不尽相同的。有的学生说可以用 24×2×6 来计算,因为两位数乘一位数已经学习过了;有的学生说可用 24×10+24×2 计算;有的学生想到了列竖式计算,并且他计算得很好,原因是他爸爸已经把列竖式计算的方法教给他了;还有的学生说用 20×12+4×12 计算。这些方法中有的方法是有局限性的,有的方法在我们看来速度很慢,但由于是学生自主探索的结果,因而学生的印象十分深刻,对学生来说,是十分有益的。学生会在个性化学习的基础上,再比较自己的算法与别人的算法的过程中,学会放弃、学会选择。这样,不同学生的认知水平和学习能力都可以在原有的基础上获得相应的发展。

三、正视学生思维方式的差异,组织合作探究学习

学生在数学学习过程中所表现出来的思维方式是不一样的,有的学生偏重于形象思维,需要借助一定的图像、动作思维过程才能流畅;而有的学生则偏重于抽象思维,其逻辑推理能力、概括思维能力特别强;也有的学生处于两者之间的中间类型。所谓方式的差异必然导致学习过程与学习方法的差异。组织合作探究学习,可以让不同思维特点的人,在同一个组内进行共同探究,通过不同思维的碰撞,起到相互学习、共同推进、促进发展的目的。如:

教学"公倍数、最小公倍数"一课,在课伊始,我出示了一个探究问题:小张工作一天休息一天,9 月 1 日是他这个月的第一个工作日;小王工作两天休息一天,9 月 1 日也是他这个月的第一个工作日。猜一猜,9 月的哪几天会是这两人的共同休息日,可以安排聚会? 在独立思考的过程中,有的学生需要借助日历表,用画符号的方法逐一找出他们两个人的共同休息日;有的学生是直接写出两个人的休息日,并在他们的休息日中找出两人的共同的休息日;还有的学生则是在找出他们的第 1 个共同的休息日后,得出 6 天一个循环的规律,从而直接推导出两人共同的休息日……在此基础上,通过组内交流与组际交流活动,使不同的思维在同一个平台上相互碰撞,使每个学生都能在他人的交流中得到启发,从而实现共同提高、共同发展。

四、尊重学生学习体验的差异,组织学习交流活动

"有一千个读者就有一千个哈姆雷特",这是建构主义思想的形象写照。由于学生的知识经验不同、认识角度不同、思维方式不同、个体信念不同,即使相同的学习内容、一样的学习过程、同样的学习环境,其学习的感受、体验也是不

一样的。每个人在学习过程中对所学习的内容都有独特的认识与理解,这就是学生学习体验的差异。尊重学生学习体验的差异,借助组织学习交流活动,展示学习过程的多样性、丰富性,并通过不同学习体验的交互与碰撞,使每个学生都能在学习交流中得到不断的完善与发展。如:

在学生学习了"质数与合数"这节课后,教师安排了一个活动——介绍自己的学号。学生们在独立思考的基础上先向自己小组的同伴们作了介绍,而后在全班进行交流。

学生1:我的学号是2号,2既是偶数又是质数,而且是唯一的一个这样的数!

学生2:我的学号也很特殊,它既是奇数又是合数,而且还是最大的一位数,你们知道我的学号是多少吗?

学生3:我的学号既不是质数也不是合数,但却是所有自然数的因数,猜猜是几号?

学生4:我的学号是20以内最大的质数,就是——19号。

学生5:我的学号是一个合数,它的因数个数在我们班的学号中是最多的,你能猜到吗……

让学生们交流自己学习的感受,不仅能起到互通有无的作用,而且学生们在交流的同时,也在认真地思考与判断,因此还能通过不同体验的碰撞,产生新的感受与体验,很多同学因为受到别人的启发,马上就对自己的介绍作了调整与补充。

五、依据学生个性能力的差异,实施个性化评价

教师在评价学生时,不能单纯地以考试成绩为指标,而要多方面考查学生。既要考查学生知识、技能掌握的情况,又要考查学生独立思考能力、分析问题解决问题的能力以及动手操作能力,同时还要考虑学生的个性能力。如根据学生学习能力的强弱,对学习能力强的学生除了肯定其学习的成绩外,应更多地指出他学习上的不足与努力方向,使其更加明确自己的学习目标;而对学习能力弱的学生,应更多地发现其学习上的闪光点,使他能看到自己的进步,从而对自己的学习充满信心,对自己的前途充满希望。

评价不仅是对学习者学习结果的评判,更是对学习者学习方向的指引。因此评价也是课堂教学中的重要课程资源,对学生实施差异性评价,要因人、因时、因境,作出针对性的评价。通过差异评价增进学生之间、师生之间的理解,促进民主师生关系的建立,从而推进不同学生的个性发展与最优发展。

【分析与思考】

差异是一种客观存在,差异更是一种课程资源。教师在教学过程中必须要承认学生学习中所存在的客观差异,面对差异、满足差异、发展差异,并利用学生学习中的差异这一课程资源组织有效地教学活动。那么,我们的学生在学习过程中就能得到和谐发展、最优发展。

(威海市长征小学　陈彩虹)

案例3

让每一个层面的孩子都有独立思考的机会

【案例背景】

作为一位数学教师,最希望学生具有独立思考的能力。而独立思考能力的培养并不是光靠老师在每节数学课上对孩子喊:请大家自己思考一下,这道题应该怎么做就可以培养出来的。平时,我们只是一味地让孩子去思考,但如何思考,却被我们给忽视了。因为没有教给孩子解决问题的步骤和策略,结果导致"独立思考"变成了班上一部分孩子的事。

实施小班化课题研究以来,班上的学生少了,留给我思考和学习的时间增多了。前段时间,我开始着手教授学生们解决问题的步骤和策略。我给孩子们每人发了一张纸,上面写着:

如何解决问题

步骤一　理解题目

搜集有用的信息

步骤二　选择合适的策略

(1)动手操作

(2)选择运算方式

(3)画图

(4)先猜测再检查

(5)找出模式

(6)逻辑推理

步骤三　解题

步骤四　分析

我的答案合理吗

　　我让学生熟记上面的每个步骤和策略,然后在教学中让他们学会每一种策略。下面是我指导学生如何用画图的方法解题的教学片断。

【教学回放】

　　出示题:王叔叔有一个长方形的池塘,他在池塘的四周每隔3米栽一棵树,每个长边栽6棵树,每个短边栽5棵。请问:池塘的长是多少米?宽是多少米?一共栽了多少棵树?

　　学生先自己认真地把题读了读,端坐在座位上,铅笔放在桌上。

　　师:要解这一题,先要怎么做?步骤一是什么?

　　全班齐答:理解问题。

　　师:怎么理解问题?

　　生:搜集有用的信息。

　　师:看题目的时候,信息一定是"有用"的吗?

　　全班:不一定。

　　师:没错。有些信息是没有用的。谁可以找出有用的信息?

　　生:它是个长方形,长边有6棵树,短边有5棵树。

　　师:会有几个长边,几个短边?

　　生:都是两个。

　　师:两棵树中间的距离是多少米?

　　生:3米。

　　师:现在大家都理解了题目,谁能告诉我步骤二是什么?

　　全班:选择合适的策略。

　　师:有没有知道什么是合适的策略?

　　生:画图。

　　师:没错。那我们就进入步骤三吧。步骤三是什么?

　　全班:解决问题。

　　师:这么说,我们已经做完了。

　　生:不,我们还要进行分析。

　　师:那我们开始吧。

　　孩子们4人一组,开始画图。他们很快就明白在计算两个长边和短边的树时,会重复算到4个角落的树,并发现一共栽了18棵树。他们明白一个道理:只要选对策略,问题的答案就会变得显而易见。

【分析与思考】

小班化教学,最大的特点是人数少,教师能够根据学生的个体差异,满足不同层面学生的需要,努力让每个学生都体验到学习上的成就感,使学生的个性得到全面发展。而我班有学生28人,4人一组,正好可以分成7个小组。本节课就较好地凸显出小班教学的好处。通过平日他们在学习上的表现,我清楚地知道每个小组孩子的分析能力,对薄弱的小组给予较多的关注。对于薄弱小组的关注,并不是由我来教他们怎么做,而是站在一旁观察他们的整个思考过程,孩子最需要的是学会独立思考,学会合作,树立自信心。在对他们额外关注的同时,我尽量在同学们解题时,转遍每个小组,他们出错时,我会告诉他们错了,给足时间让他们自己找出错误,直到改对。

通过4人一组得出一个共同答案的方式,让学生们不只解了题,也分享了想法,建立了友谊,学会倾听彼此的意见。若提出的答案相互冲突,他们不会用争辩的方式来解决,而是轮流说明自己的想法。看到学生在听到自己错误的解决方案,然后发现自己原来错了时,这感觉真好,他们学会了靠独立思考解决问题。

为了了解策略教学对孩子学会独立思考的作用有多大,我向邻班老师借了一节课,采用不同的方式把本节课又上了一遍。课上,我还是先引导孩子们理解题意,搜集有用的信息,然后让学生分小组解决(我没有告诉他们可以用画图的方式)。在我巡视中,发现了两种情况,一种情况是有的组在用画图的方法解决,这应该是会思考的孩子的做法,他们很顺利地做完了;另一种情况是有的组是直接列算式进行计算,有对有错,但有些同学仍然不会,他们只是听着别人说,没办法理解,更谈不上自己独立思考。最后有一个组没有做出来,而做出来的组中有个别同学仍然不会,他们在等待着老师的讲解。这时我想,如果我只是喊"自己动动脑子",对他们不会有任何帮助,因为他们不知道如何去想,他们需要的是老师教给他们如何去想。

一段时间之后,我不再带着他们复习每一个步骤,而是给他们题目,让各组自行决定合适的策略。在这个过程中,孩子们逐渐学会了独立思考,并喜欢上了独立思考。

(乳山市冯家中心小学 马玲玲)

3.2.4 拓展空间自主创新

数学课程标准要求"有效的数学学习活动不能单纯地依赖模仿与记忆,动手实践、自主探索与合作交流是学生学习数学的重要方式"。在数学课程标准学段目标里,几乎逐条强调过程性目标——经历、体验、感受、探索,探索与理解,探索与掌握……现代教学论认为:最有效的学习是学生对学习过程的体验,它能给予学生自己建构知识和情感体验的时空,激发学生思维,使学生得到全面的发展。所以,数学教学必须引导学生自主探索,做学习的主人,动手动脑,善于运用已有的知识和经验积极探索,使学生成为知识的发现者与"创造者"。这样,才能使学生获得智能和身心的和谐发展,全面提高素质。

在小班化教学中,因为缩小了班级规模,教师可以充分利用教学时间和教学空间,精心做好教学设计,通过多样化的教学组织形式,引导学生去体验知识的产生、形成和发展过程,使学生真正成为学习活动的主体。

——小班化教学能提供更多的机会让学生参与探索活动

首先,小班化教学使教师有精力做好探索活动准备。儿童的思维特点使他们的抽象思维需要具体形象的思维与实践操作经验予以支撑,"儿童的智慧来自于指尖",因此数学探索活动往往需要通过动手操作来进行,例如学习"对称"时学生需要通过亲自动手折一折、剪一剪、拼一拼等活动理解认识对称的本质特征,学习"图形的平移和旋转",学生最好是每人都能在方格纸上尝试操作将一个方形、三角形等各种图形进行平移或旋转来帮助学生形成空间观念。在班额大的情况下,教师需要准备的教具、学具数量太多,牵扯精力太大,有时教师就不得不减少探索活动次数或简化探索过程以适应教学需要。相比之下,小班教学牵扯的精力较小,能够缓解学具准备时间不足的现象,让学生更多地动手,不断积累感性经验,促进学生观察、试验、猜测、验证及推理概括的能力。其次,小班化教学中学生有更多的机会参与自主探索。在小班的课堂上由于人数少,真正能实现著名教育家陶行知先生提倡的"六大解放",解放儿童的头脑、眼睛、双手、嘴巴、时间和空间,提供最适合学生身心发展的学习环境,让他们在和谐宽松的氛围下不仅充分动手操作,更能充分地将动手过程中的体验、发现、动脑思考的想法充分交流出来,在活动中得到全面发展。

——小班化教学能提供更宽广的平台让学生进行自主探索

常规的自主探索模式,课堂上一切程序都在教师的预设之中,学生是在教师的安排下进行自主探索活动,影响了自主探索中学生主体地位的发挥。"让学生学会学习"是时代对教育呼唤,是未来社会对人才的基本要求。在小班化教学中,我们可以尝试提供更宽广的平台,赋予学生充分的自主权,试着"学会学习"。例如,在教学四年级上册一单元信息窗三加法交换律和结合律时,教师让学生走上了讲台,学生当起了老师,展示自己学习的成果。具体过程是这样的:课前,教师故意以挑战的口吻说:"这节课的内容老师想交给同学们自己来学,明天由你们来当老师行吗?"当学生的积极性被充分调动起来时,教师再提出自学要求:自读教材至少三遍,第一遍通读:每一个字句和数字;第二遍精读:想一想这部分主要学习了什么数学知识;第三遍品读:你学会了这个知识吗?能用自己已有的知识举例证明吗? 你还有什么不明白的问题? 经过学生积极的准备,第二天课上,学生们在讲台上侃侃而谈,有声有色,有的颇有大将风度,下面的学生听得也是津津有味,这时教师在下面以学生的身份时不时地参与课堂,使课堂师生互动、生生互动氛围浓厚,课堂充满生机与活力,提出的问题也在师生的讨论中得到解决,从这节课的学习过程中学生不仅扎实高效地学会了数学知识和技能,还在自己尝试学习的过程中掌握了新的学习方法,而且在上台展示的过程中培养了自信心,获得成功的体验,可以说借助于"让学生走上讲台"这一平台,学生收获了他未来发展更多的财富。这样的课堂教学效果是我们所乐意见到的,但课上精彩的背后凝聚着教师的心血,由于班级人数少,使教师与每一位学生进行交流对话成为可能,学生自学过程中,教师也能给予他们所急需的指导与鼓励,教师把功夫做在了课前,才有了课上的精彩。

案例1

在小班化的生本实验田里尝试"放风筝"
——由"9的乘法口诀"一课引发的思考

【背景描述】

　　生本教育由郭思乐教授提出,它本着"全面依靠学生""高度尊重学生""一切为了学生"的全新理念进行教学。如何在小班里构建"生本"数学课堂呢? 有人这样比喻:数学老师上课应该用"放风筝"的方法,进退有度,收放自如。

　　前不久,我有幸观摩了参与小班化及生本实验的朱秀艳老师执教的观摩课——青岛版二年级上册第四单元第四个信息窗《9的乘法口诀》,现摘录片段如下,以期和同行切磋交流,从而明晰小班化生本课堂之精髓。

【精彩回放】

一、创设情境,激趣导入新课

　　师:这节数学课,老师给你们带来了一位老朋友,她是谁呢? 请看——

　　(多媒体课件:凯蒂微笑着打招呼:大家好! 今天我要跟中国的小伙伴学习

剪纸,大家欢迎吗?)

学生个个非常兴奋,异口同声回答:"当然愿意!"

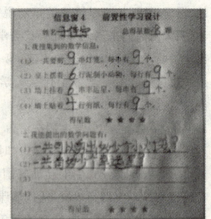

二、课前先学,全班展示交流

师:大家的前置性作业完成得怎么样了?愿意在小组内和小伙伴交流一下吗?

四人小组交流展示。

师:大家愿意把你们的课前学习成果在全班展示一下吗?

(各个小组都希望展示自己的成果,小组长的手都举得高高的,希望老师叫到他们。)

师:好,有请第三小组上台展示。

第三小组的两个同学走上讲台,组长率先发言:"这是于佳宇同学的前置性作业,很认真……"随后,展台交流找到的信息和提出的问题。

小组长的话音刚落,另一个组员马上询问:大家有什么要和我们交流的?

四组代表:我们找到的信息也是这些。

第一小组一个孩子举手:唉,我有一个信息找错了,是小组的同学刚才帮我纠正了。

师点头鼓励:呵,能得到同学的帮助是件多么高兴的事呀!

二组代表:他们组只提了 2 个问题,我们提了 4 个问题,除了这 2 个,还有——桌上一共有多少个泥制小动物?墙上一共贴了多少张剪纸?

师竖起大拇指评价:你们更了不起了,一下子提了这么多有价值的问题。那这些问题能难住我们吗?

大家胸有成竹:不能!

师:这么有信心! 我们先来解决黑板上的这两个问题,愿意吗?

三、小组合作,探究红点问题

1. 列出算式,算出得数

第一个问题:一共剪多少个红灯笼?

师设疑:根据你搜集的数字信息,想一想,怎样列算式?

请大家拿出这张表格,自己来加一加,看看谁算得又快又准。

串数	1	2	3	4	5	6	7	8	9
灯笼个数	9								

学生完成表格,教师巡视。

请一生起来交流,大家评价,教师操作课件,把数字填上。

师在黑板上板书"9×9="的得数和单位。

2. 小组合作,编写口诀

师:课件出示乘法算式,能不能给每个算式编一句口诀?(课件出示:乘法口诀)请大家以小组为单位,试着来完成这个学习任务。小组长要分好工,看哪个小组最先完成任务!

学生以小组为单位编口诀。(附第六小组编写的口诀,拼接在一起)

组长介绍经验:我们是分开编,两个同学负责编写1到5的部分,另外两个同学负责6到9的部分。

师:哦,怪不得他们的展示单是拼在一起的。那,最佳小组合作奖颁给他们,大家同意吗?

全班同学热烈鼓掌。

3. 观察感悟,发现规律

师:9的口诀很多,但是这里面有小秘密,请大家仔细观察,看谁有新发现?怎样熟练地记住这些口诀呢?

学生交流各自的想法。

4. 师生互动,巩固口诀

进行口诀对答游戏,学生参与兴致很高。

……

【我的思考】

在小班化教学中,我们可以尝试为学生提供更宽广的平台,赋予学生更充分的自主权,试着让学生进行自主探索。"9的乘法口诀"的教学紧张而有序,学生的表现超出我的想象,他们的身上隐藏着巨大的潜能。整节课,我想用一句话做总结:开放的课堂更美丽。其实每节数学课,都仿佛是一片蔚蓝的天空,学生的思维就是那五彩斑斓的风筝。为了使学生的思维在自由的天空飞得更高、更远、更好,我们应该放好"风筝"。

(荣成幸福小学 宋晓娜 孙小平)

案例 2

鱼和熊掌亦可兼得

——《小数加减法》教学的"预设"与"生成"

【案例背景】

精彩的小班化数学课堂源自教师课前的"精心预设",没有课前的运筹帷幄,就不会有课堂中的游刃有余。好的预设是一节成功课的前提,但预设不是教学的全部,教学的生命力与真正价值离不开预设外的生成。余文森教授指出:预设与生成具有统一的一面,课堂教学既需要预设,也需要生成,预设与生成是课堂教学的两翼,缺一不可。没有预设的课堂是不负责任的课堂,而没有生成的课堂是不精彩的课堂。在今天的小班化数学教学中,如何让课前的预设与课堂的生成有机融为一体,达到鱼和熊掌兼得呢?笔者想从观摩的一节《小数加减法》优质课说起。

【案例描述】

在"山东省小学数学教学研究会第十三届年会"上,四位全国第九届观摩研讨会一等奖获得者展示了他们精彩的课堂教学,让我感受颇多,回味不尽。现摘录《小数加减法》部分教学片段,与大家共同分享。

片段一:捕捉生成资源,深入探讨计算方法

师:你们真是善于带着联系的眼光看问题,发现了小数加减法和整数加减法之间的联系。要研究小数加减法,只会做 1.18－0.76 这道题,行吗?

生:不行。

师:咱们得多找一些题来研究研究,是吧?

生:是。

师:以往学习计算都是老师出题大家做。咱们今天改改,怎么样?我不出题了,那谁出题呢?

生:我们。

师:行呀!就按同学们说的,这小数加减法除了同学们说的这种情况以外,还会有哪些不同的新情况呢?每个同学都动动脑筋,编一道小数加法或小数减法题目,算一算。一会儿看看谁编的题会为大家带来新的情况,好不好?

生自由编题。

师：编好的同学前后相互交流交流。（老师深入各组了解情况）

师：老师与同学们交流的过程中发现了很多有意思的新情况，咱们一起来分享，好不好？

教师捕捉学生生成的"新情况"。

（1）两位小数加一位小数（0.47＋0.9）

（2）一位小数减两位小数（1.2－0.47）

（3）连续进位的小数加法（1.28＋5.97）

（4）小数的末尾去 0 简写（3.58－1.98；2.53＋1.47）

组织学生一一展示交流不同的"新情况"，在对比和分析的过程中丰富对小数加减法的认识，感悟、理解、总结小数加、减法的计算方法。

片段二：设计趣味练习，巩固提升计算技能

师：以上大家不仅仅了解了小数加减法的计算方法，还明白了方法背后的数学道理，有了这些理解，相信你一定能够灵活而准确地处理各种不同的情况，我们来解决几个问题。

课件出示：第一道题：我是卡车小司机。5.23＋0.7＝

教师：先点击课件（第一个加数已经写好），第二个加数已经在小卡车上准备好了，这辆小卡车开到哪停下来合适呢？请用你们的声音来控制它。一会儿小卡车开动起来，你觉得它该到哪停它就到哪停，好不好？

课件演示小卡车开动起来，在末位对齐的时候（如右图），教师追问：停不停？

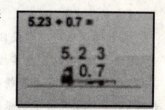

生：不停。

师：为什么？

生：小数点没有对齐。

师：那咱们得让小卡车怎样？

生：接着开。

师：好，接着开起来。这时候你得注意力更集中了，开动！

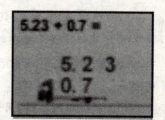

生（小数点对齐的时候）：停。

师：诶，这次怎么能停啦，说吧？（如右图）

生（齐声）：小数点对齐了。

师：小数点对齐是不是就可以计算了，结果是几？

生答:略。

CAI课件呈现:12+0.43

师生共同探讨:12没有小数点,怎么对齐呀?谁支支招。

生答:略。

第二个问题:看着横式说结果。

课件呈现:5.55+0.02=   5.55+0.2=   5.55+2=

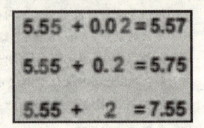

生答:略。

师追问:为什么数字一样而结果不一样呢?

引导学生总结:2所在的数位不同,得数就不同。

师:难怪结果不一样。同样都是2,但2所在的数位不同,你们一下就抓住了计算的本质。真棒!

师:第三个问题。(CAI课件呈现:亮亮身高1.45米,他站在0.4米高的凳子上时,比爸爸高0.05米。爸爸身高多少米?)

现场邀请一位老师和一名学生表演,讲解略。

【我的思考】

在数学课程标准学段目标里,几乎逐条强调过程性目标——经历、体验、感受、探索与理解,探索与掌握……《小数加减法》虽然是一节看似不易出彩的计算课,但是于老师却善于精心预设创造知识的形成,巧用动态生成挥洒智慧的情趣,引导学生经历了刨根问底、追本溯源的思考过程,让"预设"与"生成"最终汇聚一线,共同演绎了精彩的课堂。那么,我们应如何处理好"预设"与"生成"之间的关系,使两者相得益彰呢?结合本人的教学实践,略谈自己的思考。

1. 精心于学案预设,促进生成

预设是一项较为复杂的智力活动,需要考虑到教学的诸多要素。准确把握教材、全面了解学生、有效开发资源是进行精心预设的关键,也是走向动态生成的起点。

(1)领会编写意图,用好数学教材

教师在进行教学预设时,应该在深入理解教材的基础上,根据学生的实际和本人的教学风格对教材进行适当的改编或重组,用好教材,用活教材。

如青岛版数学教材的"自主练习""我学会了吗"编排与设计,具有趣味性、应用性、人文性、开放性、挑战性、实践性、综合性等特点,使用时我注重采用多种策略:有的直接使用,有的合理补充,还有的适当删减、脱本自创、题卡加餐、合作探究等,让学生喜爱这道"美味佳肴",从而巩固知识,发展能力,吸取更多的数学营养。

(2)全面了解学生,预设弹性方案

尽可能多了解学生、预测学生学习的方式和解决问题的策略等等,都是教师进行科学预设的前提。预设弹性方案,能为教学过程的动态生成创造条件。

如教学《认识百分数》一课的最后,我预设了这样的问题:用百分数来告诉大家,你在这节课的学习情绪(愉快、紧张、遗憾)所占的比率,并说说为什么?富有弹性的教学设计激发了学生探索的热情,达到了师生真正意义上的互动。

(3)积极创造条件,有效开发资源

华罗庚指出:"就数学本身而言,也是壮丽多彩千姿百态,引人入胜的。"数学像一座绚丽多姿的百花园,而数学教师则应是一名出色的导游。教师在制定教学方案时,一方面自己进行教学资源的开发和筛选,另一方面要指导学生通过各种渠道(如上网收索、图书阅览、调查采访等)查找相关的资料,从而优化预设,收获生成。

例如,在教学"比例尺"时,让学生课前寻找山东省及威海地图并读懂它,而我则利用网络收集比例尺各异的地图,为学习比例尺的意义、比例尺的运用等提供丰富的信息资源。再如,学习利率知识时,可以引导学生走向生活,在课堂教学之前可请学生做好以下几项实践活动:(1)学习查看银行利率表。(2)把自己的部分零花钱存入银行或提取自己的(家庭的)存款。(3)请教家长或银行工作人员讲解存款单和利息清单上的有关内容,了解利率的相关知识。带着自己的发现和问题走进教室,学生学习时会更加积极主动。

2.倾心于动态生成,有效利用

面对富有价值的生成资源,教师不应死守于预设的教学规程,而应独具慧眼,将"弹性灵活的成分、始料未及的信息"等生成性资源即时捕捉,并理智纳入课堂临场设计之中,从而真正让课堂教学呈现出灵动的生机和跳跃的活力。

(1)借一双慧眼——敏锐发现

数学课堂动态资源的生成是在猜想、探究、论证等数学实践中形成的,它与学生学习的内容密切相关,是稍纵即逝的、可遇不可求的。教师如果有一双慧眼,敏锐地捕捉到教育的契机,就能真正充分的调动课堂动态资源,让它成为课堂共享的资源。

例如:我在教学《圆的面积》时,学生通过动手操作,把圆剪拼成了近似的长方形后,按照预设,就可以根据长方形与圆的关系推导出圆面积公式了。可这时一位学生提出能否剪拼成正方形,其他同学也用渴望知道答案的眼神看着我,我马上组织学生讨论,到底能否剪拼成正方形? 通过讨论,学生终于明白了圆不能剪拼成正方形的道理。这一教学环节的调整,让学生的原有知识在教师的引导下得到了升华,预设目标就这样在生成中注入了灵活、创新的成分,提升了水平,实现了超越!

(2) 多一份思考——合理选择

有时课堂上会生成许多资源,教师应该凭借自己的辨别力和鉴赏力,判断什么资源是有价值的,什么资源是次要的、不重要的,把无关的因素与可能的关系有效生成资源的问题或事实区别开来。

如在教学"15－9＝?"时,学生交流了如下的计算方法:

方法一:9＋6＝15,15－9＝6。

方法二:每次减1,一共减6次。15－9＝15－1－1－1－1－1－1－1－1－1＝6

方法三:把15分成10和5,10－9＝1,1＋5＝6。

方法四:把9分成5和4,15－5＝10,10－4＝6。

方法五:9＋(　　)＝15,9＋(6)＝15,15－9＝6。

……

反馈上述生成性资源时,我首先考虑的是本节课教学的重点,即引导学生理解并掌握"破十法"。所以,重点反馈了"方法三",并让学生思考"破十法"的过程。对其他的解法则适当进行梳理,摒弃不是很科学的、过程累赘的计算方法,引导学生学习最科学、最简捷、运算速度最快的计算方法。

总而言之,教学是一个动态的不断发展推进的过程,具有灵动的美。"精心预设"使我们的课堂教学有章可循,"动态生成"使我们的课堂精彩纷呈。面对课程改革,我们要有弹性的预设,更要积极引发并探索"动态生成"的有效途径,要用我们的智慧引领生成,开放地接纳生成,科学、艺术、有效地应对生成,做到"预设"和"生成"有机融合,使二者相辅相成,相得益彰,从而聆听到生命成长的声音,捕捉生命中绽放的最精彩的音符!

(荣成市幸福街小学　刘建萍)

案例 3

联系生活,巧妙计算
——由思维训练中的"巧算"想到的

【案例背景】

数学新课程标准明确指出:数学教学要紧密联系学生的生活环境,使学生通过观察、操作、归纳等活动,掌握基本的数学知识和技能,发展他们的能力,激发对数学学习的兴趣,以及学好数学的愿望。利用小班化的优势,我试图将数学知识与现实生活情境相结合,让学生在现实情境中体验数学,培养学生学习数学的浓厚兴趣。

【案例叙述】

黑板上画图:

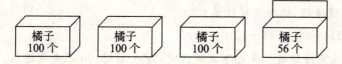

师:从这 356 个橘子中拿出 198 个,你会怎么拿?(学生独立思考后,小组内交流,然后集体交流)

生 1:先拿一箱 100 个,再拿那一箱 56 个,然后再从一箱中拿出 42 个,就是 198 个。(大多数学生采用这种方法)

生 2:我想拿两箱 100 个,然后从里面拿走两个放到 56 个的那一箱,剩下的就是 198 个。(很多学生恍然大悟,点头赞同)

(学生普遍选择第二种拿法,因为这样拿方便)

师:从 356 个橘子中,拿走 198 个,还剩多少个?该怎样列式计算呢?自己写在练习本上。(因为学生有基础,所以这里大多数学生都能想到用简便方法来做,但是对于算式的书写,出现了以下两种)

学生交流算法。

生 1:我的算式是:356-(200-2)=158(个)

生 2:我不同意你的算式,因为你这样列式,就得先算 200-2=198,再用 356-198 根本没法简算。我觉得应该是 356-200+2=158,因为你先拿走了 200 个,又送回来 2 个,所以算式是 356-200+2=158。

生3:我也觉得是356－200＋2＝158,因为你拿走200个,就是多减了,就应该加上。

师:同学们,你们觉得这种想法及计算过程的表示方法有道理吗?

师:下面的题目能不能用这样的方法进行巧妙计算?如果能,请说出计算的过程。

1. 546－297(学生回答,师板书 546－300＋3＝249)

2. 267－49(学生回答,师板书 267－49＝267－50＋1＝218)

3. 198－74

生1:198－74＝198－80＋6＝124

生2:198－74 直接减就行了,因为它根本不用借位,一下子就能算出得数。

(这个学生的想法赢得了大家的赞同)

师:那么大家觉得什么样的题目能够进行巧算呢?请你举例说明。

生:减数接近整十、整百数的时候,563－396。

生:退位减法可以进行这样的巧算,314－89。

师:就这道题,你会怎样计算?

生1:314－89＝314－90＋1＝225

生2:我觉得你这样算也不太简便呀,因为 314－90 还是得退位。

生3:我认为应该这样算:314－89＝314－100＋11＝225。

师:大家觉得呢?

生:巧算时,要把减数看成和它接近的整十数或整百数,并且要把退位减变成不退位减就很简便了。

师:同学们真了不起,你们不仅学会了,而且是学活了。那 256＋97 和 999＋436 该怎样计算比较简便呢?

生:256＋97＝256＋100－3＝353。因为把 97 看成 100,多加了 3 个,就得减3。

生:999＋436＝436＋1000－1＝1435。

师:为什么这样做?

生:因为 999 更接近 1000,变 999 最简便。

师:活学活用,你们真了不起!王老师给学校购买图书用了 196 元,买体育器材用了 98 元,他带了 300 元,还剩多少元?

生独立思考后解答、交流。

生1:300－196－98＝300－200＋4－98＝104－98＝104－100＋2＝6(元)

生2:300－(196＋98)＝300－(196＋100－2)＝300－294＝300－300＋6＝6(元)

......

生3:老师,我觉得这道题根本不用那么麻烦,王老师一共带了300元钱,拿200元买图书,剩4元;拿100元买体育器材,剩2元,一共剩6元钱。

(同学们向他投去佩服的目光)

师:看看你们多么了不起!在这节课的学习中,你们自己发现知识规律,不仅学会了加减法的巧算方法,而且能够灵活运用,老师很佩服你们!

【案例分析】

实行小班化教学后,每个学生都有机会和教师一对一交流,这样有利于学生个性化的发展,并增加了学生实际操作的活动时间,更有利于教学相长的实施。整个学习过程,学生们都能积极主动地参与,在自主探究的学习活动中,自己发现规律,不仅学会了加减法的巧算方法,而且数学思维得到较好的发展。这主要得益于紧密联系生活,注重自主探究。

1. 紧密联系生活,尊重学生经验

教师的真正本领,不在于讲授知识,而在于激发学生的学习动机,唤起学生的求知欲望,让他们兴趣盎然地参与到教学全过程中来,经过自己的思维活动和动手操作获得知识。

课的导入部分,直接出示4箱橘子:3箱100个,一箱56个。让学生从中拿走198个,鼓励学生自由地思考"拿"的方法,结合不同的拿法,让学生体会先取两箱,再放回2个的拿法最简便。由于情境贴近学生的生活实际,情境中的问题是开放的且能向学生提出智力挑战,所以学生的思维一下子被激活了,大家凭借已有的生活经验,多角度地进行思考,成功地解决了问题,而解决问题的思维活动中,又为巧算中"多减就加"进行了方法的铺垫,为学生的自主探究提供了生活原型。

2. 注重自主探究,发挥学生潜能

在新课程中,教师要更多地去激励、帮助、引导学生,师生之间的关系不再是以知识传递为纽带,而是以情感交流为纽带。学生学习的灵感不是在静如止水的深思中产生,而多是在积极发言中,相互讨论、辩论中突然闪现。

由"从356个橘子中拿走198个,还剩多少个?"怎样列算式,这一问题,让学生独立自由地尝试计算。学生受前面取橘子的启发,能够自己发现并掌握减法巧算的方法。在练习的设计中,故意在学生用"多减就加上"的巧算方法进行简便计算时，出示 198－74，让学生进行计算，结果就有很多学生受思维定式的影响，走了弯路。通过不同方法的比较，让学生体会到要根据具体题目的特点灵活地进行计算，并在此基础上让学生试着总结巧算的方法，并且举例。再由 314－89 这道题，让学生进行自我反思，进一步思考巧算的方法，达到灵活运用。由于有了减法的基础，加法就比较容易掌握了。这样的设计，贴近学生的思维实际，符合学生的认知规律，学生学得主动，学得轻松，能够充分发挥学生潜能。

3. 回归生活实际，活跃学生思维

最后给出的一道实际问题："王老师给学校购买图书用了 196 元，买体育器材用了 98 元，他带了 300 元，还剩多少元?"面对问题，不同的学生会进行多角度的思考:有的先计算花了多少钱，用到了巧算的方法;有的一个一个减，也用到了巧算的方法;还有的分别算:用 200－196，用 100－98，再把 4 和 2 相加……学生都不同程度的将知识运用于解决生活实际问题中，同时思维的灵活性和创造性得到培养，让每一个学生都能得到不同的发展。

在课堂教学中，大胆放手，给学生充足的时间，让学生成为学习的主体，成为知识的主动探索者，这样学生才能始终处于不断发现问题、解决问题的过程中，不但学到了自己感兴趣的知识，还使自己的自主性得到充分发挥。

（威海市第二实验小学 房 静）

案例 4

拓宽交流空间，让学生在交流中分享成功
——《小数加减法》教学案例

记得曾有人说过，你有一个苹果，我有一个苹果，我们相互交换苹果，每人仍然只有一个苹果。然而，你有一种思想，我有一种思想，我们彼此交换思想，那么我们将同时拥有两种思想。因此在教学中，我们要重视课堂交流，尤其是学生之间的交流。能动脑提出想法，能在思考上成为主宰者的，不才是我们说的"主人"吗? 教师一定要把握好自己的角色，引导学生在课堂中进行思考与交流，真正使学生在交流中学会赞赏，包容差异，体验成功。

【案例背景】

课程标准指出:要从儿童的现实生活中取材，注重儿童主体性探索与发现过程的经历，使儿童在动手做的过程中理解知识、掌握方法、学会思考、懂得交

流,获得情感体验。所以在计算教学中,也应跳出认知技能的框框,不把法则的得出、技能的形成作为唯一的目标,应更关注学习过程,让学生在自身实践探索过程中实现发展性领域目标,关注学生的情感体验目标。

本学期的同研一节课活动,我执教的是《小数加减法》一课。一提到小数加减法,大家想到最多的就是创设"超市购物"的情境,认为这最接近学生的生活实际。但是,现在的孩子由于超市购物太经常了,根本引不起他的兴趣。所以我没有采用这样的环节,而是坚持使用课本提供的信息窗的"克隆"知识。不管是信息的导入,还是算理的教学,着重让学生们在"交流中分享成功"。

为了把这个教学理念转化为课堂实践,我精心设计了四年级《小数加减法》一课,取得了较好效果,现将部分教学片断实况摘录如下:

【案例描述】

【片段一】导入中交流分享

师:课前老师布置大家回去搜集有关"克隆"的信息,谁来和大家分享一下你了解的情况。

学生就搜集的资料,用简短的语言介绍自己对克隆的理解。

师:谢谢你的交流。谁来补充?

【评析】

通过提供这样的环境,学生课前上网、从书籍中搜集资料,再进行交流,既培养了学生搜集信息的能力,又给了学生交流信息、分享信息的机会。

师:今天我们就一起来了解两头可爱的克隆牛的情况,

2003年10月29日和31日"双双和康康"的自体繁殖后代,"健健"和"壮壮"在我们山东省莱阳农学院出生了。这是我国科技发展的进步,也是我们山东人的骄傲。

【评析】

在小班化的课堂中,师生关系亲密,师生的对话像是在"聊天"。我以温馨、包容的态度对待学生,在这样师生轻松、自由的气氛中交流,让学生了解了先进科研成果,提高了学生学习的兴趣,培养了学生热爱科学的情感。

【片段二】交流算理中分享

在由信息窗提出问题、列出横式后,我请学生板演。

师:下面请小X老师给大家讲讲他列竖式的方法,计算的过程。

咱们比比看,是前面的小老师讲得清楚,还是下面的同学听得认真?如果你有什么问题,在小老师讲完后可以举手发问。

董桓君讲解自己的板书:0.77+0.03=

董桓君:我在计算的时候,先来列竖式。我先把两个0对齐,两个小数点对齐,后面的数对齐,然后从7+3开始算起。7+3=10,写0进1,7+1=8。再把小数点和0拖下来。

师:对于他的方法,谁来评价一下?

你有什么问题要问他的吗?

生:你为什么要这样来列竖式呢?

董桓君:小数点对齐了,相同数位就对齐了。

生:为什么相同数位要对齐?

董恒君:这样来说吧。第一个7表示7个0.1,第二个7表示7个0.01,3表示3个0.01,3个0.01只能和7个0.01相加,所以要把它们这样相同数位的数对齐。

生:为什么先从百分位加起,不是先从十分位加起?

董桓君:计算整数的时候,我们都是先从个位算起的,方便进位。所以在计算这道题时我也是从最低位来算,这样好算。

大家还有问题要问我吗?

回答她的是同学们热烈的掌声。

【评析】

在这一环节中,主要是让学生理解算理,初步掌握小数加法的方法。所以,我充分放手,把发言的权利交给学生,让学生展现自己的思维。在交流、分享中,小数加法的计算方法学生有了初步的认同。在这个过程中,学生充分地质疑,在质疑中分享同伴思维的精彩,巩固自己对小数加法的理解。由于班级人数少,班级里的每个孩子都有机会参与到班级活动中,都大胆地对解法提出质疑和提问,使每个学生的思维都能倾注于交流点上,学生主动参与的积极性很高,真正做到了把课堂还给学生。

【片段三】编题后分享

研究了小数加减法的计算方法之后是练习巩固的环节。本节课我从同伴们的课堂上受到启发,没有教师出题让学生来巩固算理,而是把出题的权利交给学生。

编一道小数加法或者是小数减法的题,自己编好的题自己再试着在练习本上算一算,看一会儿谁编的题能够给大家带来新的收获,新的情况?

师:孩子们,都写好了吗?和同学们交流中,我还真发现了很多特别有意思的新情况,咱们一起来分享分享好吗?

1. 0.87－0.3＝　(两位小数减一位小数)

师:这是你们编的题,我们一起来读一读吧。

师:你发现有什么新情况了吗?

生:小数的数位不一样。

师:能具体说一说吗?

生:两位小数减一位小数。

师:眼光很准。这是谁编的题?

哦,小姑娘,到前面来。大家猜中你的心思了吗?

生:猜中了。

师:小老师要编的就是这种情况! 那这道题该得几? 你们会算吗?

生:会。

师:请你们再拿出一张纸来试试看。你编的题你就不做了,请你当小老师在旁边巡视,看看同学们做题的时候有什么困难,或者你发现了问题提示一下大家。

学生在交流中还交流出了这些情况:

2. 3.6－1.28＝　(一位小数减两位小数)

3. 3.69＋4.58＝　(连续进位)

4. 12－1.28＝　(整数减两位小数)

5. 3.75＋4.25＝　(末尾的 0 可以去掉)

6. 18.79－6＝　(两位小数减整数)

……

学生通过观察展示的伙伴的题,特别兴奋,其他同学积极地动脑想,大胆地对别人出的题进行质疑,分析是哪一种类型题,如何进行计算。而出了不同题型的小老师,由于选上了题,更开心,信心更足了,学生 100％参与到了活动中来,学习目标的完成水到渠成。在这个过程中,学生们分享了别人的思维成果,进一步巩固了算理,一气呵成。

师:好啊,同学们,真佩服你们! 你们的基础知识可真牢固。我们分析了同学们自己编的不同的新情况,相信大家对小数加减法有了更全面的认识。那就带着这些收获同桌两个同学互相查一查。刚才你们做的那些题有没有什么问题,把它改正过来。好不好?

【评析】

以上环节,我改变了以往老师出题学生做题的老路,而是变为学生自己出题、自己计算、自己来分析题的类型、思考计算方法。这种形式,学生喜欢,他们想尽办法要出一道与众不同的题。经过大家的努力,把小数加减法中可能遇到的情况都一一列举了出来。在分析、猜想、交流的过程中,学生对于小数加减法算理的掌握水到渠成。在这个过程中,学生是快乐的,是主动的、积极参与的。

有人说,小班化的这个课堂是最不像课堂的课堂,师生之间的对话更多的是"聊"。的确,在我的课堂上,没有以往教师的那种高音贝,但学生100%的课堂发言率,100%的参与率,使整个教学环节,似乎就在"聊"中完成了。练习题取之于学生,也使学生的学习积极性得到了提高。在展示交流环节,我还特别注意到每个学生的特性,对于不同层次的学生给予分别的关注,从而在这个过程中,每位学生都得到了有用的东西。

【案例反思】

上课前,我就有一个不成熟的想法:学生已学过整数加减法和简单的小数加减法,那么在这节课里能否让学生借助生活情境直接去尝试计算小数加减法,能否给予学生更多的数学思考的空间。

1. 课堂教学要从"理性"转向"感性"

法国哲学家柏格森认为:人类认识事物有两种根本不同的方法,一种是围着对象转,名为知性或理性;另一种是进入事物内部,被称为感性或直觉。理性的认识方法是一种主客二分的思维方式,它将认识对象分离为各种要素,借助对要素的认识来达到对事物整体的认识。比如,小数加减法的笔算方法的教学,其理性的认识方法是把小数点对齐转化成相同数位对齐,又把相同数位对齐分成整数部分对齐和小数部分对齐,再把小数部分对齐分解成十分位对齐、百分位对齐和千分位对齐等等,由于这是一种分拆和组合的分析法,所以它永远不会激起学生的学习情感。我创设了贴近学生生活实际的教学情境,让学生通过自己的挑战和内化用感性的体验性的活动方式去认识理性的知识,把外在的学习要求和学习任务与学生的生成活动方式有机结合,把教学活动真正变成了学生自己的活动。

2. 课堂教学要从"关注知识"转向"关注学生"

不管是整数加减法还是小数加减法,都要抓住一个根本点,那就是"相同数位对齐"的基本意义之所在。所以,教学时需要教师创设有价值的问题情境,让学生在学习活动中体验小数加减法的意义和方法,通过现实、有趣和挑战的活动让数学问题趣味化、让现实情境活动化,让学生亲自投入到问题情境中去进行有效的探索、研究、尝试和分析比较,在互评中建立小数加减法的方法。如果我们换一个角度去审视这节课:哪些是学生已经会的? 哪些是学生在尝试与互动交流中会慢慢体会的? 数学课就会活起来! 数学教学只有唤起学生经验,激起他们对数学的兴趣与挑战的激情,学生才会喜欢。所以,课程目标由"关注知识"转向"关注学生",课程设计由"给出知识"转向"引起活动",让学生经历主动探索、自主学习、体验知识的再发现过程,这便是生活的课堂。

(威海市塔山小学　刘雪晶)

3.2.5　联系生活　扩充资源

数学课程标准提出:"义务教育阶段的数学课程具有公共基础的地位,要着眼于学生的整体素质的提高,促进学生全面、持续、和谐发展。""人人学有价值的数学","人人都能获得必需的数学"。这里"有价值的数学"是指应满足素质教育的要求、有助于健全人格的发展、学对未来学生从事任何事业都有用的数学;"人人都能获得必需的数学"是指作为教育内容的数学,首先要满足学生未来社会生活的需要,这样的数学无论是出发点和归宿都要与学生息息相关的现实生活紧密联系在一起。在新理念的指导下,教师们都在积极地搜集利用身边的教学资源,为学生创设贴近生活实际的数学活动,激发学生学习数学的兴趣,使学生掌握必需的数学基础知识和基本技能,发展学生抽象思维和推理能力,培养应用意识和创新意识,培养学生的数学素养。小班化由于班级规模小而具备了组织上的灵活性、便利性,因而在教学活动设计上有着得天独厚的优势。

小班化的课堂教学可以大胆走出班级,利用身边资源。数学是人们生活、劳动和学习必不可少的工具,我们的身边到处可以找到用数学来解决的问题。例如,学习圆锥的有关知识后,教师将学生带到操场上,指着一堆沙子和刚挖出来的一个长方体形状的坑,请学生想办法知道这些沙子够不够将坑填满;学习了多边形面积的计算后让学生想办法计算出学校操场的面积;学习了"比和比例"知识后,带学生想办法测出旗杆大约有多高;还可以带学生走进超市,学习"千克、克的认识"……这些真实的、看得见、摸得到的情境很容易激发学生的学习兴趣和探索欲望,让学生对数学有一种需要感,感受到数学在生活中很有用、很有价值,并逐步学会运用数学的思维方式去观察、分析日常生活现象,去解决可能遇到的现实问题,这正是公民数学素养形成的标志。

案例1

用好动态生成的资源,演绎无法预约的精彩

曾听过这样一则寓言:有个渔夫,每次出海打鱼之前,都要到市场上去看看,什么鱼的价格高,就决定去捕什么鱼。而在这一年的春天里,由于渔夫每次出海的收获与出海前调查的市场行情不一致,导致他在这一年的春天里一无所获。

其实,以前我们的教学中,也常常会出现类似的"愚蠢"行为:教师的教和学生的学在课堂上最完美的进程就是按照预设的教案进行教学。教师所期望的课堂是不出现任何意外,学生能按部就班地顺着自己课前做出的设想进行相应的回答。反之,当学生的思维与教师的预设背道而驰时,教师则会努力"拽"着学生向自己预先设定的"路"上走……

自从我们承担了小班化教学这一课题后,每位实验教师都注意了巧妙的利用生成性资源,适度把握生成性的动态课堂。下面,仅以我校进行的优质课评选中张老师执教的《厘米的认识》一课中的几个片断为例与大家商榷。

【片断一】经历统一长度单位的过程,体会其必要性。

师:师傅量了三拃,小徒弟也量了三拃,怎么会把阿福的衣服做小了呢?请小朋友们在小组里讨论讨论。

师:哪位小朋友来说说你的想法?

生1:小徒弟的手比师傅的小。

师:(找一个小朋友和老师表演)有的小朋友没听明白,谁愿意当小徒弟,咱们俩来演示一下好吗?

师(伸出左手摆出一拃的形状):小朋友们看,从大拇指指尖到中指指尖之间的长度就是一拃(与学生的右手一拃贴在一起),师傅的一拃和徒弟的一拃不一样长,量出的结果就不相同。所以呀,就把阿福的衣服给做小了。

师:衣服做小了,多可惜呀!你能帮忙想个好办法,让阿福对做出的新衣满意吗?为什么?

生1:用师傅的手来量。

师:我明白了,你的意思是说同一个人,他的拃的长度是相同的,量出来的结果就相同,对吗?这是个好办法。还有别的办法吗?

生2:用一根小棍来量一拃,再做衣服。

生3:再拿一件衣服,来量着做。

师(惊喜地):你的办法真不错,老师都没想到。

生4:用尺子。

师:你是说师傅和徒弟都用尺子量,就能量得准确,对吗? 真是个爱动脑筋的好孩子。

师:人们为了测量的准确和相互之间交流的方便,通常都用尺子来测量物体的长度。

【评析】

利用生动形象的故事情景,极大地激发了学生的学习积极性和探究欲望。教师抓住"怎么会把衣服做小了?"和"怎样避免师傅和徒弟在测量当中出现的问题"这两个问题所引发的生成性资源,让孩子在亲身经历、体验的过程中,深刻感受统一长度单位的必要性。学生想到的方法多种多样,不少是教师在备课时没有想到的,但又很合理,教师及时生成的回答给予了评价,学生保持了浓厚的探究兴趣。

【片断二】认识尺子和"厘米"。

(投影展示尺子)

师:仔细观察一下,尺子上都有什么? 看谁的发现最多。

师:谁想最先说说你的发现?

生:尺子上有数字和线。

师:说得好,最小的数字是几? (0刻度)你知道它表示什么吗? (它就像起跑线一样,标志着开始)

师:你观察得很仔细。除了刻度线和数字,你还有新的发现吗?

生:还有字母。

师(手指屏幕):是这两个字母吗?

师:你真了不起,你发现的正是我们这节课所要认识的新朋友——厘米。(板书cm厘米)cm表示的正是厘米的意思,下面我们就来认识厘米。(板书:厘米的认识)

师:厘米是一个长度单位,在尺子上从0到1之间的长度就是1厘米。你还知道尺子上从哪到哪之间的长度也是1厘米吗? 在你自己的尺子中找一找。

生:从2到3,从5到6。

……(生说的同时师在投影上画出1厘米)

师:看来你们已经发现了尺子中的秘密了。那你知道1厘米到底有多长吗? 拿出书桌里的小正方体,把它夹在食指和拇指中间,然后把小正方体慢慢抽出,两手之间的空隙就是 1 厘米。闭上眼睛,用心体会一下,把这个长度记在脑子里!

师!其实不但尺子上有这么多的 1 厘米,在小朋友们的身上或身边也有许多长度大约是 1 厘米的物体。小朋友们可以离开座位,仔细找一找。

师:(打开实物展台)请小朋友们坐好。哪位小朋友最先来交流?

生:手指甲。

生:我的耳朵眼儿。

师:注意要把话说完整。

生:我的手指宽大约是 1 厘米。

……

师:其实生活中还有很多物体的长度大约是 1 厘米,课下小朋友们还可以继续找一找。知道了 1 厘米有多长,小朋友们想一想 2 个 1 厘米手拉手是几厘米? 0~5 之间有几个 1 厘米拉起手来?

生:5 厘米。

师:3~10 之间有几个 1 厘米拉起手来? 你是怎么知道的?

生:是 7 厘米,我是数的。

师:真聪明! 谁还想到了其他的办法?

生 2:10-3=7,我就知道是 7 厘米。

师:你能像老师这样提出问题吗?

生:4 到 9 是几厘米?

……

【评析】

这一环节在大量感知的基础上初步建立 1 厘米的正确表象。在体验 1 厘米长度的活动中,发挥小班化教学组织上的便利性,让每位学生离开座位,在教室里寻找长度约 1 厘米的物体。在充分感知 1 厘米长度的基础上,也真正感受到了生活中处处有数学,学习数学服务于生活。体现了数学的生活化,培养学生的估计意识。在体验中生成了测量方法,在认识 1 厘米的基础上,再去认识几厘米,目的是引导学生自己发现问题,提出问题,解决问题。

从以上这个师生互动的案例中我们可以看到,正因为小班化教学,每位学生都有交流的机会,所以教师收集到的真实的、有价值的课堂信息就多。教师可以充分利用这些生成资源,当学生处于"岔路口"时对学生进行适时引导,这样就能生成真实的、丰富多彩的课堂,这样的课堂才是让学生亲历知识产生过程的课堂,是真正关注学生发展的课堂。

(威海经济技术开发区长峰小学 葛丽霞)

用好自主交流中生成的灵动资源

参与小班化实验以来,为了不断地提升自己的研究能力,使课题实验能向着顺畅的方向发展,我充分利用好教学的主阵地——课堂,进行课题研究。在不断学习中,我明白了小班化课题的实质是什么,也明确了自己工作的落脚点和努力方向;在不断揣摩中明确了小班化教学的任务,那就是创设一种有利于学生学习潜能发挥的情境,帮助每一个学生发现自己的价值、发挥自己的潜能、发展自己的个性。

在学习青岛版小学数学第四册《认识图形》一课时,课前我布置学生回家与父母一同动手做一个鸟巢模型,课堂上看着孩子们桌子上摆的一个个色彩鲜艳、大大小小的漂亮的鸟巢,有的还在巢里铺上了柔软的草、纸给鸟取暖,我的心里涌动着一种感动。针对小班化课堂学生少的特点,我及时给了学生一个展示的平台,让他们面对面地欣赏同伴的作品。孩子们激情高涨,神采奕奕地向小伙伴介绍自己的鸟巢。我想,他们所收获的绝不仅仅是做一个鸟巢模型,而是学习的那份快乐、那份体验、那份自信、那份成功。

课堂上我拿着孩子们做的鸟巢模型,让学生观察并问他们,做鸟巢模型需要准备哪些图形材料呢?学生们在认真观察、有了亲身操作体验的基础上,快速地回答需要准备长方形和正方形。对他们的发现我给予了充分的肯定。接下来,让孩子们拿出课前准备的长方形、正方形的纸自由选择,可以同桌也可以四人一组合作,用折一折、量一量的方法,看能否发现长方形、正方形的边和角有什么特点。一时间,孩子们小嘴讲着、小手指着、折着,教室中充盈着浓厚的研究氛围,我也融入他们中间,与他们交流着。

我巡回在学生中间,发现小惠同学正专注地在折纸飞机呢,我悄悄地走过她身边,摸摸她的头,又摇了摇头,她很不好意思,很快地改正了自己的错误,和其他小伙伴一起投入到学习中。

在教育教学过程中,我欣喜地感受到小班化教育的优越性,学生人数的减少,师生活动的时间、空间资源优势相应比较丰富,同样面对较少的学生,我可以有更多的视线关注每一位学生,可以随时观看学生的学习、研究的状态,发现存在的问题,马上进行纠正。

孩子们在交流中不断地补充、完善,发现长方形有四条边、对边相等,还发现四个角都是直角。正方形有四个角、四条边,四条边一样长。这时我看到凯文同学高高举起的小手,我点头示意他,他说:"我把一张长方形的纸对折,变成了两个正方形。"

下面的学生发出质疑声,我问其他同学:"你们用长方形的纸对折后也能变成两个正方形吗?"有的说是,有的摇摇头,还有的不知所云。这时子仪,一个性格开朗、爱动脑筋的小姑娘举起了手,说:"老师,我的长方形对折,不能变成两个正方形,还是长方形。"一看表还剩 10 分钟就下课,虽然这个问题不是本节课所要研究的,可是看到孩子们兴趣高涨,我想:既然出现了问题,应该引领他们把问题弄懂。我笑着问:"这是怎么回事? 到底谁说得对呢?""请大家一起看看凯文同学手中的这个长方形,长是 20 厘米,宽是 10 厘米,大家想想看,长与宽之间有什么特点?"学生们快速说出长是宽的 2 倍。"是的,正因为这个长方形的长与宽的特殊性,才决定了长方形对折后变成了两个正方形。我们再来看子仪同学的这个长方形,长是 20 厘米,宽是 15 厘米,长与宽不是两倍的关系,所以对折后,仍然是两个长方形。"这下孩子们彻底弄明白了。我说:"让我们把最热烈的掌声送给凯文和子仪同学,凯文同学给我们出了一个有价值的问题,子仪同学面对问题,敢于大胆提出疑问。爱因斯坦说过:提出一个问题比解决一个问题更重要,老师相信,在不久的将来,在我们的同学中间,一定也会出现许多像爱因斯坦一样的科学家!"

孩子们此刻真的是激情飞扬。润嘉同学也大胆质疑,提出了一个问题:"老师,为什么长方形、正方形不叫四边形而叫长方形、正方形?"我马上带头为她鼓了掌,并说:"你瞧! 我们班又多了一位小研究家,还剩几分钟就下课了,这个问题你们能解决吗?"孩子们异口同声地说"能"。那先猜一猜什么样的图形叫四边形? 几个孩子马上回答:"有四条边、四个角",我对他们几个举起大拇指。我问:"我们学过的哪些平面图形属于四边形?"孩子们想了想,很快说出还有"长方形""正方形""平行四边形""梯形"。我总结:"这些图形都是四边形,四边形是个大家族,里面包括许多成员,根据平面图形各自的边、角的特点,为了便于区分他们,所以给它们分别起了各自的名字。"

反思这堂课,我有一些思考和感悟:

1. 积极利用生活素材拓展学习资源:孩子们动手做的鸟巢色彩鲜艳、非常漂亮,既增强了他们"做数学"的体验,又给本节课的学习增添了趣味性,同时为五边形、六边形的认识提供了直观的研究材料,一举三得。

2. 捕捉师生交流的有价值的信息,拓展学习资源:师生之间、生生之间自由充分地交流生成了本节课的亮点。凯文同学的发言,引发了大家对长方形特征的深入思考。课后他告诉我,他原来认为长方形对折一定会变成两个正方形,他还告诉我上美术课、手工课折纸用这种纸非常简单,一对折就变成了正方形,原来不明白是怎么回事,学习了这节课他明白了。我想如果没有这个问题引发学生的思考,很多学生都会在长方形对折后会变成两个正方形的这个特殊情形中产生困惑,殊不知这只是一种特殊的长方形。所以也给我们老师提了个醒,课堂上我们一定要创造时间和空间,让学生充分交流自己的想法,教师更要认真倾听孩子们的发言,及时捕捉生成的资源进行教学。

3. 在孩子出现质疑的过程中,顺着学生的问题,引领着学生研究、发现,从而使本节课出现了一个个精彩点、高潮点,也使我体会到小班化课堂教学的魅力,真的是这边风景独好。课堂上,我留给学生足够的思考空间和思考时间,努力打造因势利导、因材施教的教学氛围,使好的学生可以多一种理解、多一点想法;差一点的学生也能通过思考有所收获,有所提高。我讲解时间虽然少了,但学生思维的含金量却增加了,课堂效率提高了,学生在独立思考、主动探究、合作学习的良好氛围中有所得;师生双向交流的频度和密度得到了增强,学生主体作用得到了发挥,积极性得到了调动。孩子们在合作、交流中迸发出创新的火花,感受到学习的快乐,使每个学生都能得到最大的提高。

(威海市环翠区鲸园小学 丛冬梅)

案例3

让课堂"活"起来,让我们"动"起来
——《谁的手儿巧(认识图形)》教学案例

【案例背景】

数学课程标准指出:动手实践、自主参与、合作交流是学生学习数学的重要方式。数学教学就是数学活动的教学,教师应该从学生的生活经验和已有知识出发,创设情境,把知识点的教学融入学生的活动中,给学生充分的活动时间和空间,引导学生开展观察、操作、猜想、验证、交流等活动。在数学活动中,让学生充分地动眼、动耳、动手又动脑,多种感官协调活动,体验和学习数学,掌握基

本的数学知识和技能、数学思想和方法,获得广泛的数学活动经验,使学生得到主动和谐的发展。小班化教学由于人数少,师生活动的空间更大,更有利于开展实践操作活动,为发展学生的思维提供了有利的条件。

【案例描述】

教学片断(一)

师:前几天,老师让大家回去收集生活中各种形状的物品,大家带来了吗?

生:(迫不及待地说)带来了。

师:说说你都带来了哪些物品?

生1:我带来了牙膏盒、易拉罐还有皮球。

……

师:今天我们就用这些物品来进行一次小小的创作比赛,比比看谁的手儿巧。(板书课题:谁的手儿巧)

师:现在就请把你们带来的物品慢慢地、悄悄地从小箱子里拿出来,放在桌子上,注意不要争抢。

在完成作品前,小组成员先在一起商量商量,你们小组打算用这些物品摆什么作品?然后齐心协力一起来完成,看哪个小组摆出来的作品最有创意?

学生以小组为单位进行创作。

……

师:哪位同学愿意介绍一下你们小组的作品?

生1:我们小组用易拉罐、药盒、铅笔摆了一辆坦克。

生2:我们小组用乒乓球、牙膏盒、易拉罐、药盒摆了一座房子。

……

师:同学们能创作出这么多有创意的作品,太棒了!老师相信,在动手摆的过程中,你们那充满智慧的大脑一定会有许多的发现,谁愿意起来把你的发现跟大家说说?

生1:我发现这些球一点儿也不老实,到处乱滚,所以摆的时候不能把它放在最下面。

生2:我发现它(手拿着易拉罐)躺着很不老实,容易滚,站着就老实了,所以在摆的时候我让它站着,当门两边的柱子。

生3:我也发现它(手拿着易拉罐)会滚,正好可以当汽车的轮子。

生4:我发现了这几种物品(手拿着牙膏盒、药盒和魔方)有棱有角,方方正正的不容易滚,用它造房子最好了。

......

【片段剖析】

　　课伊始，根据小学生好玩好动的特点，我设计了一个小小的创作比赛，充分调动了学生学习的兴趣，营造了一种轻松愉悦的课堂学习氛围。学生活动所用的材料都是由他们自己准备的，放手让大家拼摆，这给学生提供了一个亲身体验、探究、感悟的空间。全班学生在活动中兴致勃勃，学习热情高涨，小组中的每个学生都在自主参与，都在动手，并在这个过程中，获取了对长方体、正方体、圆柱体和球体的最直接最深切的体验，形成了初步的感知。

　　教学片断（二）

　　学生将所带物品进行分类之后。

　　师：在你分的物品中有一类是和这种形状差不多的（手举长方体的盒子），把它们找出来，用你的小手摸一摸，说说有什么感觉？

　　生1：长长的。

　　生2：平平的。

　　生3：还有尖尖的角，有点扎手。

　　生4：有几个面是长方形的。

　　师：说得真好！那你想给它们起个什么名字？

　　生：长方盒。

......

　　师：像药盒这样长长的方方的物体叫做长方体。

　　继续出示各种形状的物品，让学生们通过触摸初步感知各种形状的特征，并告知各种形状的名称。

......

　　师：像大魔方这样方方正正的物体叫做正方体；像易拉罐和饮料瓶这样圆圆的直直的，并且上下一样粗的物体叫做圆柱体；像皮球这样圆圆的鼓鼓的物体叫做球体。

【片断剖析】

　　在这一教学活动中，学生们看一看，比一比，分一分，找一找，摸一摸，说一说，获得了对长方体、正方体、圆柱体和球体的进一步认识。学生们又在充分感知、观察、比较后，逐步抽象、概括、建构起对物体形状特点的本质认识。这样，学生在数学活动中亲身经历了知识的形成过程，获得了数学学习的基本方法，同时实践能力、口语表达能力等也得到了培养和发展。

教学片断（三）

师：为了鼓励大家的出色表现，老师给大家带来一些小礼物。想知道礼品袋里有什么吗？

师：想得到它们很容易，一会儿摸礼物时先跟大家说说自己摸的感觉，根据你的感觉猜猜是什么形状的物体，大声地告诉大家，然后举起来给大家看看，猜对了就送给你。听明白了吗？

生：听明白了！（学生们跃跃欲试）

师：谁来？

生争先恐后地上来摸物体……

【片断思考】

最后一环节，我设计了"摸礼物"的活动，让学生通过动手摸，然后根据"触感"并结合着本节课了解到的有关长方体、正方体、圆柱体和球体的知识进行猜测，推理出所摸物品的形状，这是对新知识的巩固，加深了各种物体的形状特点在学生心中的印象。此设计一改以往练习的枯燥无味，学生们个个乐在其中！

【案例反思】

1. 把发现的权利交给学生

数学课程标准中指出：学生的数学学习内容应当是现实的、有意义的、富有挑战性的，这些内容要有利于学生主动地进行观察、实验、猜测、验证、推理与交流等数学活动。教师把学习的主动权交给学生，放手让学生去发现、探究，给予学生思维的空间。在教学过程中，充分放手让学生利用收集的各种形状的物品进行分组创作作品，学生乐于参与，思维始终处于兴奋状态，使得他们更积极主动地去学习、探究，从而发现各种形状物体的特点，形成的印象更加深刻。

2. 把实践的机会留给学生

著名教育学家苏霍姆林斯基曾说过："儿童的智慧就在他的手指尖上。"现代教学论也认为：要让学生动手做科学，而不是用耳朵听科学。的确，动手实践最易于激发学生的思维和想象。在本节课的教学中，我注重学生在自主参与、动手实践的过程中去发现，去探索，去体会，通过拼、摆、摸等实践活动，使学生深刻地体会到各种形状物体的特征。实践证明，由学生亲自探究的规律，获取的学习方法和结论才是最深刻的。只有学生亲身体验探究，才能获得自己的真切感受，才能产生创新的火花，培养他们的实践能力才落到了实处。

（威海经区蒿泊小学　徐　丹）

案例4

挖掘数字"0"的神奇之处
——让课堂充满纯真

给学生一点时间,让他们去观察吧!

给学生一点信任,让他们去努力吧!

给学生一个平台,让他们去创造吧!

小班化教育为实施素质教育创造了一个崭新而又广阔的空间,它能让学生享受多种教育资源,增加接受教育的机会,从而使每一位学生全面而有个性地发展。教师授予学生的不仅仅是知识与能力,更重要的是在学习过程中开启他们的智慧与觉悟,让学生在自然朴实、自主探究、民主和谐的氛围中获得知识与体验。

【教学片断】

"你在哪里见到过0?"是九年义务教育课程标准实验教科书《数学》一年级上册认识了0以后,安排的一道练习题。教材上出现的实物图有:带有0刻度的温度计、计算器、电话机、卡通房号等等。课前准备时,我考虑到学生刚刚上学,年龄又小,生活经验中对0的认识肯定缺少印象,因此就一一找实物,找不到实物的就精心画出来,准备上课时随时启发学生。

当我"漫不经心"地询问你们平常在哪里见到过0时,竟有半个班的学生都举起了小手。当时我虽然有点意外,可心里还是猜测他们所说的无非是大同小异,就随便点起了一名学生,谁知一石激起千层浪,学生找到的知识真是五花八门,令我大吃一惊。

师:小朋友,你们平常在哪里见到过0?

生1:我在爸爸的手机上见过0。

生2:我家电话机上也有0。(这时教室的气氛更活跃了,许多学生都争着说自己家的电话机上也有0)

生3:我在摩托车的牌子上见到过0。

生4:我在汽车的牌子上也见到过0。

生5:老师,我作业本上你写的100分,1的后面有两个0。(学生们争先恐后地说着90分、80分。看着孩子,我有些惭愧,心想:是呀,我每天批改着作业,写着分数,却没想到它们中的0)

生6：我在钱上见到过0,10元钱上有一个0。

生7：我也见过,100元上有两个0。

生8：50元,在5的后面有一个0。（多么可爱的孩子！钱,天天用,可我却忽视了）

师：你在哪里还见到过0？（我有些激动又追问到）

生9：我家电视遥控器上有0。（学生再次说开了：VCD、DVD、空调等遥控器上也有0）

生10：昨天,我爸爸带我去吃饭,包间的门上写着302,也有一个0。

生11：老师,教室的门上也有0。（此语一出,教室里马上静悄悄地,学生都不约而同地看门）

师：不对吧,教室门上没有编号啊？

生11：（跑到教室门旁边,沿着门锁的锁孔画出了一个0）

师：（我笑了,为小家伙的动作）真棒,还会写0。

生12：老师,你的眼镜上有两个0。（学生边说边比划着,看上去真可爱）

生13：我妈妈的眼珠像0。

生14：我想到了曾经看过的动画片：数字"9"与其他几个数字发生了争执打了起来,其他几个数字都打不过它,于是聪明的"0"想到了一个好办法,它与数字"1"相结合组成了数"10"就把"9"打败了。（神奇的卡通片给人带来无穷的联想,我不由得竖起了大拇指,不住地称赞这个小家伙）

……

教学进行到这里,学生的思维活跃,思路开阔,已不再满足于到生活中去找0了,而是由0想象到卡通片。想象、联想的成分明显增加,已经超出了老师提问的初衷。在实际的教学过程中,当问题一提出,学生的回答真可谓丰富多彩,精彩不断,给老师带来了意想不到的"惊喜",我花费大量精力和时间,找的实物和精心准备的教具,都失去了意义,一点也没能派上用场。

【教学反思和思考】

上完这一课,我的心里有说不出的喜悦和激动,为学生细致的观察力,为学生开阔的思维,为学生丰富的生活经验……高兴的同时,也有许多的惭愧,引发我深深的思考。

为什么学生的回答丰富多彩,为什么多数学生都有精彩的回答,正是因为"你在哪里见到过0"这一问题的答案源自于学生丰富的生活经验。小班化教学给师生提供了更为富裕的时间和空间,为教学过程的活动组织与开展创造了条件。学生有更多的时空体验知识与教学内容产生、形成与发展的过程,教师可以及时了解学生的学习态度和对所学知识的掌握、运用情况,从而有效地指导和启发学生思想的升华,使学生的创造性得到发展。我们教师在备课时,要考虑到当代小学生见多识广,自主自信,接受新事物的能力强,思考问题的方式独到的特点,要联系学生的生活实际,相信学生,尽可能多的给学生一点思考的时间,多给学生一点活动的空间,多给学生一点表现自己的机会,让学生多一点创造的信心,多一份成功的体验。

(乳山市大孤山小学　孔俊丽)

　　总之,小班化教育的魅力在于它继承了传统教学形式中的优秀经验,弥补了教育原来对学生个体关注的缺失,把教育关怀更深入、更细致地落实到每一个学生,关切到每一个学生的精神内需,使我们的教学行为更注重教育的智慧和精致完美,我们的教育视野指向对教育内涵、教育本质的追寻,树立为学生未来发展负责、为生命成长精心服务的理念,激活每一个学生的成长潜能,提升学生的精神品质,张扬每一个学生的个性风采,绽放每一个学生的生命精彩。我们的课堂将以此为素质教育新的着力点走向优质、高效!

3.3　小班化课堂教学的几种典型模式

　　从广义上讲,教学模式是在一定教学思想和教学理论指导下建立起来的教学过程必须遵守的比较稳固的教学程序及其方法的策略体系,它是教学思想与教学规律的反映,具体规定了教学过程中师生双方的活动、实施教学的程序、应遵循的原则及运用的注意事项,成为师生双方教与学活动的指导。它可以使教师明确教学应先做什么、后做什么、先怎样做、后怎样做等一系列具体问题,把比较抽象的理论化为具体操作性策略,教师可以根据教学的实际需要选择运用。

3.3.1　小班化课堂教学模式的基本特征

　　根据小班化教学的条件和需要,从一般意识上讲,教学模式具有以下特点:
　　——优效性。是小班化教学模式所特有的效力,由于小班化课堂教学模式是从众多的教学活动或教学改革实验中提炼出来的,经过优选后不断修正、补充、完善而成的,并将比较抽象的理论化为具体的策略,能对教学实践起到良好的指导作用。因此,优效性是小班化教学模式的生命所在。
　　——参照性。小班化教学模式是在一定的教学思想指导下而建立起来的一套教学程序及其教学方法的策略体系,它是处方性的,可为教师作出指示,提供策略。但它不是某一门学科教学的经验汇编。各学科教学可以将教学模式作为学活动的指南,结合学科特点参照运用。

——可操作性。任何教学模式都是教学理论的具体化,具备便于操作的形式,而不是空洞的思辨形式,也就是说,便于人们理解、把握和运用是教学模式的本质特点。小班化课堂教学模式是教学理论与教学实践相结合的产物,教师可以根据不同的教学目标在实践中加以运用。

——开放性。小班化教学是一个开放的系统,随着人们对教学理论和实践认识的逐步加强,教学思想、教学观念的更新而不断对教学模式进行修正,使之得到了较完整的发展。

3.3.2 小班化课堂教学的几种典型模式

(一)分层教学模式

分层教学模式是一种面向全体,因材施教的教学模式,它强调了教师的教要适应学生的学,要做到"因材施教,分层提高,让尖子冒出来,使多数迈大步,叫后进生不落伍,达到班级整体优化"。分层教学的核心是面向全体学生,正视学生的个体差异,使每个学生在自己的"最近发展区"内得到最好的发展。

1. 优势体现

(1)有利于所有学生的提高

分层教学法的实施,避免了部分学生在课堂上完成作业后无所事事,同时,让所有学生都体验到学有所成,增强学习信心。

(2)有利于课堂教学效率的提高

首先,教师事先针对各层学生设计了不同的教学目标与练习,使得处于不同层的学生都能"摘到桃子",获得成功的喜悦,这极大地优化了教师与学生的关系,从而提高师生合作、交流的效率;其次,教师在备课时事先估计了在各层中可能出现的问题,并做了充分的准备,使得实际施教更有的放矢、目标明确、针对性强,增大了课堂教学的容量,有利于提高课堂教学的质量和效率。

(3)有利于教师诸方面能力的提升

通过有效地组织好对各层学生的教学,灵活地安排不同的层次策略,极大地锻炼了教师的组织调控与随机应变能力。分层教学本身引出的思考和学生在分层教学中提出来的挑战等,都有利于教师能力的全面提升。

2. 教学策略

(1)全面深入地了解学生,分层教学的第一步——学生分层

要做好分层教学,首要任务是对学生要有全面深刻的了解。学生分层的标

准一般由教师根据上学期末和新一个学期开始时学生的学业水平、学习能力和智力因素等实际情况,还要根据学生的情感态度、行为习惯、心理特质等非智力因素及潜在水平把学生分为三层,各层次的名称以 A、B、C 分别代表高、中、低三个层次,为尊重学生,保护学生的自尊心,要采用隐性分层的做法,不采用显性分层与自主定层。分层是个动态的过程,同一学生,在不同的学习阶段,其表现不同,学习的效率也不同;不同的学习内容,学生的适应能力不同,所在层面也不一定相同。同一学生,不可能就永远处于某个固定不变的层次。因此,教师要定期对学生进行再观察和再评价,适当调整。要以发展的眼光来看待学生,要以激励的措施对待每一位学生。并鼓励学生逐层递进,激励学生的上进心、自信心,使他们不断跃上新台阶,不断向高层次目标迈进。

（2）认真钻研教材,理清知识结构,分层教学第二步——备课分层

学生学习数学的个体差异是客观存在的,尤其到了中高年级,随着内容的加深,一部分学生开始觉得不如以前学得轻松。但每个学生,包括学习能力较差的学生都具有学习的潜力,教师的教学要有利于发展和开发学生的潜能就得认真做到三个“熟悉”——熟悉课程标准,熟悉数学教材,熟悉学生起点。从而在备课时制定符合各层次学生学习的可行性层次目标,便于教师施教和学生学习。C 层次,可略低于课程标准要求。这一层次,主要针对基础知识薄弱、智力较差的学生来设计。B 层次,要与课程标准相吻合。这一层次应针对全班大部分学生来设计,使大部分学生都能完全听懂。A 层次,应略高于课程标准的要求。这一层次主要是针对基础实、智商高、学有余力的学生,使他们能够做到吃得饱,乐意听课。如进行“小数除以整数”的教学时,对于 C 层学生,在认知目标上,只要求学会小数除以整数的方法,知道商的小数点与被除数的小数点对齐;在技能目标上,只要求学生会进行计算;在情感目标上,只要求初步感受小数、整数转化的辩证思想;在发展性目标领域,只要求在同伴的帮助下,经历数学学习的探讨过程。而对于 B 层以上的学生则要求理解小数除以整数的算理,能正确地进行小数除以整数的计算,感受联系、转化的辩证思想,体验数学学习是不断探索的过程。目标达成的时间也可适当分层。不同程度的学生,接受新事物的能力有强有弱。教师可以针对不同的学生,制定不同的达标时间。A 层次要求在一课时内达标,B 层次则要求在二、三课时的练习后达标,C 层次则可以放宽到几天的时间达标。

（3）精心设计教学环节,做好课堂教学第三步——授课分层

因材施教,既是一种教育思想,又是一种教学原则。在教学中,教师心中不

仅有优等生,也要有差等生。只有面向全体学生,才能真正达到全面提高素质、充分发挥才能的目的,这是实施分层教学的关键。对优等生以放为主,放中有扶,重在指导学生自学;对中下生以扶为主,扶中有放,重在教师的带领下学习。总之,引导不同层次的学生在各不相同的"最近发展区"前进,以满足不同层次的学生学习需求。如在教学"求一个数(0除外)的倒数的方法"时,对优等生可以直接通过自学,使其发现:乘积是1的两个数互为倒数;求一个数(0除外)的倒数,只要把这个数的分子、分母调换位置。从而达到解决问题的目的。对中等生可先出示自学提示:

① 观察准备题,这几道题有什么特点?

② 什么叫倒数?

③ 怎样求一个数的倒数?通过分组讨论,使他们明确倒数的意义及求法,而对学困生则在教师的直接指导下,学习思考,努力完成学习任务:理解倒数的意义,掌握求一个数倒数的方法。

另外,课堂教学中的提问也是有层次的。教学是师生的双边活动,因此首先要落实好课堂中提问的层次。对于中下生,主要为他们设计陈述性和程序性问题,引导他们回忆、理解和感知,重点学习陈述性知识、程序性知识。对中上生的提问,主要设计有助于策略性学习的问题,教师还要根据学生的个性特点,提出学生感兴趣的问题,调动他们的积极性:对想象力非富的学生多提猜测性的问题,对理解力较强的学生多提逻辑思维性的问题,对表达能力强的学生多提概括性的问题,对胆小腼腆的学生多提书上能找到答案的问题,对成绩较差的学生多提基础知识概念性的问题等等。如在教学《比的意义》这个内容时,设计下列问题:

① 比和除法、分数有什么关系?(基础知识,一般学生都可以找到答案)

② 什么叫做比?(归纳概念的问题,表达能力较强的学生可以较完整的答出)

③ 比、分数、除法三者有何区别?(理解能力较强的学生经过思考可以答出)

④ 数学中的比后项不能为零,而体育比赛中的比分后项却可以为零,这是为什么?(想象丰富,思维活跃的学生喜欢答)

好的问题能让全班的孩子都参与到课堂中来,让每一个孩子都获得成功的体验,我们的课堂也因此变得生动而活泼。

(4)合理安排练习,做好课堂教学第四步——练习分层

分层练习是分层教学的重要手段和步骤之一。我们要认真钻研教材,对教材里的习题做适当的调整、组合、补充,使之能从质和量两方面满足不同层次学生的学习需求。在练习的分层设计上要突出两点:一是练习题的层次性一定要符合教

学目标的层次,让高层次学生的余力得以施展,中等水平学生的水平全面发挥,而学困生则是拾级而上;二是练习题的可攀性,即把练习题的广度和深度定在各层次学生的"最近发展区",让每个学生都能"跳一跳,吃得着"符合自己喜欢的"桃子",使不同层次的学生经过努力都有属于自己的收获,尝到攀登进取的甜头。如:在教学"长方体和正方体体积的计算方法"时,设计以下练习题:(任选两层完成)A组题为基本题,是学生应该掌握的基本知识。B组题为变式训练题,在基础题的前提的稍微拔高一点。C组题为深化训练题,较灵活并带有一定的综合性。

A层:计算下面各图形的体积。(单位:厘米)

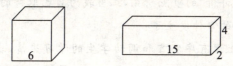

B层:一种建筑用的砖长24厘米,宽比长少8厘米,厚5厘米,这样的一块砖占空间多大?

C层:一个长方体长3米,宽2米,高5米,如果高增加1米后,新的长方体的体积比原来增加( )立方米。

(5)课堂评价分层

儿童的发展有不平衡性和个别差异性,因此对于不同层次的学生应以发展的眼光,采用不同的评价。对A层生采用竞争性评价,坚持高标准、严要求,促使他们更加严谨、谦虚、来断超越自己;B层生采用激励性评价,既揭示不足,又指明努力方向,促使他们积极向上;C层生采用表扬性评价,寻找其闪光点,及时肯定他们的点滴进步,调动他们学习的积极性。

(6)作业布置分层

作业要能体现教学内容的层次,适合不同层次的学生。第一种做法是同一练习分层要求。如一题多解的应用题教学中,C层学生只要求依图例式计算(可分步解答);B层学生要求会画线段图,再依图例式解答,会用两种方法解答;A层学生则要求除画图、用两种方法解答外,还会改变题中的条件或问题并解答。第二种做法是设计不同层次的练习。如练习中有"基本性练习、综合性练习、发展性练习",要求C层学生必须完成基本练习,鼓励做综合练习;B层学生要完成基本练习、综合练习,争取做发展性练习;A层学生则全部完成或指导B、C层学生做练习。还可以为A、B层学生设置"选做题",练习中教师要积极鼓励并创造条件让低层次学生向高层次突破,体现教学弹性,教师要不断进行巡视,把握反馈的信息,并作个别点拨和矫正。

案例1

"小起义"反映出"大道理"

——分层评价实验所得

小班化教学实验如火如荼地进行着,在研究过程中,我努力为学生营造生命化、生本化、多元化、艺术化的评价环境,用"评价"点击孩子心灵的鼠标,并且在我班进行了"分层评价"的重点研究,正当我为自己取得的"小成果"而沾沾自喜时,一件意想不到的事件发生了:

为了引导学生上课有序发言和调动学生的学习热情,我特别设计了"小小智慧星"表扬法,上课时谁表现好就给谁一颗智慧星,得到十颗智慧星,就可得到"小小口语明星"奖状。这种特别的表扬方式,大大调动了学生的学习积极性。可是好景不长,半个学期下来,我就发现:成绩好,自制力强的学生得"星"的速度很快,而有几个后进生却总是止步不前,只有为别人鼓掌的份儿。为了扭转这种局面,我经常放宽对他们的要求,故意多创设机会,"送星"给他们,以增加他们的自信心。

一节数学课上,我又故伎重演:

"谁能快速的算出 30+6＝?"我用期盼的眼神示意几个反应比较慢的孩子。

"老师,我,我……"话音未落,许多条小胳膊已经举到了我的面前。

我扫视了一眼举手的孩子们,并没有急于让他们回答。稍等片刻,我看见一个学习比较差的孩子举起了手,我眼睛一亮,马上点将:"程昊,你来回答。"

"36——"他慢慢吞吞地回答道,"你太棒了!"我迫不及待地把一个小星星送到了他的面前。

"老师,你偏向程昊,这不公平!!"于子原"嗖"的一声站了起来,并大声喊道。

"老师,是我先举手的,你却不叫我。"刘容含也满腹委屈。

"老师,我经常举手,你都装作没看见。"

"老师……"

伴随着于子原喊声的"来势汹汹",孩子们纷纷嚷了起来,而且声音越来越大,真有点"揭竿起义"的架势,教室里一时之间混作一团,有的孩子甚至白了我一眼。面对这种始料不及的情况,我呆住了。很显然,我的心思被孩子们识破了。这可怎么办?

我马上想到了北京中关村"四小"科研主任李玉平主任的话,"不能忽视孩子的情感,要走入他们的内心,关注他们的世界。"我决定先听听孩子们的想法。

好不容易让学生静下来后,我请于子原起来说说理由。

"老师,你这样做,分明是多给他机会,他是最后一个举手的,你却把这个机会让给了他,真不公平。"

"是呀,你要是老这样,我以后就不举手了,反正你也不叫我!"刘容含也不甘示弱,有点威胁我的感觉。

······

原来如此,看来我的"分层评价"早就被孩子们看出了端倪,孩子们已经忍无可忍了,今天只是借机"起义"而已,小孩子的眼里也是容不得一粒沙子的。

我赶紧解释:"同学们,程昊同学性格内向,举手的机会很少,得星的机会也很少,老师是为了鼓励他,才这样做的,老师是在帮助他,等有特别难的题的时候,我们再让其他同学来回答,好不好?"

"可是,我们也想在容易的题上得星星,万一难的题不会,怎么办呀?"于子原毫不示弱地反驳我。

是呀,孩子们说得有道理呀,我了解每个孩子的素质是不一样的,作为老师要分层评价,可是在孩子们的心中,他们都是一个起点,我总不能对其他孩子说每个人的智商是不一样,评价标准也不一样吧,那样学习吃力的孩子会怎么看自己呢,我的用心良苦,岂不白费?我思忖着,有点不知所措。

"同学们,你说怎么样才算公平呢?"我趁势让学生们帮着出主意。

孩子们七嘴八舌地讨论开来,最后讨论出了"借星法","综合评价"等多种方法,甚至有的孩子还提出了把每个小组都安排上学习吃力的和学习不吃力的同学,以此达到他们心中的"公平。"

整个"起义"在孩子们的讨论中慢慢平息了。

数学课程标准提出"对学生数学学习的评价,既要关注学生知识与技能的理解与掌握,更要关注他们的情感与态度的形成和发展;既要关注学生数学学习的结果,更要关注他们在学习过程中的变化和发展"。可见,评价关注的是学生在情感、态度、价值观、知识、能力等方面出现的积极变化。在本节课中,学生们之所以"起义",是因为我的"分层评价"没有尊重他们的"意愿",完全以教师的"意思"来操作,脱离了小班教学理念。虽然现在我还没有摸索出一套完全公平而又有效的评价方法,但通过孩子们"起义"的事件,我懂得了在现今的小班化课堂中,教师的教学评价方式必须建立在尊重学生的情感体验,了解学生知识结构的基础上,不可简单地只求形式热闹,不闻学生的感受。关爱学生生命成长,为学生营造生命化、生本化、艺术化的评价环境,让"评价"走进孩子的"心灵",充分发挥数学课堂评价功能,让学生在数学学习中获得可持续发展,是值得每一位教师探究的课题。

(威海经区实验小学　鲍晓燕)

捕捉信息　尊重差异　生成灵动课堂
——《分数的初步认识》教学案例

【教材内容】

青岛版小学数学三年级上册(五年制)第七单元信息窗1。

【教学背景】

《分数的初步认识》一课是联系平均分蛋糕的结果,初步认识简单的分数,然后让学生自己用不同的方法折纸,并涂出它的 $\frac{1}{2}$,进一步体会意义。这部分知识的掌握不仅可以理解并建立分数的初步概念,也可为今后进一步深入学习分数和小数打下基础。小学生从认识整数发展到认识分数,是一次飞跃,学生在生活中听说过 $\frac{1}{2},\frac{1}{3}$,但是他们并不理解。分数的产生是从等分某个不可分的单位开始的,儿童生活里有这样的经验,但不会以分数来表述。教学中要注意让学生从实际生活经验出发,在丰富的操作活动中主动地反思并获取知识。

【教学片段】

在教学"分数的初步认识"一课时,在学生已经认识到:把一块蛋糕平均分成2份,其中的一份就是它的 $\frac{1}{2}$ 后,我又安排了操作性的巩固练习:每人拿出一张长方形(或正方形)的纸,折一折、画一画,表示出它的 $\frac{1}{2}$。要求学生独立完成后全班交流。在巡视的过程中,我发现了两种不同的折法。因此交流时我有意设计成为两个层次的交流:

第一层次:

学生 1：我是把这张纸竖着对折（边说边演示），其中的左边一份是它的 $\frac{1}{2}$，右边的一份也是它的 $\frac{1}{2}$。

学生 2：我是把这张纸横着对折（边说边演示），其中的上边一份是它的 $\frac{1}{2}$，下边的一份也是它的 $\frac{1}{2}$。

学生 3：我是把这张纸斜着对折（边说边演示），其中的这一份是它的 $\frac{1}{2}$，另外一份也是它的 $\frac{1}{2}$。

这三位学生都能通过不同折纸的方法很快地把这张纸平均分成 2 份，其中的一份便是这张纸的 $\frac{1}{2}$。

第二层次的交流：还有没有其他的折法？

片刻的沉默，那平时最爱动脑筋却很胆小的小萱迫不及待地举起了手，我点头示意他到讲台前说说自己的想法。

小萱：我把这张纸先横着对折，然后竖着对折……

还没等小萱把话说完，下面坐着的不少同学按捺不住了，大喊：错了、错了，那不是 $\frac{1}{2}$，是 $\frac{1}{4}$。

此时，小萱的脸红了，神情有些慌张，但却用期待的目光看着我。我随机问：同意 $\frac{1}{4}$ 的同学请举手。全班同学都举起了手。我顺势走到一位手举得最高的同学面前，问：你怎么就这么确定是 $\frac{1}{4}$？他信心十足，非常坚定地说道：小萱把一张纸对折了两次（边说边演示），也就是把这张纸平均分成 4 份，其中的一份自然就是它的 $\frac{1}{4}$。说完他便得意地坐下了，其他学生对他投以赞许的目光。

"看来，同学们不仅学会了 $\frac{1}{2}$，而且很快自学到了 $\frac{1}{4}$，真了不起！"我也不由得夸奖起来。也许受刚才那位同学的启发，也许是看到我鼓励的眼神，站在台前的小萱终于又开口说话了："老师，我是这样想的，我是把这张纸先横着对折，然后又竖着对折，（边说边演示），这样就把这张纸平均分成 4 份，我知道其中的一份

是 $\frac{1}{4}$，那其中的 2 份不正好就是它的 $\frac{1}{2}$。"霎时，学生慢慢平静下来，他们正在对照着自己的那张长方形（或正方形）纸思考着、琢磨着，也许他们在心里认可了小萱这种与众不同的方法是正确的。在片刻等待中我接着抛出问题："数学是需要讲理的，现在大家一定和老师一样很想知道，小萱为什么会这么想、这么做？道理何在？把你的理儿讲给大家听！"我边说边抚摸着他的头。

小萱："我把这张纸先横着对折，折出 $\frac{1}{2}$，然后我想竖着对折，也可以折出 $\frac{1}{2}$，这样就把这张纸平均分成了 4 份，其中左边的 2 份正好就是它的 $\frac{1}{2}$。我还发现：竖着看，左边的 2 份是它的 $\frac{1}{2}$，也是它的 $\frac{2}{4}$，而且 $\frac{1}{2}$ 和 $\frac{2}{4}$ 表示同样大的纸，所以我还觉得 $\frac{1}{2}$ 和 $\frac{2}{4}$ 应该是相等的。"

全班同学以掌声鼓励。这时，小萱红着脸不好意思地笑了，全班同学将温暖的目光投向他。看得出，同学们都赞同小萱的观点。他们也纷纷站起来说出了自己的收获：

学生 4：老师，这张纸的右边 2 份也是它的 $\frac{1}{2}$。

学生 5：老师，这张纸的上边 2 份也是它的 $\frac{1}{2}$。

学生 6：老师，这张纸的其中 3 份是不是它的 $\frac{3}{4}$？

……

【案例反思】

1. 捕捉创新信息，分层交流

小班化教学的人数少，所以教师在课堂上能做到关注每一位学生。在巡视的过程中，我发现了小萱同学的标新立异的折法。因此我临时决定，把交流分为两个层次来交流，首先交流大多数学生的折法，然后在追问下引出小萱的另类折法。这样的交流，引发了学生的争论。我牢牢抓住这个争论点，让学生各自说出自己的想法与理由，引导学生去深入地了解问题、发现问题，使所有学生在原有知识的基础上拓展延伸，自主挑战，自我学习新知。学生在提出自己的观点或倾听不同意见的过程中，他的智力在接受挑战，他的思维在接受碰撞，引发创新欲望。从而让个别的创造变成全体的创造，让星星之火得以燎原。

2. 善待差异，绽放独特个性

学生间存在一定的差异性，教师应该用发展的眼光去看待每一位学生，善待差异。在本节课的纠错环节，我注重引导学生多倾听、多交流，在思考中发现自己的错误，分析错误原因，及时纠正错误，有效地引导和调节学生的认知活动并逐步完善。

本案例中不少学生错误地认为把这张纸先横着对折，然后竖着对折，结果是 $\frac{1}{4}$。究其原因是学生没有把小萱的话听完，不明白小萱的问题，想当然的把自己固有的思维强加于小萱。当小萱说出取了其中的 2 份是 $\frac{1}{2}$ 时，他们似乎又有所悟，通过再次折一折、比一比，发现 $\frac{1}{2}$ 和 $\frac{2}{4}$ 确实大小相等的，在此基础上又有了新发现、新收获。纵然认识几分之几和比较分数的大小不是本节课的教学内容，但知识的超前性，在课上起到了"推波助澜"的作用，课堂上生成的错误资源顺利转化为师生可用的宝贵经验。由此我想到：课堂教学过程中，师生出现错误总是在所难免的。错误既然造成了，不如将错就错，用错误聚焦新知，把学生的错误当成一种教学资源，让学生通过动手操作、自主探究、合作交流，仍然能够比较好地掌握拓展性的新知。

3. 延迟评价，生成灵动课堂

在课堂教学中，非预期的错误时常出现，我们教师往往没有思想准备，也没有进一步思考和分析的时间。本案例中，我对持不同意见的小萱一直是鼓励、赞赏，坚持让她把与众不同的想法说出来，虽然他很胆小，但他在期待的目光中找到自信，非常清楚流畅地表达出自己的想法，最后赢得了同学的掌声鼓励。

课堂教学中，倘若遇到"突发事情"，我们既不能立即对学生的"错误"做出否定评价，也不能回避非预期的错误。这需要我们教师发挥教学机智，适时采取延迟评价的方法，"把球不断地抛给学生"，利用反复的设问、追问、答问，让学生自由阐述自己的想法，这样就保护了学生的自尊心，尊重学生的差异性，同时也给出错的同学创造反思的机会，使他们从同伴的交流发言中获得启发。

其实在课堂中，学生交流的过程，就是相互学习的过程。学生争议的过程，就是思维火花碰撞的过程。这些过程都离不开教师的引导，所以教与学的过程是一种唤醒，更是一种体验，它是学生自我理解、自我批判、自我收获的过程，它为学生搭建了思考的平台，启迪了学生的思维，从而更快地找到解决问题的方法。作为师生交流的有效方式，评价应贯穿于课堂教学的始终，它能使课堂教学更趋于完整。采用延迟性评价,可以为学生反思自己的错误提供了充分的思考时间,保护了学生参与的积极性,适时肯定了学生在发言中的合理成分,易于接受。同时为教师引导学生发现自己的错误、分析错误原因、及时纠正错误赢得了思考的时间。一举两得,何乐而不为!

我们的学生是鲜活的,他们的思维是灵动的。在课堂教学中,不同的学生往往表现出不同的悟性。作为教师,就要善于发现学生中因为思维撞击所迸发的智慧火花,敏锐地捕捉,并把它引燃,进而使不同的体验都有对话的权利与机会。对学生大胆提出的异议,教师不但要真诚鼓励,还要为他创造了一个"对话"环境。"水本无华,相荡乃成涟漪",学生在这样的生成中对话,所获得的感悟更丰盈,同时也创造出更多的具有新价值的东西,从而创造一个充满灵性、涌动激情的课堂。

(荣成市府新小学　袁　宁)

3. 注意问题

(1) 准确划分学生的认知层次

分层次教学的最基本的理论是因材施教,要真正做到因材施教必须对"材"有清楚准确的认识和把握。这种把握是多层次全方位的,因而也是复杂而困难的。它包括学生的认知心理、知识结构、生理因素、环境氛围等诸多方面,其中最重要的是要准确把握学生的认知结构。准确把握学生认知结构层次是施行分层次教学的前提和基础。值得注意的是,同一施教对象的认知结构层次也不是一成不变的。学生的认知结构总是处于动态的发展过程中,它具有发展的连续性、顺序性、差别性等特点。因此,我们对学生认知结构的分析和把握也应是一种动态的发展把握,也应对同一个或同一群对象进行动态的分析和研究,这样,教学才会事半功倍。

(2) 切实贯彻最新发展区域原则

在施行分层次教学过程中必须切实贯彻"最新发展区域"原则。教学的目的在于让学生不断增长知识,增加能力,变被动的学习为主动的学习。这就要求我们在制定教学目标和教学要求时,必须注意对学生最新发展区域的了解。在现实的教学过程中,不少教师对不同对象的学生特别是对认知结构相对较低,认知能力相对较差的学生,在教学目标和教学要求的制定上往往比较草率,目标的制定和作业的要求过于简化,认为对这部分学生的教学要求越简单越好,因而学生的认知能力得不到发展。正确的做法是适当越过学生的认知结构和认知能力,让学生通过一定量的努力获得成功的喜悦,通俗一点说就是让学生"跳一跳，摘到桃"。那种"不用跳便能摘到桃"或是"跳了也摘不到桃"的做法都是不科学的。

（3）必须唤起学生的主动参与

学生的认知过程和实践过程是学生认知结构和认知能力发展的内因和根据，学生的学是学习活动的主体，教师的教则是上述过程的外因条件，外因必须通过内因才能起作用，教师的教必须通过学生的学才能产生教学效果，否则只能是一厢情愿。因此，在施行分层次教学过程中必须唤起学生的主动参与。唤起学生主动参与的方法很多，可以在施行教学前对学生进行深入细致的思想工作，使学生对分层次教学有正确的了解，培养学生的认同感；可以让学生参与确定自己所属的层次和应该达到的要求，培养学生学习的自主意识；也可以在教学过程中通过提问、激励等形式，增强学生学习的信心等等。

（4）注意保护学生的自尊

保护和提高学生的学习自信心是提高教学质量的关键。由于分层次教学客观上把学生分成了不同的层次，虽然这种层次不是通常所说的等次，但只要分出不同类属，就难免会引起学生的敏感，这就要求教师在施行分层次教学过程中要格外注意保护学生的自尊。在要求不同认知层次的学生不相互讥讽、挖苦的同时，教师必须注意自己的教学用语，特别是在确定教学目标和布置作业时，切忌出现"学习差，能力低"等教学忌语，否则学生会从心底抵触分层次教学，教学效果不但难以提高，而且师生关系也会变得紧张起来。

小班化的数学课堂实施"分层教学"，打破了"一刀切""齐步走"的课堂教学模式，它遵循教育规律和学生发展的特点，从学生的个性差异和实际水平出发，以他们的"最近发展区"为发展目标，使不同层次的学生得到不同发展。

（二）小组合作学习模式

小班化教育的主要目标是让每个孩子都得到适合他们成长的教育，使他们都能得到教师的关爱，增强师生互动，生生互动，以激发学生的聪明才智，发展他们各方面的能力。小班化教育的主要标志是课堂时空的拓展，这为小组合作学习创造了良好的环境。小班化小组合作学习就是一种面向全体学生，以"自主、合作、探究"的学习方式代替传统的被动、独立和接受式学习的教学模式。它把课堂教学活动看成是一种特殊的交往活动，采用分小组互助合作学习，通过创造和谐民主的教学氛围，形成师生互助互动，学生与学生之间互助互动的氛围，使学生个体得以借助教学媒介（教材、教学手段和其他媒体）创造性的学习，从而使他们在主动、轻松的学习活动中提高综合素质。

1. 优势体现

（1）有利于形成民主、轻松、舒畅的学习气氛

赞可夫认为："我们要努力使学习充满无拘无束的气氛，使儿童和教师在课堂上都能够自由地呼吸，如果不能造就这样良好的教学环境，那么任何一种教学方法都不可能发挥其应有的作用。"其实，学生在课堂上最爱小声说话，那么小组合作学习无疑给他们提供了说话的机会，让他们把自己在自学中获得的多种印象和感受、怀疑和问题带到课堂上来，和小组其他成员进行无拘无束地讨论交流，这样会让学生感到很自由、很轻松。也就解除了往日课堂上常有的那种压抑感，使他们敢于问、乐于答，使他们真正体会到课堂是自己活动的天地，自己是学习的主人。同时，在小组合作讨论学习中，教师要巡视参与，成为小组中的一员，或倾听学生的见解，或循循善诱，耐心引导。师生间是平等、互助的关系，在不断的讨论交流中，学生渐渐消除了对老师的戒备心理，渐渐"亲其师，信其道"。课堂气氛自然就变得十分轻松、活跃。

（2）有利于照顾学生的个别差异，使每个学生获得成功的体验

小组合作学习作为联系全班教学和个别指导的中间环节，它将学生的个别差异作为一种积极的教育资源加以利用。擅长某一方面的学生能充分发挥自己的兴趣和特长，特别是对于理解水平差的学生他们将会在同伴处得到更多的帮助。在组际交流中，小组的成功，体现了小组中每个成员的价值，增强了小组的凝聚力，对于学习困难的学生来说在分享快乐的同时，既满足了他的自尊感，又增强了他进一步成功的自信心。如在教学 24 时计时法时，有这样的练习题：一辆汽车早上 6 时 20 分出发，第二天下午 4 时 10 分到达目的地，这辆汽车一共行了多长时间？这类题一些学生总是搞不明白。在小组互助学习中，有的小组同伴一边拨钟表一边讲解，有的小组同学画出示意图给同伴讲解，还有的小组自己解决不了就从别的小组请来"小老师"讲解，短短的几分钟，教师只作为指导者参与了学生的讨论，但在全班交流时，从学生一个个呈现的成功喜悦中，可以看到他们成功后的快慰。对于学习能力强的学生，在帮助同伴，与同伴的交往中，他们首先克服了以"自我中心"的思想。这样的学习形式，不因少数学生学习的成功而减少大多数学生学习成功的机会，对于每个学生来说，不仅满足了自身知、情的需要，而且个性潜能也得到了最佳发展。

（3）有利于学生互相协作精神的培养，促进了学生社会化的进程

小组合作学习是同学之间互教互学、彼此之间交流信息的过程，也是互爱互助、情感交流、心理沟通的过程。不仅如此，研究性学习还把小组合作推向广

域的学习情境,使人与人之间的交流在更加广阔的时空中进行,人际交往、交流就更具多维性和交互性。中小学生正处于自我意识形成和发展阶段,学生的自我意识主要通过他人对自己看法的内化和与他人进行比较、判断的过程而逐渐形成的。小组合作中的学习活动的任务分担与成果共享,相互交流与相互评价,使学生能体验到一种被他人接受、信任和认同的情感,这就为学生社会化程度的提高、交际能力的培养、自我意识的发展提供了充分的条件。

2. 教学策略

（1）合理建构,明确分工

在小学数学教学中,合作学习通常是以小组合作的形式出现。合理构建学习小组,既是学生进行合作的基础和前提,也是实现学生群体合作的基本手段。一个学习小组应该是一个班级或集体的缩影。学习小组的组建要考虑到学生的年龄特点、兴趣爱好、个性特征、智力状况、学习成绩等各个方面。小组人数一般以3～4人为宜,组建的原则应做到组间同质、组内异质,做到每组的优等生、中等生、学困生的比例相当。如以4人小组来说,应该有一名优等生,2名中等生,1名学困生。组间同质有利于班级小组间公平竞争,组内异质有利于组内学生相互合作。在实施小组合作的过程中,教师要注意根据学生的综合表现定期进行人员调整,以保证小组间学生竞争的活力,增强小组内学生合作的凝聚力。建立学习小组只是为学生的合作提供了可能,要使学生真正合作,必须明确每个小组成员的个人责任,特别应解决组内学困生的陪客现象,使小组成员全部参与到学习活动中来。在一个阶段里每人都应有相对侧重的一项责任,担任一个具体的合作角色,如小组合作的组织人、记录员、资料员、首席发言人、第二发言人,甚至是专提反方意见的"反对人",一定时间后,角色互换,使每个成员都能从不同的位置上得到体验、锻炼和提高。小组成员间的座位以面对面或相邻形式为好,这样更有利于互相学习、讨论达到充分交流的目的。

（2）创造和谐的氛围,便于小组合作学习

合作学习的各个因素不是孤立存在的,任何一个因素对合作学习的作用都可能导致整个合作学习的成败。数学课堂中要让学生积极、主动地置身于合作学习中,其前提是必须创设一个安全且自由的氛围,一个和谐、适宜的课堂人文环境。这就要求教师的态度、价值观、信念必须围绕着"以学生的发展为本"这个中心,创设民主、和谐、开放的课堂氛围。在这种氛围中,教师更具亲和力,师生之间、生生之间的交流成为一种可能,合作成为一种需求,师生之间彼此互相欣赏、互相悦纳。对于学生虽不成熟却经过自己大脑思考的独特的判断,特别是其中建设性的和创造性的有价值的东西教师能加以珍视,摒弃求全责备,多提建议少提批评,多用寄予真切期待的语言鼓励学生,使学生为满足教师心灵的期待而努力发挥出潜在的智慧和能量。如在教学"图形和位置"时,让学生以小组为单位,把收集到的正方体、长方体、圆柱和球等物体动手摆一摆,摆出自己喜欢的图形,给学生创造了合作的空间。在这种氛围中,一方面学生有足够的时间与机会来表达自我,另一方面可产生一种无形的力量促使学生愿意大胆、真实地表达自己的思想和情感。

(3) 创设小组合作的学习情境

学生的学习过程是学生个体不断与外界交互作用的过程,要让学生积极主动地参与到合作学习中来,除了创设外在的环境和氛围使学生敢于合作外,还必须创设能激发学生合作的内在动机的情景或交流的意境,使学生感到合作的必要性。相当一部分学生对于稍难的问题不愿做深入的思考。也许是缺乏一种信心,在这种情况下,用学生之间的合作讨论,交流来调动学生学习的兴趣是很有必要的。如何使小组合作学习不流于形式,首先要求教师从设计教案的一开始,就应确定"以学生为本"的思想,努力创设一些有利于小组合作的学习情境,要从学生的经验和知识背景出发,努力组织一些丰富的现实的教学活动,设计启发性、开放性和可合作性的问题。如教学"求圆锥的体积"一课时,在教学中可给学生创设问题情境,让学生进行小组探究圆锥体积的计算方法。首先电脑出示一个圆锥,并演示圆锥的变化:① 圆锥的底面大小不变,高变大。② 圆锥的高不变,底面增大。然后提出以下问题供学生小组讨论:① 圆锥的体积发生了什么变化? 你觉得圆锥体积的大小与它的什么有关? ② 你认为用"圆锥的底面积×高"得出的是圆锥的体积吗? 圆锥的体积与相应的圆柱的体积之间有没有关系? 你觉得可能有怎样的关系? ③ 如果告诉圆锥的底和高,你将怎样计算它的体积? ④ 你能用什么方法来检验你的猜想是否正确呢? 教师通过这四个问题的设计,引导学生对如何计算圆锥的体积作出思考,提出猜想,进行验证,并引导学生探究数学活动的方法,使学生兴趣盎然地投入小组合作交流活动中去。

(4) 确定合作学习内容,保证合作学习时间

选择恰当的教学内容进行小组讨论合作学习也是很重要的,首先要选择有价值的内容进行小组讨论和学习,不能泛泛进行。在教学新知时,对于教材中的重点、难点,学生学习的疑点,可让学生通过小组合作方式共同解决突破,使学生主动获取知识。合作学习中保证合作学习的时间也是很重要的。在课堂教学中,要把一定时间留给学生,使他们有足够的时间进行交流、思考,使人人

都有机会进行切磋，都有权力发表自己的意见都能展示表现自我的时间和空间。如教学 20 以内的退位减法，当学生经过思考列出算式"15－9＝"后，由于学生是初次接触到退位减法，如何正确的计算及掌握正确的方法是这节课的重难点，为此，可把怎样进行计算作为学生小组合作的内容，进行以下安排："15－9＝"小朋友自己先想一想，然后进行小组合作，大家讨论一下该怎么样进行计算，也可以说说自己的方法，并说一说你是怎样想的，完成之后给老师一个信号。这样把计算的方法及思考作为小组合作的内容，学生了解自己要干什么。经过这样的小组合作，学生可以发表自己很多的算法和想法，事半功倍。

（5）开展组际评比，增强合作意识

适当的表扬对于学生来说有很大的促进作用，有时学生对来自同学的鼓励、帮助比来自于教师的更有效果。为了促进学生自主学习，有时自拟几个题目，让学生进行测试，然后让小组长按评分标准给每位同学打分，再按小组总分评比。成绩好的同学感到他们只为自己的学习是不够的，成绩差的同学自己感到影响了本组的成绩有了压力，这样使压力变成动力。评比后加以表扬，就使小组里的成员有了督促和提高，从而提高全体素质。如开展"争优秀小小组"的活动，通过比一比哪个小小组讨论的认真，哪个小小组会合作，哪个小小组得出的结果最好等形式，在每一次的小组合作后，都及时加以点评，并给予小红花奖励。这样就可以极大地调动学生的合作积极性，进一步增强他们的合作意识。

案例1

小组合作，艺求发展
——《3 的倍数特征》案例分析

"学生是数学学习的主人，教师是数学学习的组织者、引导者与合作者。"对于课标基本理念中的这句话，我在进行《3 的倍数特征》教学时，大班传统教学方式与小班化小组合作教学尝试两次不同的教学经历，使我有了更深刻的体会。

【教学实录一】

师：同学们，上节课我们学习了 2 和 5 倍数的特征，这节课我们再来学习 3 的倍数特征。投影出示一组数据如下：

30　21　42　63　24　45　36　27　48　39

问：这些数是不是 3 的倍数？

生思考后回答：是！

师：我们来观察一下这组数，它们都是3的倍数。3的倍数特征是什么呢？能看这个数的个位吗？

生（很被动地）：不能。个位上的数字0到9都有，所以看个位是没有特征的。

师：再来观察一下这几个数，我们将它的各个数位的数字相加，你会发现什么？

生开始活动。

生：我发现这几个数，每个数各数位上的数相加的和是3的倍数。

师：很好！这就是3的倍数特征：一个数各个数位的数相加的和是3的倍数，这个数就是3的倍数。

【案例反思】

在大班的传统教学中，我就这样三言两语地"引导"学生学完了3的倍数特征，接着让学生举出大量实例来验证这一特征，然后通过做课堂练习，强化学生进一步记忆、掌握，教学效果并不理想。我认真反思了自己的教学过程，我把3的倍数特征强加给了学生，这种"授人以鱼"的教学方法对新知识的形成过程讲得很少，仅仅是教师个人思维活动在学生思维中的再现。学生的任务是顺着教师的思维而思维，其结果是学生只记住了数学结论，却不知道为什么会产生这个结论和如何得到这个结论的方法。忽视了学生的主体地位，学生被动地接受知识，并没有真正地去体验知识的形成过程，也就无法真正地去理解掌握。

【教学实录二】

一、复习旧知，激发探究欲望

师：同学们，上节课我们学习了2和5倍数的特征，谁来说说是什么？

生1：2的倍数的特征是：个位上是0、2、4、6、8的数。

生2：5的倍数的特征是：个位上是0或5的数。

师板书：2的倍数：个位：0、2、4、6、8。

5的倍数：个位：0、5。

师：这两位同学回答得很好！这节课，我们一起来研究3的倍数，看看3的倍数有什么特征？大家想不想研究啊！（学生齐呼：想！）你想怎样研究？

生：我们在研究2和5倍数的特征时，是通过观察个位上的数来发现其特征的。那么研究3的倍数时，能不能也通过观察一个数的个位上的数得到它的特征呢？

师:这位同学了不起,很有想法!大家的意见怎样?那我们就按这种想法试试吧。大家打开课本 49 页《百数表》,在 3 的倍数上画圈,看看 3 的倍数的个位数字有什么特征?

二、学习研究 3 的倍数的特征

1. 通过《百数表》,研究 3 的倍数的个位数字。

师:下面,谁来说一说:3 的倍数有哪些?

学生交流。

师:通过观察 3 的倍数个位上的数,你发现 3 的倍数的个位数字特征是什么呢?

生(很为难):没有特征。个位上的数字有 0、1、2、3、4、5、6、7、8、9,所以 3 的倍数的个位数字没有什么规律。

师(故作十分焦急的样子):没有特征,那我们如何判断一个数是不是 3 的倍数呢?

众生积极思考。

生:既然它与个位上数无关,我们应该去寻找新的途径去研究 3 的倍数的特征。

师:哟! 真是山重水复疑无路,柳暗花明又一村啊! 你为我们研究 3 的倍数的特征提供了另外的思路——另辟蹊径。你很有想法!

2. 探索新知,验证猜想

投影出示四组卡片和要求。

① 3、4;② 2、4;③ 2、8;④ 1、3、5。

小组合作要求:先写出能组成的两位数及三位数,并判断每个数是否是 3 的倍数,写出发现。

学生小组合作探索,教师参与小组学习情况,及时发现学生学习动态。

师:谁来说说你们小组研究的情况?

生 1:(第①组):我们小组组成的两位数分别是:34、43。它们都不是 3 的倍数。

生 2、生 3、生 4 分别代表自己的小组发言。(得出结论略)

师:你能把这四组卡片进行分类吗?并说明分类理由。

生 1:我把①、③两组分为一类,因为这两组卡片上的数字组成的数都不是 3 的倍数。

生2:把②、④两组分为一类,因为这两组卡片上的数字组成的数都是3的倍数。

师:同学们讨论一下,在用数字组数的过程中,什么变了,什么没变?

小组讨论,教师参与组内学习。

学生互相交流。

生1:在用数字组数的过程中,数字排列的顺序变了。

生2:组成数的大小变了。

生3:组数用的卡片上的数字没变。

生4:卡片上的数字之和没变。

师:请同学们观察各数位上的数字和,你有什么发现?

生1:是3的倍数的数,各数位上的数字和也是3的倍数。

生2:我猜想这是一个规律,一个数各个数位上的数字和是3的倍数,这个数就是3的倍数。

3. 举例验证。

师:同学们真有想法,要想知道这是不是一个规律,可以怎么办?

生:举例验证。

师:任举一例看一看?

生:如45这个数,先把45各位上的数字加起来,4+5=9,9是3的倍数,那么45肯定是3的倍数。

师:也可以把数字交换一下,可以说——

生:54也是3的倍数。

师:非常好!

生继续举例讨论验证,并引导学生体会验证方法。

学生在小组内充分举例验证。

汇报验证结果(在实物投影上展示),达成共识,得出结论,总结出规律。

……

【案例反思】

一、以人为本,自主发展

《3的倍数特征》是在学生已经理解、掌握了2和5的倍数特征的基础上进行教学的,所以在教学中难免会受思维定式的影响,学生可能会猜想3的倍数特征肯定也与个位有关。鉴于此,我在教学时,先放手让学生走走这条思路,让学生自觉发现——此路不通，从而探索解决问题新的途径。看似学生走了弯路，耽误了学习时间，但却是学生非走不可的弯路。他们在熟悉的思维方式上摔了跟头，碰了壁，才会回头，从而主动探索新的解决问题的方法。这正是小班化教学以人为本，自主发展理念的体现。

二、小组合作，共同发展

在教学中，我充分发挥小班化小组合作学习的优势，让学生在小组中合作探究（采用异质分组法，即把不同能力水平，不同背景的学生分到一组中）。学生初步发现规律之后，举例验证，体现了从特殊到一般的思维过程。这一过程，不仅让学生初步学会了举例验证的方法，而且体现了学习数学的一种思想，渗透学生的学习方法和探索能力，培养学生科学严谨的态度。经过课堂目标检测，学习效果十分明显。

德国教育家第斯多惠指出："一个坏的教师奉送真理，一个好的教师则教人发现真理。"两次不同的教学经历，使我深刻地认识到："授人以鱼"，学生未必接受得了，而"授人以渔"则让学生在学习过程中积极参与、勇于探索，酣畅淋漓地体验学习的乐趣，学之所得将更加深刻、牢固。

（文登市界石中心完小 陈海涛）

小组合作使计算教学别样精彩
——《小数乘整数》案例及反思

【案例背景】

传统的计算教学历来是教师讲，学生练，只重计算结果不重计算过程。老师告诉学生计算方法和规则，学生依样画瓢，通过反复机械地练习，也能掌握一定的计算技能，但是学生的主动能动性没有被调动起来，也没有经历知识形成的过程，对于知识的来龙去脉是不清不楚的，知其然，不知其所以然，这样不利于学生的全面发展，与新课程理念背道而驰。

《小数乘整数》这一内容是在学生学习了整数乘法、小数加减法的基础上进行教学的，是小数乘法的起始课。在这之前学生已经掌握了小数点位置移动和积的变化规律等知识，这些都是学生理解与探究小数乘整数的算理和计算方法的基础，因此这节课我尝试让学生小组合作寻找解决问题的策略，小班化教学正好提供了这样的机会。在这节课中,探究 58.6×6 这个过程都是小组合作完成的,小组通过讨论探究出了多种算法,并且明白了在整个探究过程中体现了一种重要的数学方法——转化,最后总结出了小数乘整数的计算法则,很好地完成了本节课的教学任务。这节课采用的教学模式,培养了孩子们对数字计算的兴趣,也让枯燥的计算教学课堂变得十分精彩有趣!

【案例描述】

教学片断:

(一)复习旧知:27×5＝135

    270×5＝1350

    2700×5＝13500

从上往下观察,你发现了什么?一个因数不变,另一个因数扩大到原来的几倍,积也扩大到原来的几倍。

反过来思考,从下往上观察,你又有什么发现?一个因数不变,另一个因数缩小到原来的几分之一,积也缩小到原来的几分之一。

【设计意图】复习积的变化规律,为下面的学习做铺垫。

(二)创设情境,激趣引新

孩子们,你们去过三峡吗?今天老师带来一个三峡的知识短片,我们一起来欣赏一下。引出情境图,根据这些信息,你能提出用乘法解决的问题吗?

(1) 6 台发电机组每小时可发电多少万千瓦时?

(2) 2004 年 16 台发电机组每小时可发电多少万千瓦时?

先来解决第一个问题:学生列式 58.6×6,观察这个算式,和我们以前学的有什么不同?

对,一个因数是小数。我们以前学的是整数乘法,今天这节课我们就一起来研究小数乘整数。(板书课题)

【设计意图】问题是学习的先导,情景是问题的外衣。形象的情景教学,使学生如身临其境,可见可闻,同时把数学知识镶嵌在真实的问题情境中,也有助于学生认识到数学知识是相互关联的,并能很好地运用到现实生活中。

(三)合作探究,自主构建

怎样计算?先独立思考,再小组合作,在小组中尽情交流你们的想法,然后记录在作业纸上。

学生小组合作,探讨出多种计算方法。

小组交流：

方法1：58.6＋58.6＋58.6＋58.6＋58.6＋58.6＝351.6

师：你们是怎样想的？

生：因为小数乘法没学，小数加法我们学过，所以用加法来计算。

师：这个想法很了不起。对这种方法还有疑问吗？

生：太麻烦了，如果是56台那得加到什么时候？

师：看来这种方法有它的局限性。

方法2：58.6×6＝58×6＋0.6×6

$\qquad$＝348＋3.6

$\qquad$＝351.6

生交流：我们根据学过的乘法分配律，把58.6分成58和0.6，再分别和6相乘。

师：0.6×6怎样算的呢？

生：因为6×6＝36，所以0.6×6＝3.6。

师：哦，你是把它当成整数来算的。不错，你这个方法很巧妙。

方法3：用竖式计算。

把58.6扩大到原来的10倍变成586，然后用586和6相乘，得到3516，再缩小到原来的十分之一，也就是小数点向左移动一位得到351.6。还可以用竖式写出来。

你为什么把58.6变成586？

因为586乘6我们学过，好算，所以就把58.6变成586。

多好的思维呀！谁能和老师一起合作，把这个过程记录下来！

师板书竖式时，出现问题了：哎，另一个因数6写在哪儿？

出现争议了：(1)6写在8下面，因为6是个位，要对齐个位。

哦，你是按照小数加法迁移过来的。还有不同意见吗？

(2)6要和6对齐，因为是把58.6变成586来计算的，所以应该按照整数乘法的竖式来写，我认为6和6要对齐。

说得有道理！咱们在进行小数乘整数时把另一个因数放在末尾。

$$
\begin{array}{r} 58.6 \\ \times\quad 6 \\ \hline 351.6 \end{array}
\quad\text{扩大到原来的10倍}\quad
\begin{array}{r} 586 \\ \times\quad 6 \\ \hline 3516 \end{array}
$$

缩小到原来的 $\frac{1}{10}$

【设计意图】本环节通过小组合作与交流探讨出 $58.6×6$ 的多种计算方法，充分展示学生的知识潜能及合作能力，并自主获取小数乘整数的计算方法。教师作为一名点拨者、合作者在重点处启发引导，帮助学生较好地理解小数乘整数的算理及方法，促进了学生思维的发展。

【案例反思】

苏联著名的教育家苏霍姆林斯基在《给教师的一百条建议》中提出：不理解的识记在童年时期是有害的，而在少年时期则是严重危险的，只有理解的知识，才会成为掌握另一些知识的工具，才会跟知识的运用紧密结合起来。本节课就力求做到这一点，把小数乘整数算理的理解作为重点，通过小组合作寻找解决问题的策略，使学生深入思考，合作交流，在感受不同的思维方式和思维过程的同时，彼此沟通，互相理解，比较分析，升华最优的方法。

（一）合作交流，发展能力

课堂中师生的互动是必要的，但生生互动的小组学习更为重要，小班化学习在这一方面的优势更为明显。这节课在探究"$58.6×6$"这一小数乘整数的计算过程中，就很好地体现了合作学习的价值，让学生通过小组互动学习，共同找出小数乘整数的计算方法，学生在交流中表现出来的创造性思维是我们意想不到的。当然，合作学习的前提是自主学习。教学时，我并没直接让学生合作交流，而是先让学生独立思考，待每个学生对问题有了自己个性化的认识后，再引导他们进行合作交流，让学生真正参与合作学习，在合作中发展，在交流中提高。

（二）经历过程，理解算法

在本课的教学中，我比较注重师生间的交流，把更多的时间留给学生，让每组同学交流算法，让他们充分表达自己的观点与计算方法，从而得到许多有创造性的解决办法。同时教师又是互动交流的引导者和组织者，"小组中先由一名学生说方法、说理由——其余学生作补充，其他小组可以提出疑问——本组共同讨论、解决疑问"卓有成效的交流激起了思维碰撞，使学生之间有了思维补充，学生的学习是在教师引导和向他人学习与交流的过程中完成的，是一个老师提出问题、师生分析问题、学生理解问题的互动过程。

这也让我们见证了小组合作学习的功效：让学生同时参与活动，自由发表自己的见解与想法，兼顾差异，扩大了学生的参与面，充分调动学生学习的积极性。看来它与小班化教育倡导"自主、合作、探究"的学习方式不谋而合，在我们的小班化课堂上，对小组合作学习更要"多一分偏爱"。

（威海市实验小学　戚海琳）

案例3

交换苹果和交换思想
——小班化下小组合作学习的几点思考

【案例背景】

孔子曰:"独学而无友,则孤陋而寡闻。"可见,合作学习并非吾辈鲜血来潮之举。而新课程标准中提出的"倡导自主、合作、探究的学习方式"的理念与古代教育观点不谋而合,也已被广大教师所接受。小班化理念的重要组成部分就是小组合作学习,为了完成共同的学习任务,个体以小组为单位,相互交换思维,并进行优化整合的一种互动式学习方式。它一改传统的教师"一言堂"教学模式,教师也力图将自主、合作学习的时间和空间还给学生。小组合作的优点是显而易见的,但它却具有不易操作性。教师在实际操作中往往出现把握不住时机、时间等现状,使之流于形式。

【案例再现】

下面是我在学校课例大教研活动中执教的《比例的意义与基本性质》一课的教学片断:

(一)复习比的知识,看看有什么新发现?

1. 一辆货车运输大麦芽:

	第一天	第二天
运输次数	2	4
运输量(吨)	16	32

(1)分别写出每天运输量和运输次数的比(　　)、(　　)。

(2)分别写出每天运输次数和运输量的比(　　)、(　　)。

学生交流时,师板书:16:2　　32:4　　2:16　　4:32

2. 思考:以上每个小题的两个比有什么关系?(组长带领大家交流后,自学67页,完成以下填空)

表示(　　)叫做比例。组成比例的四个数叫做比例的(　　)。两端的两项叫做比例的(　　),中间的两项叫做比例的(　　)。

判断两个比是否成比例的前提是(　　)。

16:2＝32:4还可以写成(　　)。

师板书：

16：2＝32：4　　　32：4＝16：2　　　2：16＝4：32　　　4：32＝2：16

16/2＝32/4　　　　32/4＝16/2　　　　2/16＝4/32　　　　4/32＝2/16

……

师：在比例里，两个内项和两个外项之间有什么关系呢？请你在黑板上出示的比例里选择3个，算一算，你能发现什么？

学生自主探索。

师：请同学先将你的想法在小组内交流一下。

哪个小组先起来说一下你们的发现？

生：两个内项的积和两个外项的积是相等的。

我赞许地点点头：大家都同意吧。

师：谁能总结一下这个规律？

师课件展示比例的基本性质。

师：请你再写出几组比例，说明一下这个规律，小组合作完成。

交流中出现这样一种答案：

4：8＝8：16　8：2＝32：8(理由：两个比例的内项积与外项积都等于64。)

师：为什么都得等于64呢？

生：因为黑板上的比例内项积与外项积都等于64啊。

师：是这样的吗？(我想从其他小组寻求平衡点，但出人意料的是许多同学都点了头)

……

我当时有点懵了，不知道应该怎样跟孩子说，只是简单说了几句：你举的例子没错，但并不一定都是内项积与外项等于64。你看其他组举的例子就可以证明了。(课后，我反思这一环节的处理确实很不到位，比例的基本性质容易理解，但对于初学比例的学生来说实际应用这一知识却是有难度的)

【课后反思】

1. 教师课前备课环节设计不严谨导致错失合作良机

举例证明比例的基本性质时，有学生认为必须是内项积与外项积都得等于64，主要在于老师的预设教案中出示的例题就不具普遍性。利用教材中给出的情境图并没有错，而教师在设计此环节时就应预知结果，后面或是添加一组能够证明并不是所有的比例内项积与外项积都得是64的例题；或是创造性的使用教材，在信息中出示3天或4天的运输次数与运输量，并将第二天的运输次数改成3次,运输量为24吨……但真实课堂上出现了因主观人为判断失误导致"老师预案之外的资源",此时,我应该放手让孩子们利用小组间的合作,自主举出例子反证上面观点的局限性,让学生自动形成表象,加深对知识的理解与应用。可是,由于缺少对"课堂生成"的调控艺术和对课堂的引领技巧,此处处理不到位,致使错失合作良机,从而影响了学生对这一知识的理解与自主建构。

2. 被预案限制导致小组合作失去了意义

为什么会出现一个小组认为"一个比例里内项积与外项积都得等于64",而其他小组虽不是那么做的,但也有部分同学赞成此观点呢?我觉得主要原因是:在研究比例的基本性质时,我人为地限制了学生的思维。部分孩子的思维还停留在"老师说一不二"的阶段,他们还不能够自主地创造性地利用老师给出的信息与资源。因此当老师的预案中出现了限制这部分孩子思维的因素时,他们就会主动地放弃探究的意愿,跟随教师的失误走下去。根深蒂固的意识使他们的小组合作也失去了应有的作用,从而使小组合作彻底失去意义。

3. 忽略了主体,没留有足够的独立思考的时间

小组合作学习必须建立在独立思考与亲身体验的基础上,如果没有了自主探究,合作学习就成为一种形式,落不到实处,也就失去了存在的价值。也就是说,没有自主探究时独立的思考,就没有真正的合作。本案例中环节(一)思考:以上每个小题的两个比有什么关系?我应该给学生留出足够的独立思考时间,然后再在小组中交流其想法。这样以自己的理解和认知作为基础进行的合作探究,就避免了"学优生大讲特讲,学困生充当听客",也不会出现小组交流时的"人云亦云"或"懵懵懂懂",导致"知道比例的意义却不会应用"的结果。

4. 忽略了教师的参与与调控

教师在小组合作学习时不能做一个清闲的旁观者,而应该对各个小组起到调控合作学习的节奏和科学且有目的地参与其中,直面问题与困惑,对他们的合作进程、参与程度和争议问题做到了如指掌。本节课中,如果我能够在学生小组合作学习时积极地担负起调控职责的话,就会及时发现存在的问题,也就不会出现"合作结果不统一"与"合作探索无效",影响孩子对新知的建构,耽误教学进程。

另外,教师有时的"先入之见"会错误地在教案中预设哪些环节需要小组合作,哪些环节不需要,且不重视课堂中的"生成资源"。这就导致授课过程中错失良机或耽误时间。

英国大文豪萧伯纳说过一段寓意深刻的话:你我是朋友,各拿一个苹果来

交换,交换后仍然是各有一个苹果;倘若你有一种思想,我也有一种思想,把各自思想相互交流,那么每个人就有两种思想了。这段话精辟地道出了人与人之间交流思想的互补性、重要性。萧伯纳的话运用在小班化下数学课堂上的小组合作中再合适不过了:假如教师只是本着小组合作是小班化课堂中必须走的过场,那么孩子们的互动只能是肤浅地交换了"苹果",如果说孩子本次小组合作中的收获,那无非就是"人云亦云"或"不知所云";如果教师是在教学实践中根据课堂实际组织小组合作学习,并参与其中,全过程调控,引导学习的方式,那才是真正意义上的交换了"思想"。

(文登市张家产完小 王华荣)

3. 注意的问题

(1) 教师要参与、指导学生的合作过程

合作学习是一种学习方式,同时也是教师教学的一种组织形式,学生的合作是否有效,同教师的参与与指导是分不开的。因此,在学生开展合作学习的时候,教师不应"袖手旁观",更不能做下一环节的准备工作,而应当从讲台上走到学生中间去,在组间巡视,对各个小组的合作进行观察和介入,对各小组合作的情况做到心中有数!同时,教师还应针对学生合作中出现的各种问题进行及时有效的指导,帮助学生提高合作技巧,顺利完成学习任务。如对不清楚任务的小组说明操作程序;对开展得很顺利的小组予以及时的表扬;对合作交流中偏离主题或遇到困难的小组提供及时的点拨;对完成任务的小组进行检查;对小组成员的各司其职进行监督等等。学生的小组合作学习有了教师的参与与指导,就能避免"短暂繁荣"和"华而不实"的无效合作场面的出现,使学生的合作更得法,交流更有效。

(2) 小组合作的问题要有思考价值

教学重点、难点、疑点问题或发展性、开放性、研究性的问题对一般学生来说都有一定的思考价值,可以安排小组合作学习。采用小组合作学习,要提出让学生的思维由整体到部分、由广度到深度,通过分析、推理、想象、假设甚至操作等才能找到答案的问题,供学生研究。如教学"商不变的规律",引导探究规律时,出示商相等的一组算式后提问:"被除数和除数是怎样变化的,商呢?"这样的问题需要学生思考、研究后才能回答。结论由学生概括,规律让学生揭示。当学生弄清了变化的规律和不变的道理后,心理会从茫然、焦急到激动、兴奋,感受成功的喜悦,那是因为他们研究的是有思考价值的问题。

(3) 小组合作要在独立思考的基础上进行,应与自主探索有机结合小组合作学习虽然是一种重要的、有效的学习方式,但并不是万能的,它还应与其他学习方式有机结合,特别是与自主探索有机结合,才能发挥出更好的合作效应。因为自主探索是有效合作学习的前提和重要保证,小组合作学习离开了自主探索这个前提,就如水上浮萍,落不到实处。因此,在教学中,教师既要给学生独立思考、自主探索的时间和空间,又要为学生创造小组合作交流的机会,让学生在自主探索的过程中形成自己对知识的理解,在与人合作交流中逐渐完善自己的想法,充分发挥小组合作学习的实效性。

　　(4)要提出合作建议让学生学会合作

　　小组合作学习充分体现了学生的自主性,但并不是"放羊式"的。要组织全体学生学习有关合作程序,共同研制小组合作的规则,并在实践中逐步修订,使学生能自觉地遵守活动规则,按程序有效地开展活动。如在小组讨论交流时要① 一个一个地说,说出自己的见解;② 别人说过的,尽可能不重复;③ 轻轻地说,不影响别人,只要组内成员能听清楚;④ 注意听,听不懂的马上问;⑤ 整理小组研究成果,准备大组交流。没有规则的活动,看似气氛活跃,但实效不佳。要结合具体教学内容,活动前向学生提出合作建议。如教学"三角形面积的计算",小组合作推导公式时,可以提出以下几点合作建议:① 想与三角形有关的那些图形;② 用多种方法验证你的三角形面积计算公式;③ 思考公式推导过程中的启发。对特定教学内容,可以适当指导思路和方法。提出合作建议或指导的目的是引导启发,提示合作的流程,让学生会合作。

　　(5)要建立面向小组的评价方式

　　教学评价一般指向学生个体,而小组合作教学中的评价应更多重视对小组的评价。它关注的是活动过程中所有成员的参与度,活动结果中所有成员的总成果,而非学生个体。要引导学生正确看待组内其他成员,把他们当做自己的亲兄妹、自己的伙伴,增强互相帮助,共同进步的团体意识。要引导学生正确看待组间成员,小组成员都是平等的,都是自己的朋友,既有合作又有竞争。在生生评价中采用"我们小组认为(同意、反对)……"这样的口气,在教师评价时采用"××小组……"这样的语言,评价时面向学习小组,调动所有成员的积极性,培养合作精神,增强集体荣辱感。这样有助于学生交往能力的培养,有助于形成凝聚力,有助于缩小优差生的距离,有助于培养学生的团队精神。

　　(三)探究性学习模式

　　小班化教育相对于传统大班教学的显著优势在于班额减少后,学生个体的受教育程度大大提高了。学生个体享用教育资源的程度、生生、师生之间的人际交往频率以及学生充分发展的机会和空间大大提高。同时,小班化教育较大的学习时空有利于组织各种学习形式,特别是小组学习和个体学习,能注重学生综合素质的形成,为学生提供了自主发展的条件与机会,也为小班化教育中、高年级实施"探究性学习"奠定了扎实的基础。

所谓探究性学习,是指学生在教师的启发诱导下,以学生独立自主学习和合作讨论为前提,以现行教材为基本探究内容,以学生周围世界和生活实际为参照对象,充分为学生提供自由表达、质疑、探究、讨论问题的机会,让学生通过个人、小组、集体等多种解难释疑尝试活动,将自己所学知识应用于解决实际问题的一种教学形式。探究性学习既是一种学习方式,也是一个学习过程。问题性、实践性、参与性和开放性是探究学习的本质特征。经历探究过程,获得深层次的情感体验、建构知识、掌握解决问题的方法是探究性学习的三个目标。

1. 优势体现

让学生主动、独立地去发现问题,这不仅能促进学生知识技能、情感态度的发展,更能促进学生探索精神和创造能力的发展。

2. 教学策略

(1) 创设问题情境,激发探究欲望

苏霍姆林斯基说过:"在人的心灵深处,有一种根深蒂固的需要,这就是希望自己是一个发现者、研究者、探究者,而在儿童的精神世界里,这种需要特别强烈。"针对学生的这种心理,教师要营造良好的问题情境,以激发他们的探究欲望,使他们乐于探究。如教学"圆的认识"时,可以问学生:"为什么车轮要用圆形的? 如果不采用圆形而改为椭圆形、长方形、正方形行不行? 如果不行的话,为什么?"这样一来,本来是司空见惯的现象,却能调动学生的积极思索:为什么一定要用圆形? 究竟圆形有什么特点? 如果改成其他形状将会出现什么情景? 以此进一步唤起学生探究的欲望。

(2) 放开"时""空",引导学生自主探究

数学课程标准指出:"教师应激发学生学习的积极性,向学生提供充分从事数学活动的机会,帮助他们在自主探索和合作交流过程中真正理解和掌握知识"。因此在数学学习过程中,教师要树立强烈的学生意识,把权利和探究机会让给学生,给学生足够的时间和空间去探究,让学生自己选择自己的方式,设计自己的活动方案,通过观察、操作、猜测、思考等方法,在研学中获取知识。教师必须做到"学生会自己解决的,不提示;学生能自己思考的,不暗示;学生能自己评价的,不先表示",让学生形成自己探究学习的能力和刻苦钻研的精神。如:

学习三角形面积的计算,教师给出一个三角形图形,请学生量量算算它的面积大小,学生可能会用各种方法来试图计算它的面积大小,如用画方格的方法等。教师可以再给出一个完全一样的三角形,让学生想办法,看能不能用这两个完全一样的三角形,不用画方格的方法来计算出其中一个的面积。学生经过讨论、合作,会试图把这两个三角形拼成一个平行四边形,再测量出平行四边形的底和高的长度,并会发现这样一个三角形的面积恰好是拼成的平行四边形面积的一半,并计算出平行四边形的面积除以 2 就是等底等高三角形的面积。虽然拼的方法不同但计算的结果都一样,这样就顺理成章地推导出三角形面积的计算方法。由于将实验探索的时间留给学生,让学生通过自主尝试、实验、交流,多角度地探究出问题的结果,极大地丰富了学生的感性认识,培养了学生探究的能力。

(3) 动手操作,激发学生探究乐趣

即使到了高等数学阶段,实际模型、理论应用等仍是数学的主要内容之一,而小学生的数学学习更是与具体实践活动分不开。重视动手操作,是发展学生思维,激发学生探究乐趣,培养学生数学能力最有效途径之一。例如,学习 100以内退位减法(36−8),让学生从拿小棒的过程中探究算法,可这样引导学生在操作中探究:

"36−8"怎么算呢? 让我们先来用小棒摆摆看。

① 如果是"36−4"你会用小棒摆吗? (从 3 捆 6 根的 6 根中拿去 4 根)

② 现在是"36−8",你也用小棒摆摆看,会出现什么情况? (6 根不够拿去 8根;6 减 8 不够减)

③ "6 减 8 不够减怎么办",看谁聪明。能想出办法解决这个问题?

四人一小组,先给学生充分时间,各自用小棒摆,摆后可以说给别人听,也可以听听别人是怎样摆的,再全班交流摆法:

① 打开 1 捆,变成 10 根,这样散的就有 16 根,从 16 根中够拿去 8 根了,还剩 8 根,和原来的 2 捆合起来就是 2 捆 8 根。

② 先从 3 捆 6 根中拿去 6 根,再打开 1 捆,变成 10 根,又拿去 2 根,还剩 2捆 8 根。

③ 直接打开 1 捆,变成 10 根,从这 10 根中拿去 8 根,剩下 2 根,加上原来的 2 捆 6 根,合起来是 2 捆 8 根。

④ 这几种摆法都很好! 你们发现这些摆法哪些地方是相同的? (都从 3 捆里拿出 1 捆打开,变成 10 根,3 种方法拿去 8 根后,都剩 2 捆 8 根)

⑤ 小朋友真能干! 你能从不同摆法说说不同的算法吗?

$16-8=8,20+8=28$

$36-6=30,30-2=28$

$10-8=2,2+26=28$

⑥ 小结:今天我们探究的算题有什么特点?(是两位数减一位数,个位上的数不够减要退位,要从十位退1作10)

你能给今天探究的内容取个名字吗?(两位数减一位数的退位减法)

这次探究活动,充分利用"6减8不够减该怎么办"的矛盾引起学生认知的冲突,以此激发学生主动探究退位的减法计算方法。给学生充分时间摆小棒,让他们在操作中去探究两位数减一位数的退位减法。尽管学生操作方法不同,注意引导学生寻求共同点都有打开1捆成10根的过程,再抽象出"退1作10"计算方法共同点。算法不是他人给予的,而是自己探究去发现的。他们的收获远不止知道了 $36-8=28$,更使学生千姿百态的个性得到保护和张扬。

(4)创造机会,引导学生在合作交流中学会探究

有效的数学学习活动不能单纯地依赖模仿和记忆,在教学过程中,我们应创造机会,让学生在合作中探索知识,获得知识。在合作交流中根据学生的反应及时调控教学策略,引导学生更好、更深入地进行探究,并让学生在合作交流中学会对自己的学习过程的调节和学习效果的恰当评价。如在教学"条形统计图"中收集信息资料的过程,像让学生收集零花钱的情况、调查兴趣小组的人数情况、学生的体重情况,都可以指导学生采用合作的方式收集。在制作统计图时,我们让学生根据出示的统计表制成条形统计图。然后反馈交流,让学生展示自己的作品;再让学生在小组内交流。我们还可以让学生根据自己的制作提出问题,看统计图考考自己组内的同学。这样的过程鼓励了学生在合作交流的学习中产生思维碰撞,从而达到培养学生探索性学习的效果。

(5)注重差异,体现探究的层次性

新课标指出,数学教学要关注学生的个体差异,使每个学生都有成功的学习体验,使不同层次的学生有不同程度的发展。教师作为学生学习活动的组织者、引导者和合作者,要时刻关注学生的个体差异,对不同的学生提出不同的探究学习要求,使每个学生在不同层次的探究学习活动中得到不同程度的发展,进一步调动全体学生的学习积极性和自主参与意识,全面推动素质教育的实施。如,在教学"乘法分配律"的应用时,对学习有困难的学生要求他们会运用乘法分配律就行了,而对优秀生则要提出更高的学习要求,要求他们会用乘法分配律做拓展练习,即:会简算 102×8 与 98×4 这类有难度的练习。这样既顾

及到了学困生,又不至于让优秀生挨饿,通过分层指导学生探究学习,使不同层次的学生得到相应的发展。

案例1

预约复习的精彩 从放手开始
——"四下回顾整理——总复习"教学片段的对比及思考

【背景描述】

"复习课最难上。"这是许多数学教师经常发出的感叹。纵观当前的数学复习课中,不难看出其主要存在"三多三少"的现象,即:追求知识目标多,着眼能力训练少;关注教材内容多,考虑学生基础少;练习题目做得多,梳理知识结构少。如何改善我们的小班化复习课堂,把复习的主动权真正交给学生呢? 我校开展了小班化"整理与复习"教学的专题研讨,由两名老师对山东版四下《数学》"回顾整理——总复习"角与三角形部分内容进行了"同课异构"。现摘录教学过程中的部分片断,对"同谱异曲"的原因做简要分析,并略谈自己对如何上好小班化数学复习课的些许思考。

【教学回放】

A教师是这样进行教学的:

1. 出示图片,导入课题

师:(出示金字塔图)这是什么? 这里有我们学过的什么图形? 今天我们就一起来复习有关角与三角形的有关知识。

2. 教师引导,逐一回顾

师:先从最基础的开始复习,角可以用什么符号表示? 它的计量单位什么? 角可以分为几类?

学生根据老师的提问作答,老师进行简单板书。

师:谁能指着图介绍一下三角形的各部分名称? (出示三角形的图)有几条边,几个角和顶点?

学生展台前交流,教师适时引导学生评价。

师:任意的三条线段都能拼出三角形吗? 为什么呢?

生异口同声:不能! 三角形任意两边之和要大于第三边。

师:这一点很重要,我们经常要运用这个知识解决生活中的实际问题。我们还研究了三角形的高,这个三角形有几条高,你能上来指指吗?

学生上台依次指出三角形的三条高。

师:请大家用三角板比一比,画高时要注意什么?

(在复习的过程中,不时发现有的孩子心不在焉,还有的瞌睡虫都出来了)

……

B教师的部分教学流程摘录如下:

1. 小组交流,补充整理知识

(大屏幕出示前置性作业要求:请同学们用合理、简洁、清晰、有特色的形式,自主整理"角与三角形的认识"这一单元的内容,比一比谁的整理方式最新颖,整理的内容最完整)

师:昨天晚上的前置性作业完成了没有? 现在再给大家一段时间,把整理的结果在小组内互相交流一下,大家相互补充,比一比谁整理的全面系统?

学生逐一在小组内交流,教师深入到各个小组了解学生整理的情况。

师:刚才,大家分小组交流了整理的情况,愿不愿意把你们组最优秀的作业与全班同学一起分享?

生齐答:愿意!

2. 全班交流,构建知识网络

师:下面有请小组代表上台展示,交流时注意两个问题:说明采用的整理方式,按照怎样的顺序。其他同学注意思考:他们这样整理的优点在哪里? 还有哪些不足的地方? 一会儿要说说自己的想法。

(我们组,我们……学生争先恐后地举手想上前展示)

一组代表李平率先发言:我是这样整理的,把课本的主要知识点都记录下来了——

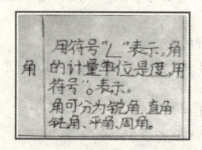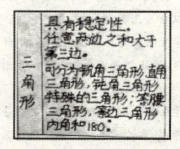

师:哦,李平同学用文字叙述的方式来整理,对于这种整理方法,谁想谈谈自己的想法?

生：他这样整理内容挺全的，可是写的字太多，比较麻烦。

另一生持有不同意见：我觉得这样整理挺好，只要内容全就行。

老师则予以肯定：我觉得他整理得还不错，至于用什么形式可以根据自己的喜好，在比较中选择。

余下的小组继续交流，部分整理的情况如下图所示：

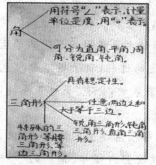
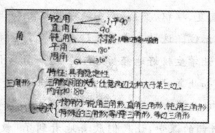

老师进行总结：以上几个同学交流了各自的前置性整理作业，有文字、画大括号、填表格等形式，内容也比较完整。看到大家自主学习能力在不断提高，老师觉得大家非常了不起！其实整理的时候，还可以用网络图，想不想尝试一下？

同学们异口同声：想！

师：（举着作业纸，如图1）下面请大家利用这张作业纸对三角形的知识进行二次整理，比比看谁整理得又快又好！

学生完成后，组织交流。（图2是学生完成的知识网络图）

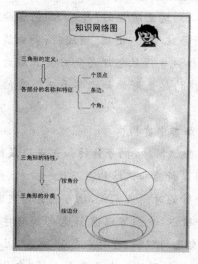
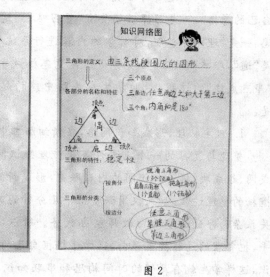

图1　　　　　　　　　　　　　　图2

师：通过课前、课中的分类归纳、系统整理，使我们对本单元的知识有了更清晰的认识。本单元有哪些重点题目，哪些地方容易出错呢？我们继续一起探讨。

……

【片断剖析】

A教师的课堂：属于"教师牵着学生的鼻子走"这一类型。教学中，较少考虑到学生的需要，由教师喋喋不休、一厢情愿机械地带着学生对所学知识进行简单的重复、堆积、罗列，再由教师把这些知识点整理成一定的知识结构来让学生理解、记住。这种教学模式过分强调了老师的主导作用而弱化了学生的主体性，没有让学生较好地经历"整理"这一数学化的过程，孩子提不起神也在所难免，并且如此复习，他们所掌握的知识仍然是散装的，会有"见叶不见枝，见木不见林"的狭隘感。

B教师的课堂：让我们欣喜地看到了"教师顺着学生的思路走"的复习课。生本教育是广东省教育科学研究所郭思乐教授全力倡导、推广的一种素质教育，其最大特点是突出学生、突出学习、突出探究……我想B教师就是生本教育的实践者，她能够做到充分信任学生、尊重学生，把学习的主动权交给学生，让学生自己去对所学习的知识进行归纳、整理，课堂上孩子将自己精心整理的"作品"逐一展示。对于孩子来说，有些时候，老师的放手也是一种美！也是一种超越！不是吗？课前，B老师巧妙地放了一回手，便收获了别样的精彩。

【启发感悟】

参与本次专题研讨活动，倾听、反思、交流、碰撞，对如何上好复习课也有了自己的感悟——复习课必须要有"复习味"。这里所说的"复习味"包含两层意思：一是"理"，即整理，对所学的内容进行系统整理，使之"横成行，竖成线"；二是"通"，即举一反三，触类旁通。究竟怎样做才能让整理与复习真正成为一个"串点成线"的过程，帮助学生在头脑中建构起良好的知识体系呢？我的想法是：

1. 自主梳理，形成知识网络，在精细加工中建构

整理与复习的一个重要任务是梳理知识网络，把分散的知识点连成线、织成网、组成块，揭示知识间的内在联系，形成新的知识结构。而这一分析、归纳、概括的整理过程，如果仅用课堂上十几分钟的时间来完成，就可能会因内容多、关系杂而导致过多地由教师包办代替。所以，我们可以像B老师那样学会放手，把整理的过程提至课前，让学生根据自己的理解、喜好来复习和整理已学知识，这样学生就有足够的时间构思和串联知识网络。由于是个人的"杰作"，就

可能因人而异,文字式、表格式、框架式、图画式……彰显各自的创造力。

2. 全班汇报,展示探究成果,在彼此交流中分享

萧伯纳有段至理名言:"……倘若你有一种思想,我也有一种思想,而我们彼此交流这些思想,那么我们每个人将有两种思想。"我们可以充分利用小班教学在时间、空间上有更广阔的优势,组织学生展示"作品",互相欣赏、评析、补充、借鉴,将学生的差异变为教学资源,达到1+1大于2的效果。而且,这样的交流可以使更多的学生得到展示自我成果的机会,比如在B老师的课堂上,张丽同学为什么会自告奋勇地介绍自己总结的怎样画高的顺口溜?当然是想展示自己研究的成果。给学生提供了这样的机会,满足了他们情感的需要,也播下了自主学习的种子。

3. 教师引领,进行疑难解析,在纠错点拨中明晰

学之道在于"悟",教之道在于"度"。"教师之为教,不在全盘授予,而在于相机诱导。"为了上好整理复习课老师还要引导学生去查找在本单元学习中犯过的"错误",无论是认知方面,还是非认知方面的;不管是具有典型性的问题,还是个性问题,都要一一搜集,形成学习"病历",当然老师也要进行收集整理。课堂上教师可以根据学生的交流,随机提供病例,大家共同找"病源",说"病理",开"处方",从而做到有的放矢,对症下药,引领学生在纠错点拨中明晰知识,形成技能,掌握方法。

下图就是学生积累的有关简便运算方面的典型题和易错题:

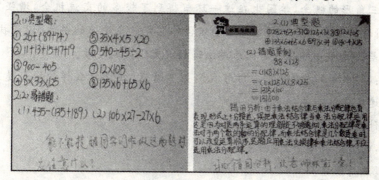

"一千个读者,就有一千个哈姆雷特。"同一个教学内容,不同的教师会有不同的理解。小班化数学整理复习课的教学模式可以是先整理后练习,也可以是边整理边练习,还可以是先练习后整理,以练习促进整理。以上我所提到的小班化数学"整理与复习教学策略"只是自己一些粗浅的认识,但无论如何只要在复习课上,我们能做到以生为本,把学习的时间,思考的空间,展示的机会留给

学生,就能让数学复习课充满生命的活力,绽放出探究的精彩!

(荣成市幸福街小学　孙小平)

案例 2

顺着学生的思维往下走……

——《三角形的认识》教学案例

所谓顺着学生的思维,就是要从学生的思维实际出发,让学生借助已有的知识经验、用自己的思维方式去尝试解决问题,在尝试解决问题的过程中引起认知冲突,产生新问题,从而有效激发学生探求欲望、引发学生深入思考、启发学生揭示规律,在发现问题、分析问题、提出解释、进行验证、解决问题的过程中,使学生的认知能力及情感得到和谐发展。

一、找准起点,抓住特征,"瘦身"过程

数学知识来源于生活,许多内容都能在现实生活中找到相对应的原型。三角形是学生们平时接触较多的一种图形,在低年级就已经直观认识过,如果花大量的时间和精力去感受、认知三角形,提供大量的材料分小组创造三角形,看似积极创造、场面热闹,但人人都会,又非创造,如此教学显然不够有效。因而可对此过程"瘦身",通过利用学生的认知起点寻找三角形,抓住特征对比总结概括出三角形的概念,学困生在这一环节得到了较多的交流机会,增强了学习信心,同时把更多的时间留给学生小组合作探究三角形三边关系,以优扶困,让每个有差异的学生都在原有的基础上得到最大限度的发展。

师:(指屏幕)生活中的三角形我们并不陌生,到底什么样的图形是三角形呢? 快速找出这组图形中的三角形。

为什么这些不是?

生:四边形有四个角、四条边。

师:三角形呢?

生:三条边。

师:"三条"非常关键,我要记下来。板书:三条。

生:3号没有连起来。

师:你的意思是没有围起来,板书:围成。

生:5号那条边不是直的。

师:应该是线段,板书:线段。

师:你能不能用一句话概括什么样的图形是三角形?

生:三条线段围成的叫三角形。

教师:很善于抓住主要特征进行概括。板书:由三条线段围成的图形叫做三角形。

教师结合课件说明:这三条线段叫三角形的边,每两条边的交点叫顶点,三角形有三条边、三个角、三个顶点。

二、抓住契机,产生冲突,引发困惑

"学起于思,思源于疑。"疑是点燃学生思维的火种,学生有了疑问才会进一步思考问题,才能有所发现,有所创造。爱因斯坦说过:"提出一个问题,往往比解决一个问题更重要。"教学中,我鼓励学生大胆质疑,去发现问题,通过质疑问难把学生带到知识的本质问题上,由此促其形成强大的探索动力,增强探索的力度。

你能围一个三角形吗?在学具袋里任取三根小棒比比看谁能在最短的时间内围成一个三角形?

师:摆好的同学请举手。还有围不成的情况吗?

师:快点帮帮他!

师:看来并不是任意三条边都能围成三角形,能围成三角形的三条边应该有着一定的学问,是吗?

师: 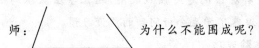 为什么不能围成呢?

生1:因为这两条边太短了。

你们的意思是说只要这两条边的长度大于这条边就可以了?(是)

我们赶紧来验证一下摆成的三角形是不是这两条边的长度比这条边长呢?谁来说说你的验证结果。

生:这两条边的长度比这条边要长。

师:看来我们好像发现了一个规律,摆三角形时,两边之和必须大于第三边。这可是个了不起的发现。板书:两边之和大于第三边,我们的发现经得起考验吗?

这是刚才的三根小棒

我们换个角度看问题。旋转小棒：4厘米，9厘米，它们的和是——13厘米，比3厘米要——大。也就是说，板书：4+9>3，现在两边之和已经大于第三边了，你不想说点什么吗?!

生：根据我们的发现，两边之和已经大于第三边应该能围成三角形，可现在为什么围不成了呢？

生：因为那两条短边小于最长的边，所以围不成。

师：能用算式来说话吗？

生：3+4<9。

师：看来仅凭一组两边之和大于第三边，不能判断出能否围成三角形。其实多个角度思考问题我们会有更多的发现。

苏霍姆林斯基说过："儿童的智慧在他的手指尖上。"我在教学中积极创造条件，引导学生动手操作，培养他们的思维能力。由于班级人数少，我有机会观察每一位学生的摆法，第一时间发现"围不成的情况"，为下面的教学提供契机。小学生的思维以直观形象为主，他们的思维往往是不够严谨的，他们凭借直观发现：由于两条线段长度太短，不能围成三角形，而只有两边之和大于第三边才能围成。怎样才能让学生摆脱根深蒂固的只有两条短边与最长边相比的思维定式的束缚成为本节课令许多人头疼的问题，经过多次尝试，"换个角度看问题"的思路让我看到了柳暗花明：在学生品尝了成功的喜悦之后，老师一个小小的"转动"不但激发起学生探究、解决该问题的强烈欲望，还让学生认识到研究中要"换一个角度思考"，同时也培养了学生分析问题的严谨习惯。

三、动手实践，合作探索，体验成功

新课程理念强调："教师应为学生提供充分的从事数学活动和交流的机会，促使他们在自主探索的过程中真正理解和掌握基本的数学知识技能、数学思想和方法，同时获得广泛的数学活动经验。"在学生悟到研究三角形三边的关系关键在于两边之和与第三边的比较后，学生对不能围成的三角形的三边中也有两边之和大于第三边的情况感到困惑的同时，心中充满着解开疑惑的强烈意愿，完善结论的理解成为学生的迫切需要。对此，我给了足够的时间让他们充分观察、讨论、交流、验证，这一教学过程的推进是沿着课堂上师生之间的交流与对话、学生思维发展的轨迹而进行的。整个探究过程一波三折，层层推进，拓展学生的思维。引导学生在合作中操作、多角度思考，直至获得发现，在活动中，有效地培养了学生的观察能力、思维能力、动手操作能力和良好的合作习惯。

那三角形的三条边之间到底有着怎样的秘密呢？下面我们就以小组为单

位,只选择一种能围成的情况进行研究。

可供选择的小棒长度 红:9 cm　　蓝:6 cm 红:5 cm　　黄:4 cm	算一算三条边 之间的关系	我们的发现
能围成三角形的 三根小棒长度	(　　)cm (　　)cm (　　)cm	

小组活动,教师巡视。

小组交流:

生1:我们发现两边之和大于第三边。

生2:每两边之和大于第三边。

师:你们发现关键词了吗? ("每")你们是怎样理解的? 太棒了,正是因为你们巧妙地运用了这个"每"字,才让我们的结论更无懈可击。

师:同学们选择了"每"字,数学家是用"任意"来表达这个意思的,(板书:任意)瞧,数学语言多么美,用一句话就能概括我们刚才所有的研究。

小班化教育的价值就在于让每一个有差异的学生都能得到发展。在承认学生之间的差异和学生发展的不同步的前提下,本环节我推出了"小组合作探究"的学习方式,既保证了学生的参与率,又降低了解决疑难问题的难度。由于班级人数少,教师可以到每个组中间进行细致的个别指导,在师生互动中发现学生思维的闪光点,激励学习较差学生,提高他们参与的积极性,学生的学习情绪一下子就高涨起来,这一教学内容在轻松愉快的学习氛围中轻而易举地完成了。

给学生一次机会,学生会还你一个惊喜。学生只有参与到现实的数学实践活动中,获得丰富的直接经验,才能真正地理解数学的知识、思想和方法。

(威海市实验小学　邹媛媛)

设置前置性作业　为自主探究做好准备

——《角的度量》案例分析

【案例背景】

新的课程标准实施以后,数学课时减为每周四节,学生每天在校的数学学习时间平均不足一小时,想要在有限的时间内较好地完成教学任务,保证学生的学习质量,最根本的解决办法就是提高课堂教学效率。如何提高效率,怎样才能学有所得? 实践中,我以作业的前置设计为切入点,让学生带着问题自主学习,明晰目标,而后依据前置性作业学习单的反馈情况,师生在课堂上"有备而战""各抒己见",借以达到提高课堂效率的目的。现以青岛版教材四年级上册《角的度量》为例进行两次教学的实践对比与反思。

【案例描述与分析】

一、第一次实践

在第一次教学实践中,我主要设计了以下三个大的活动。

活动一:通过小组合作,利用教师提供的材料(活动角、三角板、大小相同的小角),进行角的大小的比较,感受直观比较的局限性,体会要想知道角的具体大小必须对角进行测量,从而产生学习角的测量的需要。

【评析】

本环节学生利用老师提供的材料小组操作 3 分钟,时间稍显仓促,只有个别学生有操作机会,大部分学生都成了旁观者。全班交流 3 分钟,上台演示的同学表述不是很到位,在教师的再三引导下才把意思表达清楚。

活动二:认识量角器、角的计量单位以及 1°的角,为后面的学习作必要的知识铺垫。

活动三:小组合作,探究用量角器测量角的方法。

【评析】

这个环节个别学生表现活跃,大部分学生都是处于"听"的状态,深入思考、参与探究的达成度低下,测量的方法的总结也是"一波三折",老师着急,学生茫然。本环节用时 13 分钟。

【第一次的教后反思】

存在的问题:

1. 通过上述教学情况的分析,可以看出本节课虽然达到了教学目标,但感觉目标和任务都是被教师硬"赶"出来的。课堂上,老师说得最多的就是"看谁完成得又快又好",在教师的不断催促下,学生自主思考、动手操作的时间不够充足,以致后面的练习时间、内容与形式都没有达到预想的效果。

2. 教师的教与学生的学都显得很被动。由于时间紧张,预设教案好似无形的大手催促着教师不停地引导、提问、总结,每个环节都怕节外生枝,占用时间,所以把学生的思维与时间也设定得死死的,课堂的精彩之处基本没有,当然也就更谈不上教学难点重点的精雕细琢,导致教与学收效甚微。

思考:如何切实提高授课效率,让课堂真正回归"生本"成为本节课后我首要思考的方向。总结不足之后,我想到了将新知"前探",尝试布置新授前的前置性作业,让学生根据教师提供的自学提纲进行预热,为新授搭建一个参与探究、实践质疑的平台,让学生做到"心中有新知",从而为教师的课堂新授铺平道路,打下基础。

二、再次实践

本着上述思考,我在另一个平行班尝试实施前置性作业,提出了一系列的问题,让学生带着问题回家自学。

前置性作业学习单

1. 怎样比较两个角的大小?除了课本上介绍的方法,你还能想出其他办法吗?

2. 角的计量单位是什么?1度的角是怎样规定的?

3. 怎样用量角器来测量角的大小?测量时应注意什么?

4. 读数时,怎样确定读哪圈刻度?

5. 有关《角的度量》,你还有哪些困惑或者还想了解哪些知识?自学后进行整理记录。

第二天,我把作业收上来认真地翻阅了一遍,然后根据作业反馈的情况进一步完善了我的备课内容,让"有备而战"更具实质性,也为"因材施教"点明方向。下面是第二次实践的教学片断:

【教学片段一】

师:哪位同学愿意上来交流一下怎样比较两个角的大小?(学生小手林立,积极踊跃。)

师指名。

生1:(出示自己做的活动角)我用活动角来比较大小,把活动角的顶点和边分别与角的顶点和边重合,再移到另一个角上,就知道∠1大一些。

生2:得捏紧了再移动,否则就不准确了。

……

生3:用尺子通过测量角的两条边的长度也能比较两个角的大小。

学生们出现了片刻的沉思,有学生随即反驳:这种方法不行! 角的大小和两条边的长度没有关系。

生4:就是,应该和两条边张开的大小有关。

生5:应该测量每个角的两条边开口的长度。

师:这种方法是否可行呢? 小组研讨一下。(小组活动,学生们展开更激烈的讨论。)

生5:(自己走到台上,边操作边讲解)我知道啦! 应该是先量出两个角相同的边长后,再用尺子测量同一位置开口的长度,三组数据对比后就可判断出角的大小了。(学生热烈鼓掌)

生6:我还有方法。

【评析】

这个环节出现了很多意外和惊喜。特别是第二种方法,备课时虽然想到,但没做介绍给学生的打算,现在学生通过自己课前预习及课上争论探讨并验证了这种方法,使我充分感受到"生成"不是"预设"来的。这个环节用时7分钟,虽然用时较多,但感觉学生的思维得到了极大的提升。

【教学片段二】

师:(出示∠1)∠1多少度呢? 自己量一量。(学生动手测量,在极短的时间内,就有大部分学生测量完毕。)

师指名一生上台演示。

生1:测量的时候,要注意两个重合……(学生直接点出测量的方法,而且表述比较到位。)

【评析】

这个学习测量的环节是本节课的重点也是难点,但由于有了自学的基础,这部分的学习根本没有任何阻碍,学生们在操作、演示、讲解、探讨、交流中不知不觉解决了所有的难点问题,用时5分钟。

教后反思:纵观第二次施教,因为有了课前的自主探究和学习,学生呈现出极高的积极主动性,真正成了课堂上的主导和主体,而教师则成了单纯的"穿针引线人"。愉悦的学习气氛,也促成各种解决问题策略的交相出现,多种思维角度的相互冲撞,整个课堂生机勃勃,春意盎然,极大提高了课堂教学的实效性。

三、两次执教后的感悟

学习是双边活动,教师作为学习的引导者,需要备好课,做好课前的各项准备工作。而作为学习的另一个客户端,学生在课前往往对课上所要学的内容以及教学目标一无所知,因此很容易造成课堂上的盲从,通常是老师讲什么、学生听什么,有些数学课堂,貌似是学生动手操作了、合作探究了、集体归纳了,但实质上还是离不开老师的引导,学生吃的还是"现成饭",并没有自己去开动脑筋获取知识,如此很难提高课堂效率,更谈不上发展和提高学习能力。

基于以上的思考,在小班化教学中,我们可以尝试提供更宽广的平台,赋予学生充分的自主权,试着"学会学习"。我在二次授课时将课堂教学延伸至课前,设置前置性作业,让学生带着问题自学课本,使他们初步感知重点难点,让学生体验到"发现"的乐趣。教师可以充分利用班级人数少的优势及时了解"前置性作业单"中反馈的学生自学情况,在课前及时掌握不同学生的学习层次,这样课堂上当学生"心想求通而又未通"之时,教师就可有针对性地为其留下足够的时间与空间,引导学生由"学会知识"转向"学会学习",进而培养学生的自学能力。自学能力提高了,探究活动的质量也就会相应的提高。

古人说得好:"善学者教师安逸而功倍,不善学者教师辛苦而功半。"前置性作业的设置犹如"金手指",让我们在学习中攻坚克难、点石成金,让我们的课堂生机勃勃,"生成"不断,达到了事半功倍的效果。

(荣成市实验小学 王海燕)

案例4

让操作演绎出数学的精彩
——《小数的意义》教后反思

小学生学习数学与具体实践活动分不开,重视动手操作,是发展学生思维和培养学生数学能力最有效的途径之一。随着课改的深入,数学课堂确实发生了很大的变化,动手操作成了学生学习活动经常采用的方式。学生操作了,学生"动"起来了,而学生的"动"触及学生的思维了吗?充斥在数学课堂上的操作活动有效吗?我们怎样让操作演绎出数学的精彩呢?在我校小班化数学课堂展示活动中,我执教了《小数的意义》一课。通过两次试讲,我对"动手做数学"有了进一步思考。

【案例描述】(附:案例情境图)

三 蛋的世界
——小数的意义和性质

0.25 千克 丹顶鹤

0.365 千克 信天翁

1.65 千克 鸵鸟

0.6 千克 母鸡

一、第一次试讲

在认真研读教材的基础上,我进行了精心的备课,教学设计主要有以下环节:

环节一:出示情境图,学习小数的读写。(如上)

环节二:探究小数的意义。

首先复习一位小数的意义,让学生根据自己所想采用合适的材料表示出 0.4。(课前我给学生提供了丰富的操作材料,有一段细线、正方形、尺子等);然后学习两位小数的意义,同样让学生用自己喜欢的方法表示出 0.25,展示学生做法,以此学习两位小数的意义;最后探究三位小数的意义,这是本节的重点和难点。同样让学生利用材料表示出 0.365,预设会出现困难——利用现有的材料很难表示出 0.365,这时我给每个小组提供了一个方形的土豆,让大家试着动手切一切,分一分,在感受 0.001 的基础上探究三位小数的意义。

环节三:多层练习,巩固提升。

我揣着教学"必备品"满怀信心地踏入课堂,按照课前的预设施教。第一环节进行顺利,第二环节却让我真切地体验了一把"惜时如金"。由于操作过多,操作过慢,展示频繁等原因,结果没等土豆肢解完,下课的铃声已无情响起,我只能草草收场,把原本应该本节课完成的教学任务推到下一节。

可想而知,第一次试讲后我的心情该是多么沮丧。为了让学生能够充分经历"操作"的过程,我可谓煞费苦心,单单是土豆我就准备了一箩筐!可是却没有收到预期的效果!而且本节课学生毫无热情,只是为了完成老师规定的操作任务而操作。学生的情绪慢慢地感染了我,我的一腔热情也随之熄灭。怎样才能既让学生经历知识形成的过程,又提高课堂效率呢?课后同教研组教师的议课给了我一些启示:

第一,提供丰富的材料,让学生在动手操作中体验小数的意义,符合新课程提出的让学生在做中学的理念,但是如果教师一味追求"动手操作",而提高学生操作难度,如"均分土豆1000份",无疑会费时费力而达不到预期效果。

第二:操作过多使数学课变成"手工课",学生只充当了工匠,教师没有给学生留有思维空间。"过度的操作"蒙蔽了师生的双眼,操作失去了思维性。在直观操作的过程中,教师要引导学生不断地思考,适时地对直观操作的过程反思,并用语言进行表象的加工,调动各种感官让学生参与学习过程,并通过动手、动脑、动口等活动,给学生的探索提供可能,从而促进学生的思维发展。这样让学生在观察中操作,在操作中思维,在思维中理解和表达,把观察、操作、思维及语言表达有机地结合起来,使知识得到内化,同时还培养了学生数学学习能力。

二、第二次试讲

再次试讲,便有了下面的精彩呈现。

环节二

师:信息图中有这样的信息,丹顶鹤蛋重0.25千克,0.25又表示什么呢?你还能用画图的方法来研究一下0.25的意义吗?你打算怎样画?

生:可以把一条线段平均分成100份,取其中的25份。

生窃窃私语:天啊,太麻烦了。

师:这种想法是对的,可是要把一条线段平均分成100份确实需要大量的时间。那有没有更好的办法可以解决这个问题?

生:可以把一个长方形先横着平均分10份,再竖着平均分10份,就是100份。

师:大家觉得这个办法怎么样?

(同学们一致通过:这个办法好。)

师：看来选择适当的方法和学具，可以帮助我们快速解决学习中的问题。为了帮助大家快速均分 100 份，老师给大家准备了点子图，你可以利用点子图圈一圈，连一连，描一描表示出 0.25。

（学生交流画法，引导学生采用点子图来表示出 0.25。）

环节三

师：信天翁蛋重 0.365 千克，你觉得像 0.365 这样的小数可能与什么样的分数有关系呢？

生：它应该表示千分之三百六十五。

师：这次你还能用画图的方法表示出 0.365 吗？

（受到两位小数的影响，没有学生产生把一条线段平均分成 1000 份的想法，大家都在思索着，期望能找到一种简捷的表示方法。）

生：我觉得可以把这样的 10 张纸叠在一起，这样就是 1000 份。（边说边把表示 0.25 的点子图叠在一起。）

生：如果这样的纸够厚的话，也可以从中间把它们平均分成 10 片，就是 1000 份了。

（一语惊醒梦中人，大家纷纷议论起来：对呀，假如有个正方体或者长方体，不就可以很快平均分出 1000 份了吗？）

师：老师这里为大家准备了一个正方体，你想怎样分？

生：先把它平均分成 10 片，再把每片平均分成 10 条，然后每条平均分成 10 块，就是 1000 份。

师：大家觉得这个办法怎么样？我们请小电脑按照大家的想法分一分。

（同学们急于知道小电脑分得是否跟自己想的一样，大家都聚精会神地看着大屏幕。）

环节四

师：大家注意看，一位小数表示十分之几，两位小数表示百分之几，三位小数表示……那四位小数表示？五位呢？

学生争先恐后地回答：四位小数表示万分之几，五位小数表示……

【案例反思】

反思试讲的前后，我感触颇深。如何把一些抽象的数学概念变为小学生看得见、摸得着、理解得了的数学事实？这是每个数学教师在课堂教学中必须很好考虑的问题。许多成功的案例说明，让小学生动手操作是提高数学学习的有效策略之一,因为这样做既符合儿童的生理、心理特征,可以吸引他们把注意力集中到有意识的数学活动中来;又能使他们在大量的感性材料的基础上,对材料进行整理,找出规律,逐步抽象、概括,获得数学概念和知识,使抽象问题具体化。作为教师,在设计教学活动时,要尽可能地给他们提供动手操作的机会。但数学课的操作毕竟是学习意义上的操作,是一种特殊的动手活动,因此在组织操作中要注意以下几点:

1. 要有明确的操作目的,切忌为了操作而操作,使活动本身流于形式。

利用学具操作的直观具体性集中学生的注意力,营造出一个符合儿童认知规律的思维氛围,有利于学生思维主动性与创造性的发挥。但是活动前必须让学生明确操作的目的和要求,有合理的小组分工,有基本明确的操作思路,这样才能使他们利用操作活动快速解决问题。教师要充分利用小班数学课堂能够引导学生深度参与互动的优势,让每一个学生都能充分明确操作活动的目的、要求,同时对小组合作进行及时指导,充分关注、了解到每一组、每一个学生在操作活动中参与互动的情况,使课堂操作活动能够真正发挥对学习的促进作用。

2. 要给学生留有足够的思维空间。

小班教学中,教师要改变以往由少数优秀学生控制活动、替代其他学生思维回答问题的现象。数学中的操作是为了在直观演示的基础上,对要研究的数学知识进行抽象概括,教师必须给学生提供必要的思维时间和空间,关注每一位学生的反馈情况。否则这样的操作也就失去了操作的价值,浪费了宝贵的课堂探究时间。

3. 用学具操作要注意适时、适量和适度。

适时就是要注意最佳时机,当学生想知而不知,似懂非懂时,用学具摆一摆,就会起到化难为易的效果。这让我想起了第一次试讲时,学生已经理解了一位小数的意义,可是我仍然给学生提供了大量学具,不惜耗费宝贵的课堂时间,让学生动手操作,那这样的操作就失去了原有的意义,只是为了操作而操作了。

适量是指要控制使用的次数、活动的时间,并不是操作越多越好。数学中的操作不同于美术中的手工课,因此不能以次数的多少、活动时间的长短论输赢。如果学生的思维已经达到了一定的高度,不需要通过操作就可以抽象概括出知识,那么我们就没有必要让学生经历操作的过程,反之,会阻碍学生抽象概括能力的发展。

　　适度是指当学生的感性认识已经积累到一定程度时,就应引导学生在丰富的表象的基础上及时抽象概括,掌握火候,使感性认识逐步上升为理性认识。例如在认识三位小数的意义时,由于学生已经经历了一位小数和两位小数的探究过程,因此可以在此基础上引导学生进行合理想象:"如果让你用画图的形式表示 0.365,你会怎样表示?"从第三次试讲我们不难看出,学生的想法多么奇妙——"我觉得可以把这样的 10 张纸叠在一起,这样就是 1000 份。""如果这样的纸够厚的话,也可以从中间把它们平均分成 10 片,就是 1000 份了。"然后利用多媒体演示学生们的想象过程,既达到了让学生经历做数学的过程,又解决了操作上的困难,及时抽象概括出三位小数的意义,何乐而不为呢?

（文登市第二实验小学　宋晓丽）

　　3. 注意问题

　　首先,防止教学过程窄化探究性学习的功能。

　　探究性学习不仅仅是获取知识的方式和渠道,更重要的是在知识探寻的过程中孕育一种问题意识,亲自寻找并实践解决问题的途径,促进学习方式的变革。在这个过程中,我们可能只重视其知识获得功能,而只灌输式地"教"学生学习方法和研究方法。如果我们在探索过程中只把学习方法和研究方法抽取出来深化训练,实际上仍只是知识的传授,成了关于方法的知识的传授。那样的话,探究性学习实质上成了为探究而探究。因此,我们在这过程中应让学生面对问题探寻个性化的方法,强调过程性探索,在经历和体验中理解探索性学习。如在"年、月、日"教学中,我们可以设计这样的过程:① 观察手中的年历卡(学生每人手中各有一张年历卡,分别是 2001 年~2012 年及 1800 年、1900 年、2000 年、2400 年),判断是平年还是闰年,并说说判断方法。② 设疑,老师出生在1976 年,判断是平年还是闰年。让学生产生寻找新的判断方法的欲望。③ 讨论:用什么办法来研究平年、闰年的判断方法。可以先统计每人手中的年份数,寻找规律。④ 观察统计出的学习材料,小组讨论发现的规律。⑤ 反馈得出"4 年一闰"的规律,并通过猜想树立假设"用年份数除以 4,没有余数是闰年,有余数是平年"。⑥ 验证假设。⑦ 引导学生质疑:1800 年、1900 年的年份数除以 4,也没有余数,为什么是平年。⑧ 阅读书本,知道"公历年份数是整百数时,须除以 400"。这样设计就留给了学生自主探索的时间和空间,尊重学生自主选择的权力,引导学生在合作中探究,在交流中发现,在过程中领悟探究的真谛。

　　其次,防止教师作用的边缘化和空洞化。

在发展学生探索性学习过程中，教师不应是旁观者，更不要做局外人。教师和学生都应是教学过程的主体，教师在探索性学习中应是学生学习的组织者、引导者、参与者，教师必须深入学生探究的过程，引导学生探究学习的深入开展。如在"加法的含义"教学中，教师出示动态蘑菇图象，学生观察。

问：通过观察，你知道了什么？

生：左边有 6 个蘑菇……

问：你是怎么知道的？

生 1：我是一个一个看出来的。

生 2：左边蘑菇上面写着"6 个"，所以不用数，一看就知道了。

师：你的方法真好，你还知道了什么？

生：右边有 1 个蘑菇、小问号，问我们"共有几个蘑菇？"

师：谁来把小蘑菇算一算，一共有几个呢？说说你是怎么想的？

生 1：6＋2＝8，一共有 8 个蘑菇。要求"共有几个蘑菇？"就是把"左边的 6 个"和"右边的 2 个"和起来，所以用 6 加 2 等于 8。

生 2：老师，2＋6＝8 行不行？

师：对！要求共有几个蘑菇，只是把两边蘑菇的个数加起来就可以了。等式可以是 6＋2＝8，也可以是 2＋6＝8。

在这样的探究性学习中，师生间通过广泛的信息交流，就形成了教师与学生相互沟通、相互影响、相互补充的"学习共同体"，从而也体现出教师在其中应发挥的作用。

再次，防止教师过度干预学生的探索过程。

人们常说，三十而立。基于此，大多数成年人都认为孩子生来是需要被帮助、被保护的——没有成人的帮助，孩子怎么长大？教师也一样，我们同样害怕一旦放开手后，学生会跌跌撞撞，会错误百出，学习会偏离既定的方向，课堂会不可收拾。所以，教师认为自己必须善尽保护、帮助之责。但殊不知，对于学生发展而言，这样的帮助是束缚，更是枷锁。如果教师长期为孩子提供这样的帮助，而学生也习惯于依赖教师这样的帮助，那么，他们学习能力和创新思维的培养又从何谈起呢？当习惯于教师帮助的学生面对问题不会再说"我试试"，而只会说"老师还没教过，我不会"，教师好心的帮助就成了扼杀学生想象力和创造力的"元凶"。学生要不要这样的帮助，答案也就不言而喻了。其实我们应该知道，孩子并不怕跌倒，他们本来就是在跌跌撞撞中认识这个原本陌生的世界的，如果生命的成长需要成本，那么这样的跌撞就是他们该付出的成本之一。我们唯有懂得释放，孩子才能展现独立，才能张扬个性。教师是学生学习的引导者、促进者和参与者，而不是学生学习的领导者、驱赶者和搀扶者，这个"度"的把握在让学生探究的过程中就显得尤为重要了。

　　除了这几方面的倾向，我们还要注意探究性学习的实效性问题，防止学生无效参与现象的出现，探究性学习的形式化倾向等等。

第四章 小班化数学课堂教学中对学生学习的评价

"小班化课堂教学中对学生学习的评价",是对小班化学生的学习过程及其结果作出价值判断和价值选择。倡导发展性评价,突出评价促进发展的功能,注重保护学生的自尊心、自信心,体现尊重与爱护,关注个体的处境与需要;注重对学生素质的综合考查,强调评价指标的多元化,对学生的评价不仅关注学生的学业成绩,而且要发现、发展学生多方面的潜能。改变单纯通过书面测验、考试检查学生知识、技能的掌握情况,而是运用多种方法综合评价学生在情感、态度、价值观、创新意识和实践能力等方面的进步与变化。对学生学习的评价不仅要反映学生学业成绩,还要反映学生的学习过程和学习态度,促进学生全面、主动、和谐、持续发展。

4.1 小班化数学课堂教学中对学生学习的评价新理念

在小班化数学课堂教学中,对学生学习的评价是一个系统的、连续的活动过程。由此,要发挥评价的发展性功能,形成"以生为本"的评价机制,建构全面、科学、规范、易行的发展性学习评价体系。

4.1.1 评价之魂——发展生命

在小班化教育中,课堂教学活动对学生而言,是他们生命历程中的一段重要经历,是其人生中充满生命活力意义的重要构成部分。学生在课堂教学生活中,在好奇心的驱使下,满怀兴趣地参与对智慧的挑战活动,亲自体验这种充满思想、情感、智慧的"生活"。在课堂教学中,学生根据自己的兴趣、体验及理解,能动地认识和改造知识,赋予知识以个性化的意义,学生的生命力在这种积极主动的参与过程中充分地表现出来。在这样的课堂生活中,知识的学习不再仅仅限于认知范畴,它已经扩大到情感、人格等领域,体现了学习者在课堂教学活动中的生命价值。作为课堂教学中的一部分,小班化教育课堂中对学习的评价也应充分体现这一理念。关爱学生的生命发展,是小班化教育课堂学生评价的灵魂。为了实现这一理念,教师必须尊重学生做人的尊严和价值,关注每一位学生的进步,鼓励学生克服困难,支持学生的创意,宽容学生的个性差异,理解学生的苦恼,善待学生的特点。教师对学生生命的真心关爱,对每一位学生个性的善意宽容,使学生能在温馨的课堂里倾吐心灵的声音,无拘无束地享受生命成长的喜悦。

4.1.2　评价之根——以生为本

小学数学课堂教学过程若要成为促进学生个体优化发展的过程,成为完善和完美的人生过程,就必须认识到"人是知识产生与发展的源泉"。用这种理念研究课堂,教师就会认识到,课堂教学不再是书本知识的简单传递与接受过程,而是知识的生成与生长活动过程。教学过程中,知识是在教师与学生生命活动的氛围中传播的,小学数学教材中的非生命知识也只有到了教学中生命体的主体身上才有可能被激活,才能产生出知识生成的新生长点。小班化数学课堂中对学习的评价,也只有落实到学生的主体上,才能充分发挥评价的效益,促进学生知识的生成与生长。

评价要关注全体学生的全面发展,关注学生主体作用的发挥,让每个学生都能从评价中获得激励,获得进步的动力,提高学生的主体意识和主体行为能力。

学生在课堂上的学习特征是其主体作用发挥的外在表现。通过观察学生在课堂上的参与状态、交往状态、思维状态等学习行为特征,就能判断学生是否充分发挥主体作用,从而及时通过评价进行有效调控,促进学生积极主动地运用自身智慧,调动自己的经验、意志和创造力,通过发现、选择、重组等多种综合活动,运用自主、合作、探究等学习方式,最后在自己的头脑中生成具有自身个性品质特质的知识,提升学习水平。

参与状态:一般而言,衡量学生参与程度的标志有广度和深度两个方面。广度,一要看学生参与的人数是否是大多数,是否涉及学生的各个层面、课堂教学的各个环节,时间上是否有保证。深度,要看学生在参与数学教学中所解决的问题是否是深层次的问题,是以一种积极主动的姿态参与,还是被动参与。

交往状态：一看是否能开展合作学习，参与的热情、情感体验如何；二看是否形成互相协作、互相帮助、取长补短、共同提高的风尚。

思维状态：观察学生是否通过探究问题来获取知识、学习有关技能，是否学会科学研究的方法、领悟科学的思想和精神，探究问题的热情和兴趣如何等。

4.1.3 评价之绳——科学人文

追求评价内容的科学性，促进学生全面发展。《数学课程标准》从"知识与技能""数学思考""解决问题""情感与态度"四个领域对义务教育阶段的课程目标作了较为具体的阐述，重视过程性目标和发展性目标是小学数学教育改革的重要方面。我们应根据课程目标，在恰当对基础知识和基本技能评价的同时，加强过程性评价，重视发展性评价，即评价内容应体现"五性"。以第一学段为例：

1. 基础性。包括认识数（万以内的数、小数、简单的分数）和常见的量；了解四则运算的意义，掌握必要的运算（口算、估算、笔算）技能；认识简单的几何体和平面图形，感受平移、旋转、对称等现象，获得初步的测量（估测）、识图、作图等技能。应强调的是，学段目标是该学段结束时学生应达到的，应允许一部分人经过一段时间的努力，随着知识与技能的积累逐步达到。在评价学生的基础知识和基本技能时，应重点考查学生结合具体材料对所学内容实际意义的理解，以理解与应用能力评价为主。如，一年级下册第 9 页第 6 题，用对话方式呈现"3 个孩子拍球"的情境。小玲说："我拍了 40 下。"小亮说："我拍的比小玲多得多。"小芳说："我拍的比小玲少一些。"请在 36,43,82 这三个数中选一选，小亮拍了多少下。让学生结合具体材料感受"多得多"等词语的含义，体会数的相对大小关系，学习用数来表达和交流信息。

2. 思考性。是指从数学的角度观察世界、获取信息、思考问题的能力；初步的空间观念；简单的分析、推理、归纳、类比等思维能力；能简单、有条理地思考。"形成解决问题的一些基本策略"是课程目标的重要方面，教学中必须通过讲解、示范和实践等方式帮助学生获得有关解决问题的策略性知识，而且这些策略性知识还应该用评价的方式来激励学生学习。学生需要教师对他们个人创造性的方法加以反馈、总结和评价，从而认识解决问题的本质。如，调查本班同学最喜欢看的电视节目，学生中出现了"画正字""举手点数""分边站在一起数"等多种收集数据的方法，都应该得到尊重和肯定，让学生感受到收集数据方法的多样性。

3. 应用性。是指能从现实生活中发现、提出并解决数学问题，有较强的问题意识和应用意识;体会解决问题策略的多样化;有与他人合作交流的体验;学会表达解决问题的过程和结果。发现问题与解决问题的能力是未来人才的重要素质之一,也是创新能力的具体表现。要把学生发现问题、解决问题能力作为评价的重点。如学习"认识物体和图形"后,找一找生活环境中有哪些物体的形状是自己认识的,并说说为什么要做成这样的形状,比如足球不做成球体的行吗？汽车做成球体好吗？让学生用头脑中已形成的几何概念和对图形特征的体验,描述所处的生活空间,解释发现的生活现象。

4. 实践性。是指主动地运用知识以操作的方式解决生活中的实际问题,体验解决问题的过程,感受数学的价值和用数学的乐趣。

单纯的一张测试卷已不能有效地评价学生的操作技能和实践能力。除通常的测试外,还可进行具有操作性和实践性的考查。如,认识钟表后,让学生设计并向同学们介绍自己一天的作息时间表,以此督促自己每天的学习和休息;初步学习统计知识后,让学生独立或合作选择感兴趣的事物,收集和整理数据,画出条形图,在全班展示出来,并根据统计情况做一件有意义的事情。期末测试可以由口算试题、检测试题(基础知识、综合应用、智力冲浪)、实践试题三部分组成。实践试题要充分体现开放性,允许学生在一定时间内与他人合作完成。

5. 人文性。包括对数学感兴趣,积极参与数学活动;能克服学习中的一些困难,获得成功的体验,有学好数学的信心;感受数学与日常生活的密切联系;感受数学思考过程的合理性;有改正错误、大胆质疑的学习态度和习惯。

延迟评价　巧妙点拨　体验成功

蔡澄清先生说:"一个高明的老师,只要三言两语,就能激发起学生强烈的求知欲,只要做一个巧妙的暗示,就能使学生在黑暗中悟出光明,豁然开朗,只要在方法上略加指点,学生就会心领神会,而自动腾飞。"教学是一门艺术,点拨更是一种艺术,而这种艺术在小班化的课堂之上更能得到淋漓尽致地展现。

如果班级人数太多,教师很难照顾到每个学生,就容易使一部分孩子被忽视,不利于他们的成长。而小班化的优势在于班额小,教师针对每个学生面对面地辅导就会成为现实。为了让辅导富有成效,我不断地在点拨上下工夫。赵本山的小品,语言幽默风趣,给观众带去无限的快乐,从中我得以启迪,并特别重视对课堂语言的深加工,时常用一些耳熟能详的歌词来引起孩子们的心理共鸣。比如,在《思维大赢家》的训练课上,我要求学生为半圆画几种对称图形。巡视一周后,我发现绝大多数学生都有三种以上的方法,有几个学困生只画出了左、右方向上与之对称的图形。看到他们紧缩眉头、束手无策的表情,我挺心急。如果此时就开始评价,学困生的学习积极性必然会受到打击,对学习产生畏难、失败等情感体验,影响后续的学习。因此本着"以生为本"发展生命的评价理念,我决定延迟评价,给予他们必要的指导。其实,思路被困都是因为他们不能换一种角度来思考问题,抓住这一共性问题,我灵机一动,俏皮地唱起了《对面的女孩看过来》之歌,并把其中的一句歌词改动为"我左看、右看、上看、下看,原来对称图形有这么多"。哈哈哈……孩子们开怀大笑之后,瞬间的沉默,深层的思考,一串可爱的图形——上与下、左上与右上、左下与右下等不同方位的对称图形便微笑着跑到了学生的练习本上。巧妙适时的点拨犹如一把金钥匙不经意间激活了学生的思维,使他们自由遨游于知识的海洋。此时,我抓紧时机进行评价,表扬他们学会了新的思考方法。我看到了成功的喜悦写在了全班每一个学生的脸上。

小班化课堂上,每个学生都与老师进行着零距离的接触,老师也把爱的阳光洒向每一个学生,洒遍教室的每一个角落……

学生的情感体验是重要的学习产物和素质,甚至是终身受用的。教学中要充分重视学生在数学学习中的情感投入,提供具有愉快感、充实感的数学学习活动,尤其要通过有效的评价不断地给学生以"有趣"和"成功"的体验,期末(中)时可结合平时的记录进行等级评价和定性描述评价。

(威海实验小学 王 霞)

4.1.4 评价之法——多样性

追求评价方法的多样性,促进学生主动发展。《数学课程标准》指出:对学生数学学习的评价,要关注学生学习的结果,更要关注他们学习的过程;要关注学生数学学习的水平,更要关注他们在数学活动中所表现出来的情感与态度。发展性学习评价方法必须打破将考试作为唯一评价手段的垄断。

1. 定性评价与定量评价结合

长期以来,学习评价存在着以"硬"为标志的实证化评价方法和以"软"为标志的人文化评价方法的分野与矛盾。前者过于注重量化因素,一些无法量化的实质性问题常常被排除在评价之外。而后者尽管在评价过程中无法保证客观公正,但更多地考虑人的需要和价值,注重人的心理感受和情感体验,强调人与人之间的对话和交流,从更适合人性的角度进行学习评价。发展性学习评价应采用定性与定量相结合的方式,定量评价可采用等级制,定性评价可采用语言描述,两者相辅相成。在数学学习评语中,应更多关注学生已经掌握了什么,获得了哪些进步,具备了什么能力。通过鼓励性的语言,客观、公正、全面地描述学生的学习状况,充分肯定学生的进步和发展,同时指出在哪些方面具有潜能,哪些方面存在不足,这样有利于学生树立学好数学的信心,明确自己努力的方向。如,一学生做课堂作业时正确率不错,但做题速度却有些慢。老师就可以这样评价:优(四颗星),如果你做题速度再快一些,那就是五星了,多神气啊!希望你继续努力,相信五星会属于你! 读了这则评语,学生获得的将是成功的体验,学好数学的自信以及争取更大进步的动力。进行等级评价时,我们还可以根据儿童的心理特点,用生动有趣的图案形象表示。如用不同的脸谱、不同的颜色、不同的花朵、不同的印章等表示等级。

2. 终结评价与形成评价并重

以往对数学学习的评价,只是以学生考试成绩的优劣作为评价标准,造成学校、教师和学生重分数轻能力、重结果轻过程等弊端,这样必然会加重学生的学习负担,严重影响了学生的全面发展。新的评价理念要求淡化分数概念,关注学生在学习过程中的变化与发展,关注学生的情感、态度与价值观的形成与发展。除了单元、期末的测评用"等级加评语"的方式外,更应该在课堂上、作业中,用口头表扬、写在作业本上的短语、可收入"成长记录袋"中有关奖励等方式,对学生的数学学习进行适时评价,发挥评价的激励作用和改进功能。

教师在日常教学行为中,要最大限度地挖掘学生的闪光点,进行"激励式评价"。例如:"你的想法很独特!""你们用自己的智慧解决了问题!"这样能在学生内心深处形成一股强大的心理推动力,在潜意识里产生向表扬目标努力的追求。任何一个学生在发展过程中总存在着个性差异,教师要从实际出发,区别对待,做到"一把钥匙开一把锁"。对学习有困难、学习缺乏主动性的学生来说,教师更应该做好"期待式评价"。如,学生遇到困难,回答不出问题时,教师可以说:"你肯定能行,再动动脑子,好好想一想!"在教师真诚的期待中,学生能产生积极向上的情感体验,在不断的尝试中获得成功。教师要尊重学生的人格与情感,采用"接纳式评价",以防止学生形成自卑、自负或自欺等错误观念,学生的情感表现往往不同,教师应接纳学生的个性表现,改变以往非对即错的程式化评价,体现评价的可接受性,以促使学生自我反思,取人之长,补己之短。教师对学生信任、亲切的情感流露,不仅能缩短师生双方心理上的距离,使学生得到自我肯定和心理满足,而且会激起他们对教师的信任和爱戴。采用某些动作

（如鼓掌、点头、拍拍肩膀、竖起大拇指等）或表情（微笑、凝视、皱眉、沉默等）进行"亲近式评价"，保护学生的自尊心，让学生得到积极的心理暗示，获取激励信息。对学生进行评价时还可用一些学生喜爱的卡通标志或图案，如，用"丹顶鹤"代表见解独特，用"小猴"代表独立思考，用"蜜蜂"代表仔细认真，用"大雁"代表团结合作，用"啄木鸟"代表质疑问难，用"白鸽"代表作业整洁，这样更富有童趣的评价方式，能激发学生主动、积极地参与学习活动。

3. 静态评价与动态评价互补

发展性学习评价要关注学生的发展进程，重视学生个体过去与现在的比较，着重于学生综合素质的增值，而不是简单地分等排序，使学生真正感受到自己的进步。如果对学生的数学学习只进行单纯的静态评价，学习基础好的学生总是成绩优异，而基础差的学生即使付出很大努力，成绩也可能不尽如人意。这样，前者容易产生自满情绪，不思进取，而后者也容易丧失信心，自暴自弃。为避免出现这种现象，可进行动态评价，以促使不同层次的学生得到各自最大的发展。如有的学校的测试卷按难易程度分为 A、B 卷（或 A、B 选题），学生可以依据自己的情况自主选择。选择 B 卷（或 B 题）的也能得到五星，获得成功愉悦，树立起学习信心。选择 A 卷（或 A 题）的能感受到数学的挑战性，激发他们向更高的目标迈进。如果学生自己对某次测验答卷觉得不满意，可鼓励学生提出申请，允许他们进行第二次、甚至第三次测验，直到达标或获得满意的成绩为止。这种"推迟评判"淡化了评价的甄别功能，突出反映了学生的纵向发展。特别对于学习有困难的学生而言，能让他们看到自己的进步，从而产生学习动力。

4.1.5 评价之径——多元性

追求评价主体的多元性，促进学生和谐发展。发展性学习评价应由主观评价和客观评价协同作用来完成。应形成学生自评、同伴互评、家长参评、教师综合评定的民主、开放、网状结构的评价体系。

新课程要求"以人为本"，学习过程就要体现"自主学习、合作探究"的主旋律。学生是学习活动的主体，同样是评价学习活动的主体。对于学习过程中的一些情感体验，如是否喜欢数学，对学习数学是否有信心，学生的感受是最直接、最真实的。让学生反思学习过程，有利于增强学习信心，提高学习能力。

合作学习是学生数学学习的一种重要方式。在小组合作中，学生所表现出来的各种状态，如是否积极参加小组活动，是否有自己的观点和想法，小组内的伙伴们相互最了解，因此同伴互评也是很有必要的。这样能培养和发展学生的合作意识和协作能力，同时，学生能看到别人的长处，认识自己的不足，树立起学习的榜样,也学习了客观公正地评价别人。

由于家长与孩子之间的特殊关系,家长的评价对孩子的作用也不可低估。可以经常利用评价手册、家校联系卡、课外作业、实践活动对学生进行评价,以发挥家长在学生成长中的作用。教师是教学活动的组织者、指导者和参与者,是评价学习活动的主要成员。

教师应协调好学生、同伴、家长之间的关系,做好综合评价工作,以发挥多主体评价的"合力"作用。在评价学生的同时,还可组织学生评价教师的教学。教师要创设轻松、民主的课堂氛围,让每个学生都有安全感,敢于对教师进行评价。可以就"老师,我喜欢……"、"老师,我不喜欢……"、"老师,我想说……"等话题,让学生大胆地对教师提出要求,作出评价。这样不但有利于教师改进教学,而且能提高学生的民主意识,促进师生关系的和谐发展。评价主体多元化的形成,从不同角度为学生提供了有关自己学习的发展状况的信息,有助于学生更全面地认识自我。学生的每一点进步,教师的每一次鼓励,家长的每一份关爱,都会对学生的成长产生积极的作用。发展性学习评价改革是课程改革的一个难点,还存在着评价的科学性与可行性、评价的激励性与客观性等方面的矛盾。如何发挥评价的检查了解、反馈调整、展示激励、反思总结、记录成长等功能,怎样找到简单可行又有较好促进作用的发展性评价方法,有待于我们在鲜活的教学实践中进一步的深入研究。我们相信,评价之花将在教改园地里更加绚丽多彩。

4.2　小班化数学课堂教学中对学生学习的形成性评价

形成性评价是在某项教学活动的过程中,为使活动效果更好而不断进行的评价,能及时了解阶段教学的结果和学习者学习的进展情况、存在问题等,以便及时反馈、调整和改进教学工作,获得最优化的教学效果。

在小班化数学课堂教学中,教师力求通过情境评价、成长记录、评语、反思性评价、档案袋评价等形成性评价方式,激发学生学习热请,调动学生学习积极性,促进学生全面发展。

4.2.1　档案袋评价

可以展示学生在数学学习过程中,取得进步的一些材料。其突出特点是,它致力于寻求发展性成果证据,而不是最终达到结果的证据。所以,它要求学生一步一步地收集能够反映他们在一定领域中从起始阶段到完成阶段所取得的进步成果证据。它能有效地监控学生在数学学习过程中知识、技能、态度等多方面的发展情况,为教师和家长提供了解学生学习成果和学习进步的窗口,同时也便于学生对自己的数学学习过程及时反思、总结,有利于培养其学习的独立性、主动性和自信心。学习档案一般包括以下几种:

1. 日常行为记录袋

主要存放学生课堂表现记录、作业记录、教师和家长对学生学习情况的观察评语、基础知识和技能的测试成绩、学生对自己学习效果的反思与评价等,便于对学生的学习行为做更全面、更细致的了解与调控。

2. 创新袋

为尊重学生的个别差异、个性特点,关注学生个性潜能的发展,培养学生创新能力而设置的材料袋。如:我的高招、奇思妙想、我也露一手等等,凝聚着学生的成功和创造。由于每个学生收集的都是自己满意或最佳的作品,因此能够反映学生的个体差异或特长,激发学生的内在学习动机,增加自信与对学习的兴趣。同时,也可以帮助家长和教师充分了解学生在某一时期内取得的成绩及进步。

趣味数学连环画——《一元钱的故事》

【指导教师点评:运用自己的绘画功底,创作了数学连环画,它不仅融入了小数加法的知识,还渗透了美德教育,真的是不简单!】

(荣成市幸福街小学四年级 王佳琪)

(指导老师 闫黎明)

3. 作业文件夹

作业文件夹收集学生平时作业的样本及每次小测验试卷的材料袋。作业是学生学习过程的一个重要组成部分,为了对学生作业做较全面、体现学生个性发展的评价,不妨收集:① 书面作业;② 口头作业(解题思路、数学故事等的录音带);③ 实践作业。为促使学生自我激励,不断进步,我们可给学生作业二次修改、二次评价的机会,以最满意的作业形式存于文件夹中。

案例

《回顾与整理——总复习》加法、乘法运算律前置性作业

作业内容

1. 请认真浏览课本相关内容,回忆梳理本学期我们学过的运算律,并采用书写或图示的方法整理成知识网络,要求尽量设计得简洁、美观一些。

2. 积累有关运算律内容的易错及典型题目。

作业设计说明

1. 指导思想及设计意图

乌申斯基有句名言:"智慧不是别的,只是组织得很好的知识体系。"这句话很中肯地说明了整理的重要性。平时教学中的知识点往往是零散地呈现,缺乏系统整理,而注重"理",让学生主动建构知识网络,是非常有必要的。

本次前置性作业,一方面能让学生自己整理已经学过的运算律,便于学生加深对加法和乘法运算律的理解,使他们在主动建构知识体系的过程中,学会整理的方法,并能对自己的学习情况进行合理评价,逐步养成回顾整理和反思质疑的学习习惯。另一方面,积累易错及典型题的特殊价值就在于让学生当小老师,找出自己知识学习的漏洞,筛选题目的同时是个内化提升的过程,这种体验远比老师在学生做题前反复叮咛要有效、要深刻,它绝非只是学生停留在表面、承诺在口头的应答,会大大减少以往出现的老师屡说屡错,屡错屡说的状况。

2. 学生操作方法

学生认真看书,进一步梳理课本内容,分类归纳、系统整理,使学生对运算律的知识有更清晰的认识。

3. 评价标准

评价的方式:教师评语、星级自评和小组等级评价。

评价的主体:学生自评、互评和师评结合。

评价内容：(1) 关注学生整理的内容是否完整。(2) 关注学生整理的形式是否新颖、简洁。(3) 关注学生列举的题目是否具有典型性。

作业样本呈现

优秀作品：运算律部分采用表格整理，简洁清楚。错题举例并加上了错因分析，画龙点睛。这样的孩子真是会学习的。

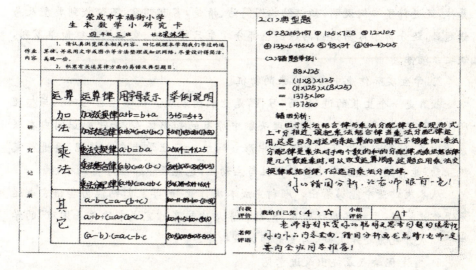

一般作业：基本能将有关的运算律及典型题目整理出来了。

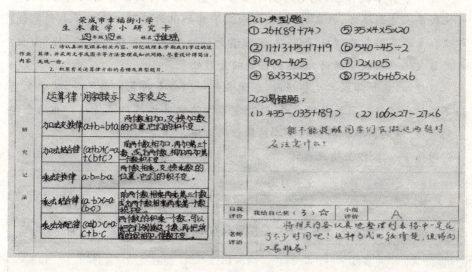

作业样本分析

1. 学生作业质量的评价

从本次作业来看,学生已基本具备了自主整理的能力,全班同学均能够根据老师的要求,认真浏览课本相关内容,梳理出加法、乘法运算律,找到自己以前易错的题目。但整理的能力存在差异:部分优秀的学生不仅梳理出所有的运算律,还进行了举例说明,知识结构图简洁、清楚,富有创意,不仅找到典型及易错题目,还分析了容易出错的原因。部分学生只将加法、乘法运算律简单罗列,缺乏系统性。

2. 学生实际作业中表现出来的特征

教育是一个生长的过程,而"习惯"是生长的表现。让学生自己回忆与整理所学知识,有利于他们主动地梳理头脑中原有的知识体系,加深知识间内在联系的理解,使知识在孩子们的头脑中形成网络。而让学生自主整理,再进行交流互动,能有效地激发学生的积极性与主动性,也能展示学生学习的个性。

从本次作业中能够看出,"顺利完成本次作业"的学生归纳能力和语言表述水平都比较强,思维品质比较优秀,综合素质比较高;"完成本次作业困难"的学生整理提升能力还是欠缺,需要老师加强指导。

3. 肯定优缺点或提出改进意见

综合分析本次作业,能够看出学生参与整理知识、积累易错及典型题的热情比较高。他们整理、收集的同时,又加深了对知识的理解。而对于老师来说,学生积累的易错及典型题,则是一笔宝贵的课程资源。教师可以变"错"为宝,有的放矢地开展教学活动,以达到理想的复习效果。

不过,以后教师在学生整理时,应该多做一些必要的点拨与指导,使学生感悟不同的内容有不同的整理方式,体验复习方法的多样性与灵活性。并结合学生的整理,取其精华概括出较合理的知识网络图。

附件1:本次作业情况统计

班级人数	完成形式			完成质量		
	独立完成	在伙伴的帮助下完成	利用参考资料完成	A	B	C
40	55%	30%	15%	39%	42%	19%

附件2：我喜欢的作业评价卡

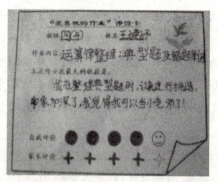 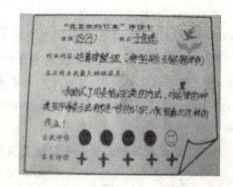

 总体评价

本次作业，教师特别注重挖掘学生的潜力。不管是哪个孩子，他要进行整理、积累，就必须对相关知识进行复习、回忆、理解、分析、归纳；无论他能否整理得全面、简洁，每位学生都有成功的体验，让每个学生都得到了发展。

（荣成市幸福街小学 梁 丽）

4. 形成性评价报告单

有了以上几种资料，"学习档案"已满满一本，百花齐放，打开它，学生的成长足迹清晰可见。因此，有必要对它进行一次总结，将总评贴在"学习档案"封面上，让学生将学校的终结性评价报告单带回家。学生通过成长记录可以看到自己数学学习进步的历程，增强了学习数学的信心，从而更加主动、积极地学习数学。

案例

档案评价 尽显生机

一、精心采集与整理——绽放个性

1. 激趣参与。建档之前，先向学生介绍它在数学学习中的广泛作用以及与其他学科知识之间的内在联系，讲明了建立"成长记录袋"应该注意的有关事项，并让学生明确评价的标准，激发起学生的浓厚兴趣，使他们也能够这样去想"哦，这个我也会"，从而萌生了跃跃欲试的心理。

2. 自主取名。为张扬孩子的个性，我们允许学生自主取名，如：蜜蜂集、成长树、小脚丫、智慧泉、太阳花、数学宝典、问题银行、数学百花园、幸福大盘点、阳光快车道、小小数学家……

3. 内容丰富。(1) 学习成果集。许多著名的数学名人和数学家的小故事、名人名言、数学小论文、生活中的数学、研究性学习成果等。(2) 即时评语。读了老师的评语，孩子们如获至宝，他们总会把评语小心地珍藏在记录袋中。(3) 各种评价表。"我眼中的我""数学课堂观察检核表"等充分体现了评价的反馈与激励功能，学生积累这些评价卡，可以看到自己成长的轨迹。(4) 数学日记。日记是学生体验成功的乐园，倾吐心声的乐土，抒发感情的港湾，让学生时刻闪耀着智慧的光芒。

二、及时反思和评价——促进发展

1. 自我评价多反思。我们提倡"37℃体温式"自测自评，让学生书写"月报告"。

2. 小组评价促发展。我们提倡"绿色欣赏式互评"，搞好互评，让学生在欣赏中学习，在欣赏中激励，在欣赏中发展。

3. 教师评价指方向。我们提倡"25℃暖春式"激励性评价，让教师用"春天般的温暖"，让学生"动情、激趣、促学"。教师定期抽查学生的"成长记录袋"，找出存在的问题并进行辅导，可以使学生的成长记录袋更加完善，更加多彩。

4. 展评活动显本领。一件件学具、一份份手抄报、一张张图片、一组组数据、一页页调查报告……都凝聚着学生的成功和创造，记载着其成长的足迹。

……

（荣成市幸福街小学　王丽娟）

4.2.2　行为观察评价

行为观察评价是指教师在教学过程中对学生的学习表现和学习行为进行自然观察，并对所观察到的现象做客观详细的记录，然后根据这些观察和记录对教学效果做出评价。观察评价采用行为观察单和轶事记录等方式进行。"行为观察评价"是促进小班化学生养成良好学习习惯的有效方法。

学习行为观察表

学习表现	认真听讲，不打扰同学	主动举手回答问题	积极与同伴探讨问题	大胆说出自己的疑问	大胆说出自己的观点	自主完成课堂练习
自我评价						
小组评价						
老师评价						
家长寄语						
说明:评价可用三颗、两颗、一颗星表示,分别表示非常好、比较好、不够好。做得很不好的用○表示。						

当然,老师们可以根据自己的教学实际和学生学习的具体情况,灵活地、有针对性地确定观察点和评价标准。

数学加油,我能行!

为了培养学生会观察、会思考的良好习惯和完整准确表达的口头能力,利用小班化的优势,我开始探索用评价指标多元化的方法实现教学目标,精心设计了"数学加油,我能行!"评价卡,发给每一位同学。

数学加油,我能行!					
姓名:　　　　　班级:　　　　　学校:					
课前准备我能行			举手发言我能行		
认真听讲我能行			表达交流我能行		
仔细观察我能行			坐姿端正我能行		
动脑思考我能行			写字规范我能行		
提出问题我能行			自觉检查我能行		
自我收获:					
教师评语:					
家长鼓励:					

下面,我就结合这张表说说小班化教学中对实现评价指标多元化的探索实践——

老师:同学们,植树节到了,很多同学都来到公园里开始了"绿色行动",大家想不想参加啊?

学生热情地大喊:想!

老师:请大家仔细观察课本22页情境图,你发现了什么?

学生1:有的同学在挂牌子,有的同学在浇花。

老师:恭喜你成为今天这堂数学课上第一个回答问题的人,你可以在"举手发言我能行"这一栏中获得一个小笑脸,请坐!(学生美滋滋地坐下了,其他同学露出了羡慕的眼神。)

老师:谁能更清楚地说说?(大家纷纷举手。)

学生2:通过观察,我发现有的同学在给小树挂牌子,有些同学在帮小花浇水。

老师:你的小嘴巴真灵巧,你描述得更完整了,恭喜你得到一个"表达交流我能行"的小笑脸。

……

老师:从这幅图中,你发现什么数学信息?

学生:我发现的数学信息是,已经挂了26个牌子,还剩3个没有挂。

老师:你真善于观察,恭喜你得到"仔细观察我能行"的小笑脸。

……

老师:这么多的数学信息,该用什么办法把它们整理一下呢?

学生:用分类、统计的方法。

老师:你真善于动脑,恭喜你得到"动脑思考我能行"的小笑脸。

……

老师:谁能根据(已经挂了26个牌子,还剩3个牌子没挂)数学信息提出一个数学问题?

学生:一共要挂多少个牌子?

老师:你提的问题非常好,恭喜你得到一个"提出问题我能行"的小笑脸。

……

正是因为小班化教学的实施,才能将这张评价表贯穿在课堂教学中,落实到"面向每一个学生"的层面上来。从教学效果看,它就是无形的指挥棒,调动了孩子们的参与热情,很好地活跃了课堂气氛。

(威海市望岛小学　邱晓研)

4.2.3　评语评价

课堂教学评语,就是教学过程中教师对学生学习的一种最常用、最简单的评价方式,是指明学生学习活动中某个细节正确与否的一种语言描述。教师在课堂上对学生的学习态度、方法、过程、效果等方面都可以进行点评,这对学生的数学学习起着至关重要的作用。

1. 口头评价

在小班化的数学课堂里,口语评价应该贯穿于每一节课。教师要精心设计评价语,把握最佳时机,强化口语评价的针对性,让评价的语言帮助学生认识自我,建立信心。

——扩大视角,精心设计评价语

精心设计有利于学生发展的培养行为习惯、激发自主探索、重视激励、关注团队的评价语,养成良好的口语评价习惯,让课堂更具魅力。

(1)培养习惯的评价语。正如著名教育家叶圣陶先生所说:"什么是教育?简单一句话,就是要培养良好的习惯。"然而,良好的学习习惯不是一朝一夕就能养成的,需要教师有意识地、潜移默化地培养。在教学过程中,教师可以用诸如"他听得可认真了,善于倾听他人发言的孩子是会学习的孩子!""你坐得真端正! 注意力真集中!"等评价语引导学生养成良好的学习和生活行为习惯。

(2)激励发展的评价语。在教学过程中,教师要让学生从学习中体验到成功,并引导学生将这种成功感转化为新的学习动机,从而形成良性循环。在教学实践中,以下一些激励学生成长的评价语值得借鉴:"你敢于向困难挑战,我要向你学习!""你真有毅力,能坚持研究这么久!""你有自己的独特想法,真了不起!""你的发现很有价值,对我们进一步学习有很大帮助。"

(3)鼓励质疑的评价语。让学生敢于质疑,有自己独立思考的意识,不再"唯书""唯师",教师适度的赞美是最棒的催化剂。在教学实践中,"会提问的孩子,就是聪明的孩子!""小疑有小进,大疑有大进!""没关系,大声地把自己的想法说出来!"是一些教师常用的鼓励学生质疑的评价语。

(4)关注团队的评价语。小组合作学习是小班化教学的主要模式。在评价时,将小组视为一个整体进行评价,有利于培养学生的团队精神和集体荣誉感。例如:"你完成得好极了,如果能帮助你的同桌,那就更好啦!""你是一个很优秀的记录员,不仅把观察的内容详细记录下来了,而且还写得非常端正、清晰!""你很像一个小老师,不仅管好了自己,而且把自己的小组也管理得很好。"这些口语评价,既注重了方法的引领,又培养了学生的团队意识,值得提倡。

——及时反馈,把握最佳评价时机

(1)学生回答正确时。当某位学生的回答刚好是教师心中的答案时,教师往往会立刻对其大加赞赏,这似乎在暗示着其他同学:这位学生的回答近乎完美,不可挑剔。这时,即使其他同学有另外的想法和见解也不敢说出来,一种无形的压力扼制了他们回答的欲望。因此,老师应该先听听其他同学的想法,可以转过头来问问其他同学:"你们是这样想的吗?""还有谁愿意来向大家陈述你的想法?"等大家的意见达成共识后再进行肯定性评价。

（2）学生回答错误时。当课堂上学生的回答发生错误时，教师在课堂上倘若过早地对学生的回答给予终结性评价，势必会阻断学生的探究与思索的欲望，打击其学习的积极性。如果教师能合理推迟评价，给学生多一点思考的时间和空间，让他们先围绕问题展开自由讨论，互相取长补短，形成正确的观点后，教师再进行评价，并对学生进行必要的引导，教学效果会更好。

（3）学生表达不清时。学生在表述计算题的算理或应用题的解题思路时，很多时候学生心里知道，可是站起来发言时却是支支吾吾说不清楚。此时，如果教师能耐心地倾听，及时用评价语"别急，慢慢说"鼓励他，或者用提示性的评价语"先要看清题目的条件和要求，再按要求解答"启发他，再给他一次机会，学生往往能顺利表达出独到的见解。

（4）课堂遭遇尴尬时。教学过程是一个动态生成的过程，常常会"节外生枝"，出现尴尬的场景，教师要善于用灵活机智的评价语将尴尬巧妙地化解。如教学"分类"时，一位教师让学生交流课前搜集的生活中的分类问题，从书店到超市，从车站到医院，学生列举了许多典型的例子，还有一个学生交流："我知道，上厕所也要分类，男孩上男厕所，女孩要上女厕所。"孩子充满童真的语言，招来了哄堂大笑，这位学生顿时感到十分尴尬。没想到，教师走过去摸着他的头微笑地赞赏："上厕所是每个人都要经历的分类问题，但我们都没有发现，你太细心了！"巧妙的评价，使学生不仅化解了尴尬，而且收获了自信。

——有的放矢，强化评价的针对性

教师对学生的表现进行口语评价要因人而异，或直言不讳，或委婉含蓄，或严肃庄重，或热情洋溢，富有针对性，不能用"一把尺"衡量全部学生。对学生微小的进步，也要给予肯定与鼓励。当然，在表扬激励的同时，还应遵循客观性的原则，使学生在挫折中吸取教训，明确努力的方向。当发现学生理解上有偏差，教师要根据学生的参与表现及时进行反馈，准确、客观地指出学生的长处及存在的问题，通过有针对性的评价来引导学生。如在教学"轴对称图形"时，教师请学生拿出一张纸对折，剪出一个美丽图案。学生动手实践后，剪出了一幅幅美丽的图案，有衣服、房子、火箭、树、蜻蜓、蝴蝶、举重运动员……

教师可以通过不同的评价语，准确捕捉这几位同学表露出来的不同智能倾向，很自然地流露出教师对其强项智能的肯定和赏识。这样针对性强的口语评价能有效激励学生的学习，彰显学生的思维个性，真正促进学生进步。

案例

口语激励——润物无声

（1）表扬激励,扬起自信。课堂上,参与小班实验的老师除了通过手势、眼神、微笑对学生的课堂表现及时评价,还注意了口语激励。比如老师评价学生:"你的问题提得很好,很有质量,这是善于思考的结果。""大家的讨论很热烈,参与的人数很多,说得很有条理,我为你们感到高兴。""你能积极参加讨论,具有合作精神,很好。""请你勇敢地试一试,老师相信你能行!""展示自己的优点是自信,暴露自己的缺点是勇敢。""没关系,至少你思考了、参与了,很棒!"……

再如生生互评:"虽然你说得不完整,但我还是佩服你的勇气。""我觉得他们小组的办法特别简便!""他说得挺有条理,如果声音再大点就更好了。"……

（2）把握时机,演绎精彩。课堂教学是一个动态生成的过程,常常会出现一些出乎意料的情况,我们每个小班授课教师都会尽力通过巧妙的评价处理课堂上的意外,既不伤害学生的自尊心,也让学生在听取同伴的发言中学会了思考,演绎更多的精彩。

如,四年级上册"平均数"教学时,我出示了这样一道题:四(1)班有22个男生,平均身高140厘米;18个女生,平均身高142厘米,全班学生平均身高是多少?

生甲这样算:$(140+142)÷(22+18)$,结果是7.05厘米。当我出示这个算式和结果,问:"大家怎么想?"教室里一片议论声,有些学生用手比划着说,才这么一点点高,许多学生忍不住笑出声来。

生乙:这个不合常理,再小的人身高也不可能是7.05厘米。

生丙:从条件中可知,男生平均身高140厘米,女生平均身高142厘米,所以全班学生平均身高应该在140厘米到142厘米之间。

生甲:我明白了,"140+142"这不是全班40个学生的身高总数,所以算式是错的。

老师此时把握时机,延迟评价既没有伤害学生的自尊心,也让学生在听取同伴的发言中学会了思考。

……

（荣成市幸福街小学　刘建萍　于　伟）

2. 书面评价

小班化教学中的书面评价,能有效地对学生进行激励和导向性评价,同时还能搭建师生间情感交流的桥梁。数学作业批改会有简短的书面评语,书面评语的内容与形式多样,或赞美,或激励,或建议,或商量……

关注独特见解　激活创新意识

数学作业批改中的评语,不仅要注意学生解题的正误,而且要注意挖掘学生的智力因素,对学生作业中的巧解、灵活解答、一题多解,适当给予启发,可以帮助学生拓宽思路,开发潜能,标新立异,达到"四两拨千斤"的效果。如学习了四年级上册"奇异的克隆牛——小数的加法和减法"信息窗2,我设计了这样一道作业练习:小明去超市购物,买小食品用去64.96元,比买蔬菜多用了22.76元,比买蔬菜与水果所用钱的总数少3.92元。买水果用了多少钱?

批改作业时,我发现大多数同学都是这样做的:$64.96+3.92-(64.96-22.76)=26.68$(元),而李朝阳同学的解法是:$3.92+22.76=26.68$(元)。多么可喜的求异思维的火花,我在这道题边打上了大大的"☆",并写道:"你的解法非常巧妙,真是聪明的孩子!"只要我们及时对学生的独特解法热情鼓励,对有价值的见解充分肯定,一定会激活和发展学生的创新思维。

如果有的题目可用多种解法而学生只采用了一种,我们就在旁边写上:"还有更好的解法吗?""爱动脑筋的你肯定还有高招!"这样的评语可以激发学生的创新意识,使他们敢于大胆去想去做。

(荣成市幸福街小学　朱秀艳)

4.2.4　反思性评价

学生反思性评价是指在多元、客观、开放的评价过程中,根据小班化教育发展目标和数学学科学习目标的达成度、学习过程的合理性、有效性等方面即时生成的信息,主动反思、不断调节学习行为,以促进学生不断成长、进步的发展性评价方式。

常见的学生反思性评价形式有以下几种。

——学习日记

学生根据当天的学习情况,及时记载过程中的体会。可以记载收获与困惑,也可是"大事记"、情绪流露;可以是对自身学习情况的小结、与同伴合作的感想,也可以是对教师与家长教育教学行为的看法;可以与自己的学习计划对照,对学习内容进行要点概括,也可以对学习策略、学习效果进行反思。篇幅不限,有话则长,无话则短;形式不限,可以是文字,也可以画心情画,或向家长口头叙述由家长代为记载等等。

有危险,还是没危险?

2009 年 12 月 10 日 天气晴

在我班的数学课上,常常举行辩论赛,大家会为了一个问题争得面红耳赤。这不刚刚学习了有关"平均数"的知识,老师就给出了辩题:小明要趟水过河,有危险还是没有危险?

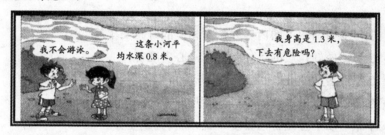

"这么浅的水,怎么会有危险,小明长那么高?"班里的快嘴张伟明不假思索大声喊了一句,还不忘用手势比量。

听张伟明一喊,不少同学也连连点头,随声附和:"对,没有危险!"尽管赞成没有危险的同学不在少数,班里一向有"智多星"称号的王平还是大胆亮出了自己的观点:"我有不同意见,我觉得趟水过河会有危险。"

老师慢慢走下了讲台,来到同学中间:"哎,有的同学认为有危险,有的认为没有危险。大家意见不一,是不是得陈述理由了,谁先来?"

张伟明又是率先发言:"老师,你说小明的身高是 1.3 米,小河水深只有 0.8 米,能有啥危险?"

听了张伟明的理由,王平马上反驳:"人家没有说小河水深只有 0.8 米,而是平均水深是 0.8 米,想想这节课学的平均数的意义,会没有危险吗?"

"王平同学的一句话,是不是给大家提了醒?请同桌再讨论讨论平均水深是 0.8 米应该怎样理解?"老师一句话,打开了所有同学的话匣子,大家纷纷谈自己的想法……

"伟明,现在你是怎样理解的?"老师又开始点将了。

"哦,开始我没考虑'平均',这回我明白了:平均水深0.8米,表示有的地方水可能很浅,有的地方可能很深,如果水深和身高差不多或超过身高,肯定有危险。"

"同学们,是不是这个理儿?"

……

展现自我,辩出精彩。通过这次辩论,我们更深刻理解了平均数的意义,考虑问题也更全面了。

(荣成市幸福街小学四四班　张贝宇)

(指导教师　孙小平)

——学生反思问卷

请阅读以下叙述,想一想,你在学习中做得怎么样。相信你会真实地评价自己。

① 学习前明确学习的内容并做出相应的时间安排。

② 学习前做好物质准备、知识准备、心理准备。

③ 在学习活动中,认识到学习任务的目标要求。

④ 在学习过程中,选择合适的学习方法提高学习效果。

⑤ 小组活动中控制自己不受干扰,顺利完成任务。

⑥ 学习时及时提出自己的疑问。

⑦ 听讲时弄清教师讲解的思路。

⑧ 学习活动后,对自己的学习状况、学习效果及时检查。

⑨ 学习活动后,及时采取补救措施,改善学习效果。

——展示交流

展示交流既是对学生在数学活动中各种表现和活动成果的一个小结,也是一种师生之间、生生之间共同学习和交流的过程,是学生发现自我、欣赏别人的过程。数学活动主题不同,活动过程和方法也有差别,展示内容及形式也不一样。如"数学手抄报"展示、"数学实践活动方案"展示、"学具小制作"展示、"数学作业"展示等等。

案例

让自我反思成为学生良好学习习惯养成的加油站

小班化课题实施以来,我们借助学校"5+35+x"习惯养成教学模式,从课上到课外、从教师到学生、从学校到家庭，全方位地培养学生自我反思能力。具体做法是：

★ 每课——回顾反思

每节课我们都给学生留有一定的回顾反思时间，即一堂课临结束时，我们引导学生从以下几方面反思：你有什么收获，有什么体验，你觉得本课的学习重点是什么，最感兴趣的内容是什么，你还有什么不清楚的问题，对老师的教学有什么建议，你觉得自己这节课表现怎样……学生通过反思，检查对照，内化自己的知识结构并确定补习的方向。

★ 每天——自我反省

作业与评价是习惯养成过程的一个重要组成部分，实践中，我们进行了以下尝试：（1）完成作业前要有"温故环节"，每天做作业以前阅读课本，在回顾当天所学新知的基础上完成作业。（2）在学生完成作业后结合自己的作业给自己一个评价，可以结合知识掌握情况、认真完成情况以及作业质量等进行综合评价。（3）写好睡前日记，要记录出自己一天的心情指数，可以是自己与老师、家长、同学的知心话语，也可以是自己反思自我、体验成长的过程，还可以是自己对于某件事情发表的评论等等，篇幅的长短并不重要，重要的是记录下自己心灵成长的过程。

★ 每周——学习周记

我们要求学生每周一次反思，以"周记"的形式进行记录，针对学生的年龄特点，低、中、高年级的周记形式也有所区别。每逢周末，低年级的学生会在老师的带领下，将本周所学的重点知识整理在解题本上，回家后学生又将"解题本"上的知识认真讲解给父母听，父母则根据"小老师"的讲解写出鼓励性的话语或提出殷切希望。而中高年级学生则对本周所学知识进行系统归纳、整理并记录下来。记录内容包括四部分：本周所学所获，学习中的困惑或不足，本周心情指数以及老师我想对您说。每周学生认真记录，教师细心批阅，有时会针对每位学生周记中的困惑进行面对面交流，有时会对学生一周的表现进行科学评价。

为了让周记真正成为学生学习的好帮手，我们定期开展每周一次的班级"周记之星"评比，每月一次的级部展示。通过开展评比与展示等活动，各班涌现出许多优秀的反思习惯小明星，在他们的引领下，学生们个个都成为会反思、会学习的行家里手。

★ 每月——学习月报

根据教学目标，教师每月发给学生单元测试卷，学生自测。教师做好样卷并附有明确的评价标准,张贴于教室内。学生参照样卷,批改自己的试卷,用红笔在错题旁打"×",同时写出错题原因,自己订正;如果订正不了,就在旁边打"?"请求老师帮助,然后自评成绩,上交试卷。为了保证每个孩子都受益,教学中凸显"出声的思维"。这学期我们尝试将测试中的易错的题目与学习重难点结合起来,整理成月报的形式。即引导学生将每单元的知识点、重点知识整理分析,利用月报写出分析和解题的过程,进行说理训练,通过写来暴露思维过程,强化思维成果,达到发展思维能力的目的。

　　★每学期——免考激励

　　为了督促学生良好反思习惯的形成,我们设计了"快乐成长卡"记录学生每节课、每一天、每个月的成长足迹。即学期初每人一张快乐成长卡,利用"智慧星""智慧果"记录学生的点滴进步,每学期累积12个以上"智慧果"即可参评校级"小博士"。小博士可以申请免考,即考试前一周由学生提交申报材料,如申请书、本学期平时检测试卷、课堂作业本、家庭作业本、各种喜报奖励情况等能体现自己良好学习习惯的资料,由教导处审核后确立其"免考资格"并颁发证书。借此引导学生关注学习过程,鼓励学生"更全、更优、更好"地发展。这几名学生虽然免考但是要写出"我的学习方法"在全校范围内交流,利用优秀学生的成功学习经验引导提升其他学生。

(威海市实验小学　于丽平)

4.3　小班化数学课堂教学中对学生学习的终结性评价

　　终结性评价也称总结性评价,是指在某项教育活动告一段落时,对最终成果做出价值判断。也就是以预先设定的教育目标为基准,对评价对象达成目标的程度,即最终取得的成就或成绩进行评价。

4.3.1　小学数学学习终结性评价

　　小学数学期末终结性评价是根据数学课程标准对学生一学期学习结果或单项技能训练全部结束后进行的全面评价活动。它是教学效果评价的重要内容,也是衡量学期、学年、小学阶段数学教学是否有效的重要指标。主要功能:总结教学阶段性成果和存在的问题,以确定随后的教学新起点;提供有关学习的反馈信息,激励学生更好地学习;为一些决策提供依据。因此,须强调终结性评价的信度和效度。随着评价改革和小班化教学实验的逐步深入,终结性评价的参与主体逐步由过去教研部门统一命题转变为由教研部门、联校教研组、学校及数学教师共同参与命题。通过参与命题,强化目标意识促进课堂教学改革。终结性评价是小学数学评价系统工程内容之一,是一项技术性强且有序的活动过程,须按照一定的操作程序进行,才能保证教学评价的质量。

4.3.2　小班化数学教学实验命题原则

1．制订评价标准。终结性评价命题与分析的过程,考查的是教师理解教材、把握教材的能力。因此,要使命题科学、规范,命题人员必须全面了解《标准》对本册教材教学内容、教学目标的规定,掌握评价的依据。还必须对全册教材知识体系、各单元教学内容在全册中的结构比例、全册的教学重点有准确的把握,具备试题编制技能。

2．选择评价手段。根据评价目的与评价标准的要求,确定信息采集和结果评价的方法、方式和手段,如操作和书面测评等形式。规定相应的评价要领,实现评价操作过程的规范化,并通过规范化操作过程保证评价程序的简捷性和科学性,以及评价过程和结果的客观性。

3．实施评价。评价人员根据评价的指标收集、整理和分析被评价者达标情况,进而作出定性或定量的评价结论。这是评价过程的中心环节,一方面它是评价标准、评价方法和手段的具体化,另一方面又是评价结果信息获得的主要途径。这一阶段要完成收集、整理、量化评价信息,撰写评价报告等任务。

4．分析并作出决策。认真分析评价结果并根据评价结果作出决策,主要对评价结果进行纵横比较和统计分析,在此基础上分析教学质量、总结评价经验、发现典型、诊断问题,充分发挥评价功能。同时评价者要对评价过程进行反思,包括评价标准的检验与修改,对评价实施过程的结果进行信度、效度检验,对问题和误差进行矫正等。

案例

五四制三年级上学期小学数学期末试卷与分析

【试卷】

一、用竖式计算。

$38 \times 55 =$　　　　$70 \times 54 =$　　　　$609 \div 7 =$　　　　$832 \div 4 =$

二、计算。

$96 \div 4 \div 2$　　　$(2800 - 2380) \div 7$　　　$368 + 17 \times 4$　　　$25 \times 19 \times 4$

三、填一填。

1. 用面积 1 平方厘米的正方形测量一个四边形的面积(如右图),这个四边形是_____形,面积是_____平方厘米。

2. 在括号里填上"<""＞""＝"。

900÷6〇100　　400÷5〇100　　32×80〇2400　　39×60〇2400

$\frac{1}{4}$〇$\frac{1}{5}$　　$\frac{4}{7}$〇$\frac{3}{7}$　　$\frac{6}{6}$〇1　　6000 克＋200 克〇7 千克

3. 6 千米＝_____米　　　3000 千克＝_____吨

5 平方米＝_____平方分米

4. 用分数表示图里的涂色部分。

$\frac{(\quad)}{(\quad)}$　　　　　$\frac{(\quad)}{(\quad)}$

5. 右图中每个小方格的边长表示 1 厘米。

最大的正方形面积是_____平方厘米,涂色部分的面积是_____平方厘米,涂色部分的 $\frac{1}{4}$ 是_____平方厘米。

6. 将每组的两道算式列成一道综合算式。

(1) 240－40＝200　　　　　　(2) 36×3＝108
　　200÷5＝40　　　　　　　　42＋108＝150

综合算式:_____　　　　综合算式:_____

7. 281×9 的积是(　　)位数;310÷5 的商是(　　)位数。

8. 1 袋冰糖重 100 g,(　　)袋这样的冰糖重 1 kg。

9. 用一根长 16 米的铁丝围成一个最大的正方形,这个正方形的边长是(　　)米,面积是(　　)平方米。

四、选一选。

1. 63×27 的积比 1200(　　),比 2100(　　)。

① 大　　　　　② 小　　　　　③ 不确定

2. 下面哪个数字可以看成是轴对称图形?(　　)

①3　　　　　②2　　　　　③7

3. 右图每个小正方形的面积表示 1 平方厘米,
估计圆形的面积是(   )平方厘米。

    ① 4   ② 7   ③ 9

4. 袋子里有 10 个球,其中白球 2 个,黄球 3 个,
蓝球 5 个。任摸一个,摸到(   )球的可能性最大。

    ① 白   ② 黄   ③ 蓝

5. 在除法算式 357÷7 中,被除数减少 35,商就减少(   )。

    ① 35   ② 7   ③ 5

五、填一填,画一画。

1. 小房子向(   )平移了(   )格。

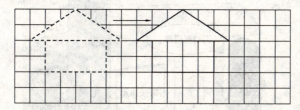

2.

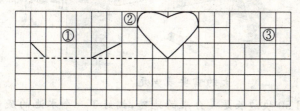

(1)画出图形①的另一半,使它变成一个轴对称图形。

(2)画出图形②的对称轴。

(3)画出图形③向下平移两格后的图形。

3. 下图每个小正方形的面积看做 1 平方厘米。以图上的粗线段为长,画一个面积是 12 平方厘米的长方形。

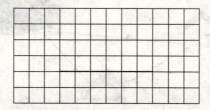

六、解决问题。

1. 直接回答下面两个问题(把答案写在横线上)。

(1)

我3分钟走201米。 我2分钟走150米。

小丽 小强

谁走得快些？_____

(2)

买42张门票。

每张18元

大约需要多少元？_____

2. 学校用50块边长是4分米的地砖，铺好了一个水池的底面。这个水池底面的面积是多少平方米？

3. 把144名三年级学生平均分成3个方队，每个方队排成4排，平均每排有多少人？

4. 王叔叔从家出发先去超市再去游乐场，一共用了8分钟。

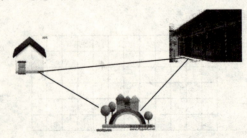

(1) 王叔叔平均每分钟走多少米？

(2) 如果王叔叔直接从家去游乐场，照这样的速度只要6分钟就可以到达，从王叔叔家到游乐场有多远?

5. 学校买来一些课桌,分给 18 个班,每班各分得 25 张,还余下 13 张。学校买来多少张课桌?

【试卷分析】

从整体上看,本份试卷题目的选取,真可谓"简约而不简单"。从教师角度乍一看,感觉都是常规题。但结合学生考试后试卷上的错误,再次细品此份试题,便不由发出感叹。感叹的是本份试题的编写,不仅能够全面考查全体学生基础知识和基本技能,还能从一些细节上关注到对学生数学思维能力的考查。感叹之余,便开始自我反思。反思的是我们的学生为什么会在"思维提高"题上"屡战屡败",我们的课堂教学是否给学生展开数学思维的时间和空间,我们的数学教学究竟要给予学生什么? 下面仅从试卷中选取几题,做以下反思。

错例 1:$25 \times 19 \times 4$ 出错率:39.6%

出错原因:大部分学生在脱式计算时,并没有发现此题可以简算。而是按从左往右的顺序计算,在计算 475×4 时,结果连续进位时,将"28 个十"与"2 个十"相加的 200,所以出 1800 的结果。

教学改进建议:

教师要理清口算与计算之间的关系,把握简算的最佳时机,不能为简算教学而教学。众所周知,口算是计算的基础,并为计算服务的。如果教师在进行像 25×4、125×8 等结果为整十、整百、整千的口算教学时,适当出示"$25 \times 19 \times 4$"类型题,然后引导学生观察思考,不计算能不能得出结果,学生就会慢慢地形成一种遇到计算能简算要简算的意识,而不是等学生被动地看到"能简算要简算"的题目时,才去试着思考能不能简算。

错例 2:填空第 5 小题 出错率 66.04%

出错原因:学生对第一个求原图大小的题目,有 7 人出错。涂色部分的面积有 16 人出错,而到涂色部分的四分之一是多少平方厘米时,全班有 35 人出错。此题是分数部分拓展题,需要学生跳出自己的思维,靠学生自身的数学感觉来解决。原本通过"看一看、画一画、移一移"就可以轻松解决的问题,结果学生的出错率却让人大跌眼镜。

教学改进建议:

教师要加强对学生数学思维能力的培养。这种思维能力的培养,不是靠题海战术,而是靠课堂上教师所给予的空间。只有教师调整课堂教学的价值取向,舍得把时间和空间完完全全地放手给学生,才会让学生自己有意愿去努力地索取。因此老师想给予学生的,并不一定是学生想要的。

错例 3:填空第 6 小题　出错率　8.06%。

出错原因:大部分学生失分的原因都是漏掉了(240-40)÷5 的括号,这也是平时学生在列综合算式时经常犯的毛病,说明学生还没有认识到括号的必要性。

教学改进建议:

教师要培养学生的综合意识和习惯。课本上一直提倡学生用自己喜欢的方式来解决问题,这种要求就导致不少学生对自己的思维要求只停留在想一步做一步,难以综合的考虑问题。长此以往,综合解决问题的能力没有任何提升。因此今后教学小括号时,要让学生结合具体情境,讲清算理,从而认识到小括号的必要性。另外,教学中要鼓励学生完整的表达解决问题的过程,这样对学生分析问题、解决问题的能力都有所培养,可谓“一举两得”。

错例 4:解决问题第 2 题　错误率 67.9%。

出错原因:

1. 学生在读题的过程中,不能马上在脑海里构建出对应的画面,反而对应的脑袋里读题后只剩下“50、4、面积”这三个关键的信息,但理解的却很片面。所以就列出了 50×4 的算式。

2. 学生习惯了“图文结合”解题。当缺乏图片这一拐杖时,不能自己来补充,导致出错。

3. 学生习惯了老师平时给予的算理提示。即要解决此题应先求(　　　),再求(　　　)。当题目中没有提供算理提示时,学生找不到解决问题的策略,进而没办法解决问题。

教学改进建议:

教师要引导学生积极地去索取解决问题时需要的策略和方法。只有在平时的解决问题教学过程中,当学生遇到困难时,教师耐得住性子,给学生足够的时间,让他们自发地通过思考、尝试、比较,然后找到“画图、分析”等解决问题的策略。当学生尝到了利用“策略”能解决好多问题的甜头后,他们再遇到新问题时,便会主动地寻求“策略”来解决,并且“百用不厌”。

(威海市高区东涝台小学　赵　丽)

第五章 常见的教学研究成果的表达方式及文体

小班化课题实验常见的教学研究成果的表达方式有教学设计、教学实录、教学论文、教学案例、教学反思、教育叙事、课例研究报告、课题实验报告等。

5.1 教学设计

5.1.1 本质内涵

教学设计是教师对课堂教学活动的规划和设想。它犹如一幅建筑蓝图，是对即将实施的教学活动进行的整体企划，也是教师授课的基本依据。

5.1.2 体例结构

主要采用条列式的方式对教学内容（教学知识点）、教学基础（如教材定位、学情分析等）、教学目标、教学策略（如创设哪些学习环境，使用哪些教学方法，进行哪些学习方式的指导，采用哪些教学手段等等）、教学过程（教学流程和环节）、教学评价等元素进行预设和阐述。其常见的格式有文本、表格等。

表格式教学设计例文

《除数是整数的小数除法》教学设计

教学内容：青岛版六年制五年级上册第三单元信息窗1，28～29页，除数是整数的小数除法。

教材分析：这部分内容是在学生学习了整数除法和小数意义的基础上进行的教学。除数是整数的小数除法既是学习小数除法的起始点，又是学习除数是小数的小数除法的基础，在教学中占有非常重要的地位，其重点是相同数位对齐和小数点对齐的法则。教材中结合"三峡工程"这一现实情境进行计算教学，注意从现实情境中引出计算教学的内容，让学生体会计算的现实意义，提高解决实际问题的能力。

教学目标：

1. 通过具体情境，使学生体会小数除法在实际生活中的应用。

2. 在具体情境中发展估算意识，进一步培养学生的估算能力。

3. 利用已有知识，自主探索除数是整数的小数除法的计算方法。

4. 在理解算理的基础上抽象算法，并渗透转化的数学思想。

教学重点：

1. 正确掌握除数是整数的小数除法的计算方法。

2. 在具体情境中发展估算意识。

教学难点：正确掌握并理解小数除法的计算方法。

教学准备：练习卡和课件。

教学过程：

活动程序与教师提示	学生活动	设计意图
（一）提出问题，尝试解决 　　课伊始，教师播放三峡大坝的录像资料，并从中获取数学信息：根据文字信息的内容(2003年6月1日，三峡大坝正式蓄水。蓄水3天，水位共上升9.84米。水位平均每天上升多少米?)，让学生提出数学问题并列出算式：9.84÷3。观察比较，这个算式和我们以前学的有什么不同？能计算吗？当大多数学生出现了畏难的状态时，老师可将话题一转，引导先进行估算，了解商的取值范围。	·观看录像。 ·根据录像中提供的信息提出问题。 ·列出算式，并比较和以往学过的算式有什么不同。 ·尝试估算。	把数学知识融入现实生活场景中，学生如入其境，可见可闻。同时，使他们体会数学知识在生活中的应用和学习新知的必要性。正确处理了笔算与估算的关系，凸显估算的价值。

续表

活动程序与教师提示	学生活动	设计意图
（二）研究交流 渗透转化思想 1. 自主尝试：学生独立思考。 2. 小组合作：尝试解决问题遇到困难后，发挥集体的力量，安排组织学生进行小组合作，研究计算方法。为小组活动提出要求。第一，在组内交流自己的算法，说说为什么这样算；第二，小组长负责记录；第三，每组选出两名同学准备交流。 3. 全班交流方法：在全班交流反馈的过程中，不断地适时介入引导，"对于这种方法，你有没有疑问？""学贵质疑，还有问题吗？""听懂他的意思了吗？""还有其他方法吗？"使学生在交流中知己知彼，相互理解，增长能力。 4. 把学生交流的几种方法同时展示出来，进行对比分析。利用同伴比较异同的办法引导学生相互沟通理解，利用与同伴比较合理、简便的办法培养优化意识。通过对比分析向学生渗透一种很重要的数学方法——转化，即把不熟悉的小数除法转化成整数除法来计算。 5. 分析竖式 理解算理：在对比各组的算法时，学生们更倾向于列成竖式，此时从研究"商的小数点为什么点在这儿（3.28）"入手，引导学生理解除数是整数的小数除法的算理。有的学生会从转化的角度分析，有的会从计数单位的角度思考，自己悟出算理。	独立思考，尝试求出9.84÷3的商。 小组合作，研究计算方法。 学生交流自己创造的方法。在此过程中，要说出是怎样算的，为什么这样算？学会表述自己的思维过程。 认真倾听同学的发言，并从中提出自己的疑问或见解。 对比分析同学们交流的几种方法，理解转化的思想。 通过对比分析同学们的方法，选择比较合理、简便的做法。 用自己的理解说一说"9.84÷3"商的小数点为什么点在个位的后面，从而感悟转化的数学思想方法。	新知识的学习，以学生的已有经验作辅助，采用独立探究和集体研讨相结合的学习方式，步步深入地引导学生进行探究性学习活动。在发现问题和解决问题的过程中，充分发挥小班化教学的优势，使每个学生都有机会经历自主探究——充分交流——全班反馈的过程，鼓励学生质疑问难，使学生在交流中知己知彼，区分异同，增长能力。对新知识的理解水到渠成。

活动程序与教师提示	学生活动	设计意图
（三）分层练习 拓展应用 1. 专项练习:给下面各题的商点上小数点: 8.5÷5=1 7 99.2÷8=1 2 4 6.78÷2=3 3 9 考虑到小数除法计算的关键是商的小数点的定位。所以,本题不用学生计算,只要求学生给商添上小数点。完成后,逐题订正。 2. 基本练习:8.72÷4 独立完成,一生板演后交流计算过程。 3. 应用练习:超市里有两种不同包装的笔。 （1）一包五支,每包12.50元。一包6支,每包14.40元。小明说第一种便宜,小军说第二种便宜,为此争执不休。你能用今天所学的知识解决这个问题吗? （2）四位同学买完文具,请你再帮他们算一算,4人共花了32.08元,平均每人花了多少元? 学生独立完成并说明算理。 4. 拓展练习:准备一个小小对抗赛,以分组对抗的形式展开,激起孩子的挑战欲。分组对抗内容如下。 397.2÷3 39.72÷3 3.972÷3 赛后观察这三道题,提出问题:"你发现了什么?"并让学生依照发现的规律,根据5823÷3=1941的商,快速抢答 58.23÷3 5.823÷3 582.3÷3的商。	依次完成专项练习、基本练习、和应用练习,并会用自己的语言说明算理。 进行分组对抗抢答计算题,并能从中发现"被除数扩大到原来的10倍,除数不变,商也扩大到原来的10倍"这一规律。	设计形式多样、层次分明、重点突出的习题,一是起到加深巩固的作用;二是注重激发学生练习的兴趣,充分调动学生学习的积极性和主动性。另外,重视多种感官参与学习,有利于提高学生的学习效率,使学生进一步领悟方法,掌握、运用知识,发展思维,提高解题能力。
（四）归纳小结 回顾整理,全课小结,师生共同归纳:学习了这节课,你有什么收获?	总结归纳本节课的收获。	

（威海市码头小学 丛琳琳）

文本式教学设计例文

《平行与垂直》教学设计

教学目标：

1. 通过操作活动，分类比较，初步感知同一平面内两条直线的位置关系，认识平行线与垂线。

2. 体会数学与生活的联系，培养学生的空间观念。

3. 培养学生简单的抽象、归纳、比较的能力，激发学生喜欢数学的情感。

教学重点：认识同一平面内两条直线的位置关系。

教学难点：正确判断两条直线的位置关系。

教具：多媒体课件、三角板、长方体模型

学具：点子纸、彩笔、三角板、小棒

教学过程：

一、创设情境，感知想象

"同学们，喜欢看动画片吗？老师也制作了一段动画，我们一起来看看，发生了什么事情呢？"学生观看《铅笔掉落之后……》，猜想：两支铅笔都掉落之后，会处于一种什么样的位置关系呢？

（设计意图：通过动画演示、猜想，激发了学生的好奇心，同时生动形象地展现了"同一平面"与"不同平面"。）

二、分类掌握特征

（一）展示——丰富表象

1. 独立思考后，学生用彩笔在白纸上画一画可能出现的情况。

2. 教师巡视，收集有代表性的作品，贴在黑板上。

（设计意图：不同位置关系的几组直线，丰富了学生的感性认识，为学生创造了一个研究图形特征和关系的丰富情境，体现了课程标准中关于"空间与图形"的现实性原则。）

（二）分类——感悟特征

1. 学生先观察，然后小组讨论，按一定的标准把6组直线分类。

2. 交流分类情况：教师根据学生的交流把作品移到相应的位置上。

学生可能出现的分类情况：

（1）按直线的方向进行分类。

（2）按"交叉"与"不交叉"分成两类。

（3）按"交叉""快要交叉"和"不交叉"分成三类。

3．想象：把没有相交的两条直线画得再长一些会怎么样呢？学生动笔画一画，发现：有的两条直线画长之后相交了，有的没有相交。

4．重新调整分类：再看我们刚才的分类，你有什么新的想法吗？

（设计意图：对于两条直线延长后的情况，先猜想，再动手进行验证，有助于发展学生的空间观念。）

（三）归纳——掌握特征

通过刚才的分类讨论，我们知道了在同一个平面内的两条直线的位置可能相交，也可能不相交。

1．互相平行的特征：（指着黑板上不相交的一类）像这样在同一个平面内不相交的两条直线我们就说它们互相平行，其中一条直线叫做另一条直线的平行线。

2．学生看课件读，并结合一组直线说说谁是谁的平行线。

3．反馈学生画的情况。

（设计意图：通过全班的交流展示，让学生清楚感知，在同一个平面内，两条直线的位置关系要么是相交，要么是平行。）

4．判断练习。用手势判断长方体各个面上一组小棒的位置关系。再出示不同平面上的两根小棒，想象成两条直线，让它们无限延长，会相交吗？是不是互相平行的？

（设计意图：教师的追问意在引发学生认知上的冲突，再借助直观的长方体，让学生理解两条直线互相平行的前提是在同一个平面内。）

（四）二次分类——理解垂直

1．观察相交的几组直线，继续分类。

2．据学生的发言，调整分类，找出这几组直线的共同点：相交成直角，并让学生用三角板验证两条直线相交的角是否是直角。

3．归纳垂直的特征：当两条直线相交成直角时，这两条直线叫做互相垂直，其中一条直线是另一条直线的垂线，相交的这个点叫做垂足。

4．课件出示概念，学生读一读。结合一组直线，认识垂线。

5．让学生指出黑板上一组直线的垂足。师再指一个交点：这个是垂足吗？为什么？

6．转动纸，改变直线的方向，观察两条直线是不是互相垂直。

(设计意图:让学生观察感悟到,两条直线的互相垂直与两条直线的方向并没有关系,关键看是否相交成直角,加深了对"垂直"本质的认识。)

7. 判断练习。课件出示四组直线,判断哪几组直线互相垂直。

三、练习巩固,深化对垂直与平行的理解

1. 猜一猜。

有一个平面图形,它是由两组互相平行的线段围成的,猜一猜,它可能是什么图形? 选择自己喜欢的一个图形,找出那两组互相平行的线段。

小结:这三个图形的两组对边分别平行。

2. 摆一摆。

师:下面我们就用两根小棒代表两条直线,分别摆成互相平行和互相垂直的关系。展示不同的摆法。

(设计意图:"做"比"看"获得的感悟要多得多,运用学具进行操作,在交流中充分展示不同摆法,对"互相垂直"的本质特征有了更加深刻的认识,能让学生直观地掌握两条直线的特殊的位置关系。)

3. 欣赏画卷,体会平行与垂直在生活中的应用。

古时候工匠用绳子吊一块石头——山西应县的木塔——中国馆。

看完图片后,你想说点什么吗?

4. 找一找生活中有哪些平行与垂直的现象。

(设计意图:配乐欣赏,优美的画卷,生动的实例,伴随着教师的介绍,让学生真切感受到所学知识在生活中的应用,增强了学生的民族自豪感,感受美进而创造美。)

四、课堂总结

今天的课就要结束了,能说说这节课你印象最深的是什么吗? 老师也有两点收获,愿意和我一起分享吗? (课件伴音乐出示集合图与收获)

1. 同一平面内两条直线的位置关系。

2. 观察事物要透过现象看本质,有时还要动手验证一下。

(山东省威海市第二实验小学 于爱敏)

5.1.3 写作要求

教学设计要关注研究和创新两个基本要素,也就是教师要有自己的思考和创新之处。

一从学生的角度来看,要把握准"这节课学什么(即本节课学生都需要掌握哪些知识)、为什么学(教学定位)、怎么学(采用的主要学习方式和策略)"等几个方面,尤其在"怎么学"这一方面要有创新点。

二从教师角度看,教什么(哪些地方需要教师的引导和讲授)、为什么教(指导思想和意图)、怎样去教(教师的教学方法和策略),这些都要有所考虑和体现,否则就与教案相提并论了。

三是对各块内容的分析与设计要合情合理,要落在学生的最近发展区内,能够有效地促进学生的发展。同时还要关注学生的接受能力,深入浅出,循序渐进。

5.2 教学实录

5.2.1 本质内涵

教学实录是课堂教学活动的真实记录,要求观察者将课堂教学活动的每一个细节都进行详细地记录。其表达形式有文字表述或视频录像等。

5.2.2 体例结构

教学实录要按教学活动发生发展的顺序,对教学活动中所有情境进行记录。换句话说,有闻必录。它包括教师的教学行为(引导、传授、启发、点拨等)、学生的学习行为(探索、体验、互动、分享、提升、评价等)、教学环境变化和课堂气氛、师生心理行为变化、课堂主要情节描写和说明等。

例文1

《乘法分配律》课堂实录

教学内容:《义务教育课程标准实验教科书 数学》(青岛版)四上中《乘法分配律》一节

教学目标:

1. 学会解答相遇问题,在解答实际问题的过程中理解乘法分配律。

2. 借助已有经验和具体运算,初步学会用猜想、验证、比较、归纳等数学方法学习知识,增强用符号表达数学规律的意识,进一步体会数学与生活的联系。

3. 在教学中培养学生的合作意识和应用所学知识解决简单实际问题的能力。

教学过程：

一、竞赛激趣，导入新课

师：同学们，上课之前，咱们先来进行个小小的竞赛，这儿有 2 组计算题，男女同学各为一组，比比看哪个组能获胜，开始！（师出示竞赛题，如右图。）

女生	男生
$\dfrac{(3+7)\times 9}{90}$	$=\dfrac{3\times 9+7\times 9}{90}$
$\dfrac{(60+40)\times 8}{800}$	$=\dfrac{60\times 8+40\times 8}{800}$

（生独立解决，有结果的同学举手示意老师。）

师：两组比赛结束了。公布比赛结果：女生算得又快又准，是本次比赛的获胜队！

（许多男生很不服气，紧盯着竞赛题，大喊不公平。）

师装作迷惑不解的样子：怎么不公平？每组的两道算式都是由相同的三个数组成的，结果也相同啊？

一男生抢答到：虽然结果相同，但女生的题正好凑成了整十、整百，再乘一个数太简单了。我们男生的题却很复杂！

（学生普遍认可这一观点。）

师：看来大家都认为不公平！那么这两组简单的算式之间还隐含着什么联系呢？让我们在现实问题中进一步探讨其中的奥秘。

【评析】

借助小班化的教学优势，给予每位同学充分的计算时间。在体验到男女生速度上的差距后，男生强烈感受到比赛的不公平，由此引发了矛盾，使学生急于找出两组算式的不同，从而大胆提出猜想。

二、自主合作，探究新知

（一）解决实际问题

1. 出示课本情境图，提出问题：公路全长多少千米？（学生列综合算式，独立计算。）

2. 移动学具，交流不同方法。

生 1：$110\times 2+90\times 2$ 是先分别求出 2 辆车 2 小时行驶的路程再相加就是总路程。

生 2：$(110+90)\times 2$ 中 $(110+90)$ 是先求两车一小时共行驶的路程，再乘 2 就求出全长。

师生总结：同一个问题从不同的角度思考，得到的算式也各不相同。第一种方法先分别求出两车两小时行驶的路程，再相加；第二种方法先求出两车的速度和,再乘时间,结果相同。

【评析】

双色轨道的教具设计,让学生清晰直观地感受到:不同的方法,结果相同。在实际问题的充分操作中加深认识,感受乘法分配律的现实背景。

（二）观察发现,提出猜想

1. 观察 3 组算式,同桌交流。（课件显示 3 组算式。）

$$\frac{(110+90)\times2}{400}=\frac{110\times2+90\times2}{400}$$

$$\frac{(3+7)\times9}{90}=\frac{3\times9+7\times9}{90}$$

$$\frac{(60+40)\times8}{800}=\frac{60\times8+40\times8}{800}$$

师:在数学课堂中,只会计算是不够的,还要学会用数学的眼光去发现。仔细观察这三组算式有什么相同的地方?同桌交流。

师生探讨后总结得出:每组算式都是由三个数组成,左边的算式都是两个数的和乘一个数,右边的算式都是把括号里的数分别乘括号外的数,再相加,左右两边算式的结果都相等。

2. 提出猜想

生:那是不是任意两个数的和乘一个数,都等于把这两个加数分别乘这个数,再把积相加的结果呢?

师:大胆的猜想!大家觉得呢?

（生持不同意见。）

师:接下来我们怎么办?

生:举例验证吧!

（大家一致赞同,自己尝试举例,然后小组合作交流。）

……

【评析】

深入观察 3 组算式的共同点,起到"正迁移"的作用,也是建立模式的过程,正是在充分理解的基础上,学生才能提出猜想,并进行后面的举例验证。

（三）举例验证,深入思考

1. 交流,谈发现。

组1、组2交流,出示探究表。

组2补充:我们组举的例子和大家基本相同,有一个例子是用大一点的数进行验证:

$(2000+3000)\times8=2000\times8+3000\times8$,结果都等于40000。

生(惊喜):老师,我想到还可以用分数、小数举例啊!

师:大家的思考越来越有深度了。看来举例验证时,例子要全面,不仅可以用整数举例,还可以用分数、小数举例。如果学习了新的数,我们还可以用新的数来举例。

2. 运用反例验证

师:同学们想一想,在验证一个结论时是不是所举的例子越多,就越能证明猜想是正确的?

思维敏捷的王青发言:我觉得所举的例子当然是越多越好,但是例子是无数的,如果能举出一个反例,就可以推翻这个猜想。

师赞赏:了不起的想法! 王青同学为我们的思考指出了一个新的方向。同学们,你能举出反例吗? 谁的验证结果是不相等的?

(生摇头,表示困惑。)

【评析】

这一环节是教学的重点,学生在交流中不仅验证出结果相等,而且意识到举例论证时要全面,可以用整数、分数、小数举例。尤其是运用"反例验证",为提高学生的探究能力提供了一种新的思考方式。

3. 数形结合,换角度思考

师:能不能换种角度思考! 能用不同的方法表示出长方形的面积吗?

你想到了什么?(如右图)

生:$(a+b) \times c$ 或者 $a \times c + b \times c$。

生(恍然大悟):这两个算式都表示出了长方形的面积,结果肯定相等。

师:精彩极了。现在我们知道了这个规律确实是成立的。(课堂上一片欢呼,学生茅塞顿开。)

师生总结:看来学习数学,不仅要学习一些表面的知识,还要深入地研究和琢磨,更要学会从不同的角度进行思考。

【评析】

在学生冥思苦想之际,教师适时抛出长方形面积公式的计算,正是柳暗花明又一村,教会学生从不同的角度思考问题,数形结合,促进了学生思维水平的提升。

(四)总结规律

(学生用自己的话表述乘法分配律后,师生小结。)

【评析】

"观察——猜想——验证——总结",让学生亲历探索过程的数学思维方式,贯穿始终,是整节课的主线。

三、拓展应用,深化新知

1. 填空:想一想,做一做

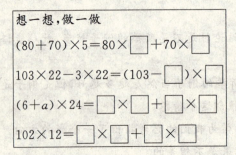

想一想,做一做

$(80+70)\times5=80\times\square+70\times\square$

$103\times22-3\times22=(103-\square)\times\square$

$(6+a)\times24=\square\times\square+\square\times\square$

$102\times12=\square\times\square+\square\times\square$

2. 抢答:找朋友

找朋友——根据乘法分配律,找出相等的算式

$(17+13)\times34$	$15\times7+6\times7$	$23\times24+23\times16$	$(100+1)\times78$
$23\times(24+16)$	$17\times34+13\times34$	$100\times78+78$	$(15+6)\times7$

3. 回顾知识,回归生活

师:我们共同来回顾以往学习中有关乘法分配律的知识。

(课件出示:求长方形的周长,隧道的长度和大巴、中巴的收入。)

师:看来我们的数学学习,前后之间都存在着密切的联系,而且运用乘法分配律还可以解决很多的现实问题。

【评析】

练习的设计一是为了巩固所学的新知,二是唤醒学生在二三年级大家中间学过的乘法分配律,新旧结合,恍然大悟,提升认识。

四、首尾呼应,拓展延伸

师:我们回头再来看课前的竞赛题。现在知道其中的奥秘了吗?

生(似有所悟):哦,我知道了原来男生和女生的题是一样的,我们男生可以运用乘法分配律,先算和再算乘,就可以很快得出结果了。

师:那是不是所有运用乘法分配律的运算,都是先算两个加数的和,再乘一个数比较简便呢? 这道题怎样计算比较简便呢? 有兴趣的同学课后可以继续研究一下!

(课件出示思考题:$(100+2)\times15$)

【评析】

前有孕伏,后有照应,有一种圆融的美,整节课浑然一体。关于乘法分配律简便运算的渗透,使学生趣未尽,思未止。

【总评】

数学方法的渗透和自主式、合作式、探究式的学习方式,正是这节课的价值取向。而小班化教学模式的应用,也为师生提供了充分体验的机会,使每位同学都能主动参与到课堂中来。

一、激兴趣,提猜想,拓宽思路

猜想是数学思维的一部分,它包含了理性的思考和直觉的推断,能使学生获得更多数学发现的机会。在上述案例中,新课伊始,通过创设情境,男女生开展计算竞赛,引发冲突,从而使学生产生强烈的求知欲望,提出猜想。然后再通过验证,发展创新思维,最终完善猜想,发现规律。

二、重验证,悟方法,提升思维

"数学事实首先是被猜想,然后才是被验证。"只有经过检验或验证,才能得出科学的结论,"猜想验证法"也充分体现出了数学的严谨性。

在学生提出猜想后,教师没有急于给出答案,而是引导学生自己去寻求答案。"这会不会又是一个猜想呢?""还可以用分数、小数举例啊!""如果能举出一个反例,就可以推翻这个猜想。""这两个算式都表示出了长方形的面积,结果肯定相等。"……从最初猜想的提出,到后面的合理验证,学生不断迸发出思维的火花。运用反例验证,发展了学生的批判性思维。而数形结合的分析方法,由数想形,以形助数,架起形象思维和逻辑思维的桥梁,使问题简捷地得以解决。相信经历了这样的思辨过程,学生对乘法分配律的理解必将更全面、更透彻。

另外,整节课以竞赛激趣,以竞赛释疑,又以竞赛拓展,充分运用小班化教学优势。而"猜想验证法"的运用,培养了学生的创新意识,发挥了学生的内在潜力,并让学生在学习中获得愉悦的有成就感的情感体验,作为教育者何乐不为?

(荣成市世纪小学　车艳艳)

(评析:威海市教育教学研究中心　潘桂华)

明明搬新家了

——比例尺单元复习课课堂实录

教学内容:《义务教育课程标准实验教科书　数学》(青岛版)五下《比例尺》

单元复习

教学目标：

1. 知识目标：通过复习使学生进一步理解比例尺的意义，密切相关知识间的联系，并能灵活应用解决生活中的实际问题。

2. 能力目标：通过小组合作探究、实践操作，在掌握复习方法的同时培养学生的合作意识和创新思维的能力。

3. 情感目标：引导学生在自主探索解决现实问题的过程中，感受数学与生活的密切联系，发展应用意识，体验成功的乐趣，并渗透爱心教育。

教学重、难点：灵活运用所学知识，解决生活实际中的问题。

教学过程：

一、游戏引入，系统构建

师：爱画画的明明有天突发奇想，拿出一枚硬币，先用薄纸蒙着，再用铅笔涂出硬币的面纹。想一想，明明画出的这幅图的比例尺是多少？

生齐喊：1∶1。

师：能说说理由吗？

生：大小没变。

师：说起比例尺，你对它有哪些了解？

根据学生的回答师板书：意义、表示方法、应用。

师：假设一幅图上标注比例尺是1∶100，你能从中获取哪些信息？（学生回答）

师：刚才大家用大括号的形式对比例尺的相关内容进行了回顾整理。这样整理有什么好处？（更系统、更清楚）其实整理的方法还有很多，如图表、树形图等。数学来源于生活又服务于生活，数学知识应用到生活中更能体现其价值，这节课我们就利用比例尺的相关知识帮明明解决搬新家过程中遇到的一系列数学问题。愿意帮忙吗？

（学生的积极性瞬间被调动起来，老师及时表扬真是些乐于助人的好孩子。）

二、回归生活，解决问题

师：明明同学最近要搬新家了，他特别高兴，梦里都在笑呀。猜猜看，他为什么如此开心？

生1：新房大。

生2：漂亮。

师出示几张新房图片。

师：还有大家没猜测出来的原因，想知道吗？接下来你就会明白的。

1. 针对性练习——复习线段比例尺

师:明明喜欢新家原因之一是因为新家周边设施齐全,无论是购物还是玩耍都很方便。看示意图:

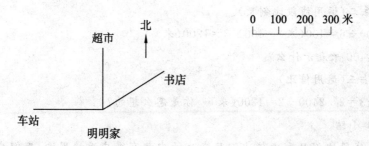

(1) 这幅图上1厘米表示实际距离(　　)米,改写成数值比例尺是(　　)。

(2) 明明家到车站的图上距离是(　　)厘米,实际距离是(　　)米。

(3) 如果明明每分钟走50米,从家到超市需要走(　　)几分钟。

(4) 明明家正南150米处有一游乐场,你能在这幅平面图上画出游乐场的准确位置吗?

(5) 你还能提出其他问题吗?

(生独立解决,全班交流反馈)

2. 开放性练习——复习比例尺的求法

师:明明高兴之余有点担心:新家离学校有多远?爸爸按照比例为他画了这样一幅图,并且告诉他,旧家与学校之间的距离是2400米。同学们,你们能帮明明算算新家与学校的距离吗?

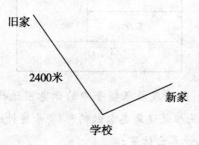

(1) 下面请同学们根据手中的2号图纸,独立计算出结果。比比看谁的方法多。(2号材料纸)

(2) 汇报:你是怎样想的?利用了什么知识?

方法一(运用数字比例尺)

2400 米＝240000 厘米

6：240000＝1：40000　3×40000＝120000（厘米）＝1200（米）

师：1：40000表示什么意思？求实际距离怎么做，为什么？

3÷1/40000＝120000厘米＝1200米

方法二（运用线段比例尺）

2400÷6＝400（米）　400×3＝1200（米）

师：400米表示什么？

方法三（运用倍比）

6÷3＝2　2400÷2＝1200（米）　你是怎么想的？

（3）小结

师：线段比例尺和数值比例尺在生活中都有很广泛的用途，我们应当根据实际情况和需要灵活选用这两种比例尺。通过刚才的使用，你觉得它们各有什么优点？

生：数字比例尺能够直接看出图上距离与实际距离的倍数关系，线段比例尺在计算上比较简便，不用化单位。

师：看，新家比旧家近了这么多，上学放学能节省多少时间呀，明明能不高兴吗？不过，令明明高兴的事情远不止这些呢。

3. 拓展性练习——复习已知图上距离和比例尺求实际距离

（1）师：这是明明的旧家，是按1：50的比例尺画出的户型图

1：50

师：以小组为单位，每位成员根据手中的示意图选择其中的一间求出实际面积，算完之后几个人互相说说是怎么做的？（3号材料纸）

（2）学习小组分工计算出结果。

（3）汇报交流。

师：怎样求出卧室和卫生间的实际面积？

生1：卧室在图上长8厘米，宽7厘米。

$7÷\dfrac{1}{50}＝350（厘米）＝3.5（米）$　$8÷\dfrac{1}{50}＝400（厘米）＝4（米）$

3.5×4＝14(平方米)

师：还有其他解法吗？

(利用错误资源大做文章：根据学生汇报适时出现反例进行对比。)

生2：8×7÷$\frac{1}{50}$＝2800(平方厘米)＝0.28(平方米)

师：用手比划一下0.28平方米有多大？这是小矮人的家吧。

(学生都被逗乐了。)

师：问题出在哪儿了，那个小组来说说？

(学生1马上有理有据地指出错因。)

师小结：通过这道题，你发现在比例尺的应用中，应该注意什么问题？

生2：应先用比例尺求出实际的长和宽，再求实际面积。因为比例尺是长度的比。

4. 应用性练习——复习已知实际距离和比例尺求图上距离及按比例把图形放大或缩小

师：明明新家比旧家大多了。长10米，宽8米。

你能选用合适的比例尺在纸上画出新家的平面示意图吗？试试看。

生试画。(师提示学生把计算过程写在旁边。)

生展示交流。

师：你是怎样确定图上距离的？

师生小结：画图时，首先要根据纸张的大小选择恰当的比例尺，这样才能使我们的图纸更美观，更实用。

师：如果要将新家平面图缩小，使缩小后的图形与原图形边长的比是1∶2。想想应怎样操作？独立在格子图上试画。(提醒学生可以用铅笔先勾图再用彩笔描一下。)

生试画。

师：再把缩小后的平面图放大，使放大后的图形与它的边长比为3∶1。

比较：缩小或放大后的图形与原图形有什么不同？

(生纷纷答道形状没变大小变了。)

5. 综合练习——凸显情感目标

师：父母改善住房环境，目的是为了什么？那你们应该怎样做才不辜负他们的期望呢？

生：好好学习，将来为父母提供更优越的居住环境。

师：明明更是个有孝心的好孩子，搬进新家明明做的第一件事就是要请家在济南的奶奶来新家住几天。明明拿出一幅比例尺 1：4500000 的地图,量得济南与威海两地间的铁路长约是 30 厘米,他了解到奶奶乘坐的火车平均速度是每小时 90 千米,如果奶奶晚上 8 点出发,应该几点去接?

(小组合作解决。)

三、畅谈收获,画龙点睛

师:这节课,你快乐吗? 如果快乐你就拍拍手吧。

(教室掌声一片。)

师:能告诉大家你为什么这般快乐吗? 通过今天的复习,你有哪些收获?

师:在运用比例尺的过程中,你认为有哪些需要提醒大家注意的地方? 对我们回顾整理的知识网络还有没有想补充的?

(学生回答非常积极踊跃。)

师:希望大家能将这些温馨提示牢记在心,也希望五(6)班的每个孩子时时都能帮助别人,快乐自己!

四、分层作业,拓展升华

美丽家园我描绘

a 层:选用合适的比例尺画出自己房间的平面图。

b 层:选用合适的比例尺画出自己家整体的平面图。

c 层:选用合适的比例尺设计一个理想家园的平面图并说明理由。

教后反思:

本节课是一节单元复习课,我能根据复习内容和学生的实际情况,对复习环节进行巧妙设计,适当减轻学生的负担,引领学生积极参与。教学中,我注重步步推进,深入浅出,充分发挥学生的主体性;课堂上洋溢着愉快的学习氛围,学生不仅理清了本单元的知识点,而且激发了上好复习课的浓厚兴趣。

1. 创设情境,预约生成

教学是个动态过程,教师应创设情境,营造动态生成的空间。之所以创设搬家情境,主要是受“鲇鱼效应”的启发。据说挪威人在海上捕得沙丁鱼后,如果鱼能活着抵达港口,卖价就会比死鱼高出好几倍。但多年来只有一艘渔船能成功地带着活鱼回港。该船船长一直长期严守成功的秘密,直到他死后,人们才发现他渔船上的鱼槽里只不过是多了一条鲇鱼。原来当鲇鱼装入鱼槽后,由于环境陌生,就会四处游动,沙丁鱼受到惊吓也不断地游动。如此一来,沙丁鱼便活着回到港口,这就是所谓的“鲇鱼效应”。如果把课堂上学习的内容比喻成沙丁鱼的话,创设一系列相关联的情境将整节课链接起来,就像放入沙丁鱼中的鲇鱼,无疑会大大增加所学知识的趣味性和吸引力,提高课堂活力。对小学生来讲,课堂注意力集中的时间相对较短,情境串教学的运用则可防止学生"注意力疲劳",有助于营造"动态生成"的课堂,对复习课尤为关键。

其次,是由本单元繁杂的知识点所决定。本单元学习内容涵盖了:比例尺的意义,比例尺的表示方法,求比例尺,根据比例尺计算图上距离或实际距离,按比例将简单的图形放大或缩小。如何做到一节课的时间复习完所有的知识点且学生非常感兴趣?一番思考之后,我决定用一个学生非常熟悉的明明搬新家的情境串起所有的知识点:新家周边设施示意图(复习了线段比例尺)——新家离学校有多远(复习用多种方法巧求比例尺及实际距离)——旧家平面示意图(复习已知图上距离和比例尺巧求实际面积)——画出新家平面图并按比例缩小(复习按比例画平面示意图及把图形放大或缩小)——接奶奶来新家小住几点接站(整体提升,综合应用中体现情感目标),真实而又贴切的情境让学生真真切切地体验到数学与生活的密切联系。既让学生分外感兴趣,又让复习课这道冷饭做出了新的味道。

2. 课题引领,提升高度

不少教育专家指出:教材是实现课程目标,实施教学的重要资源,但不是唯一的资源,而更多的教育资源则是在课堂中产生的。这其中,学生在学习过程中出现的错误,就是一种难能可贵的教育资源。"学生的错误是有价值的。"老师应该让学生充分展示思维过程,显露错误中的"闪光点",并顺着学生的思路,将合理成分"激活",这将利于学生后继学习。在比例尺这一单元,学生经常犯的错误就是用图上面积除以比例尺等于实际面积,虽然多次强调,也通过面积比和长度比的不同作过比较,但学生在实际应用中就是记不住。这节课,我故意把数据设的很小,如果计算正确卧室的实际面积是 14 平方米,而如果算错面积将是 0.28 平方米,这显然是不切实际的一个结果。我充分利用这一错误资源大做文章:用手比量一下 0.28 平方米有多大? 我又故意逗乐:这是小矮人的家吧。学生在哈哈大笑中积极查找错误原因……我这样的故意出错,把学生引入矛盾的困惑境地,使他们对自己的认知产生怀疑、自主反思,从错误中吸取教训,从"失败"中找出原因,从而让学生在纠正错误中开启智慧,迈入知识的殿堂。相信这一预设会给每位同学留下非常深刻的印象。这节课后我布置了这样一道作业:美丽家园我描绘。a 层:选用合适的比例尺画出自己房间的平面图。b 层:选用合适的比例尺画出自己家整体的平面图。c 层:选用合适的比例尺,展开丰富的想象,设计一个理想家园的平面图并说明理由。分层设计作业,因人而异,照顾了不同水平的学生,演绎了一样的精彩。自我感觉做到了面向全体、全面发展、主动发展。正是由于有了课题的引领,从而让这节复习课的高度与品位提升很多。

3. 创新教法,激活思维

以往在教这部分内容时,通常做法是利用图上距离:实际距离＝比例尺。这一公式推导出另外两个公式:图上距离÷比例尺＝实际距离;实际距离×比例尺＝图上距离,然后让学生套公式做题。今年讲这部分内容时我就注重让学生从比例尺中发现信息,如:从 1∶100 中你能获取哪些信息? 生纷纷答道:图上 1 厘米表示实际距离 100 厘米;图上距离和实际距离的比是 1∶100;图上距离是实际距离的1/100;实际距离是图上距离的 100 倍。巧妙设题,既激活学生的思维,又为后续解决实际问题埋下伏笔。学生在求图上或实际距离时,既可以列方程也可以用倍数关系或分数应用题的思路来解,方法多种多样,学生们可根据自己的水平灵活应用。从这节复习课上来看效果非常理想。学生的解题方法灵活多样,且有理有据。大多数老师认为数学知识必须通过反复练习才能形成一定的数学技能,其实这个观点并非完全正确。从整节课来看,我通过少量的练习,就突破了知识的重难点之处,在学生知识薄弱的环节上有的放矢地进行练习,重在梳理知识间的内在联系,层层反馈,课堂真实有效,学生兴趣盎然。

4. 学思结合,知行并重

育人和求知是两大并行的主线。如今,德育教育已不仅仅局限于班会课的事,而是渗透到每一节课上,每一个细节中。这节课上,在帮助明明解决搬家过程中遇到的一系列数学问题过程中让孩子体会帮助别人快乐自己;送人玫瑰,手有余香。同时通过新旧房比较,让生体会父母改善住房环境的目的是为了提供更优越的条件,所以我们应以行动回报父母等。

(环翠区教育教学研究培训中心　丛丽莉)

5.2.3　写作要求

教学实录不同于教学设计,因为真实的教学活动不是教学设计的翻版。因此,教学实录要真实地再现师生双边活动的全过程(包括课堂上教学气氛变化、师生心理活动反映等等)。但是,一些重复的内容可以省略。

5.2.4　教学设计与教学实录的关系

教学设计与教学实录既有相同点又有不同点。

	教学设计	教学实录
相同点	都属于描述性文稿,并且都是分版块来描述或陈述教学活动的全过程。	
不同点	静态地呈现	动态地呈现
	预设的:对教学过程和目标的预期,或者说是企划。	生成的:是对教学过程和结果的描述和反映。
	说明设计意图	加注教学评析
	写在教学活动发生之前。	写在教学活动发生之后。

5.3 教学论文

5.3.1 本质内涵

教学论文是作者对某个教学问题或事件进行分析、评论,并表明自己的观点、立场、态度、看法和主张的一种文体。论文有三要素,即论点、论据和论证。

5.3.2 体例结构

1. 归纳法:从分析典型(即分析个别事物)入手,找出事物的共同特点,然后得出结论。

例文1

有效性:教学情境的价值回归
——由"同课异境"引发的思考

情境是形成数学问题的土壤,是引发探究活动和数学思考的源泉。开展小班化数学教学,创设具体、生动的课堂教学情境,正是激励、唤醒和鼓舞学生,提高教学有效性的一项重要教学策略。前段时间,各小班化实验学校相继开展了教学研讨活动,笔者也多次参与其中,切实感受到引领学生在多样化的情境中学数学,愈来愈被广大教师所重视。令人欣喜的同时,也发现一些教师在情境创设方面存在的误区:追求趣味,远离目标;多了电教,少了体验;虚拟情境,美丽谎言;生搬硬套,违背现实;活动过多,缺少思考;追求现实,忽略感受……由此,笔者想通过一些课例,对不同的情境进行分析,浅谈为情境适度"瘦身",从而实现有效教学的一点想法和做法,以期与大家共同商榷。

一、关注课例，为情境的有效问诊，对比中寻最佳

不同的教师，由于理念有所不同，创设的情境也会大相径庭。在教学《小数的意义》时，笔者见到了三种不同的导入情境。以下，撷取几个片段，我们一起来为情境有效问诊，对比中寻最佳。

1. A老师的情境创设，似乎喧宾夺主，游离于数学之外

师：想到百鸟园参观吗？

生兴高采烈喊道：想！

教师利用多媒体展示各种各样美丽的鸟的图片（见下图）。

师绘声绘色地解说：鸵鸟是世界上最大的鸟，而蜂鸟则是世界上最小的鸟，和蜜蜂的大小差不多；瞧，这是中国最珍稀的鸟——朱鹮，曾一度被人们认为已经灭绝的鸟类，被动物学家誉为"东方明珠"；丹顶鹤认识吧，也叫仙鹤、白鹤，是长寿的象征，国家一级保护动物。

继续欣赏，这是大家非常熟悉的鸟——孔雀，右边的是凤头鹦鹉；这种鸟认识吗？是鸳鸯，通常用来比喻恩爱夫妻，是经常出现在中国古代文学作品和神话传说中的鸟类；最后是信天翁，信天翁是最善于滑翔的鸟类之一，有记录显示信天翁的翅膀最长达3.6米，是世界上翅膀最长的鸟类。

学生欣赏的同时不时发出赞叹声。

师：刚才，我们欣赏了这么多美丽的鸟的图片，你们还想了解关于鸟蛋的知识吗？

想！孩子更加兴奋。

接着屏幕定格在课本情境图上(见图),显示出几种鸟蛋的质量。

孩子边欣赏边议论。

(不知不觉,这节课已经进行了7分钟。)

师:从图中,你知道了哪些数学信息?

(学生试读出鸟蛋的质量。)

师:这些蛋的质量都是用什么数表示的?

生齐答:小数!

从而引出本节课要学习的内容——认识小数。

创设"百鸟园中欣赏鸟"这一情境,画面虽华美却与教学内容关系不大,不能很好地突出数学学习的主题,导致课堂学习时间和学生的思维过多地被纠缠于无意义的人为设定中,课堂效率较低。参观百鸟园后再出示鸟蛋的情境图,绕了一圈,耗时7分多钟才提出早应该问的问题,这样绕圈子的情境实在是喧宾夺主,游离于数学之外,既浪费时间又干扰了学生的注意力,得不偿失。

2. B老师的情境创设,基于学生生活,则能够架桥搭梯

师:课前同学们到超市调查、收集了有关小数的信息,谁愿意把你收集到的信息和大家交流一下?

(学生争先恐后地举手交流,充满成就感。随着学生的交流,教师有选择地板书出部分小数。)

师:老师也搜集了一些小数,请看——(出示信息窗内容。)

师:谁来读一读这几条信息?

师:请同学们观察黑板上的这些小数,想一想可以怎样分类?

(学生独立思考后,小组内积极交流自己的想法。)

师:哪个小组愿意起来交流一下,你们是怎样分类的?

(学生交流时表述得比较清楚,分析得有理有据,教师按分类的结果将小数进行分组排列,很自然引入对新知的探索。)

课程标准提出"数学教学是数学活动的教学,而数学活动应是学生自己建构知识的活动。"B老师课堂展现的情境很简单,就是学生收集的生活中的"小数"。让孩子课前走进超市去调查商品的价格,让学生"在参与中体验,在活动中发展",很好地沟通了数学与生活的联系,这就是有意义的、有效的数学学习。"问渠哪得清如水,为有源头活水来"。看,孩子的记录本,密密麻麻;听,课堂的交流声,滔滔不绝。教师则随手拈来,巧妙地利用了课堂生成的资源,为新课的学习架梯搭桥,引领他们经历分类、比较、整理、交流等数学活动,在探究过程中

发现"小数"的知识，真正体现以学生为主体的有效课堂教学。

以上两种现象的出现并非偶然，其间折射出有的教师对数学情境创设理解和把握的种种偏颇，因而很有必要对信息窗编写的原意"清源正本"，把数学情境创设的有效性纳入到数学教学活动之中加以分析，否则就会"隔靴搔痒"，不得要领。

二、匠心设计，给情境的繁杂瘦身，简约中显实效

那么，究竟该如何去粗取精，为数学情境适度"瘦身"呢？笔者认为科学、合理的教学情境应当把握"简易、自然、有效"这六个字。"简易"更符合小学生的认知规律，更接近学生已有的知识和经验。"自然"即顺应学生的需要，而非教师的需要；顺应"数学"的需要，而非凌驾于"数学"之上的需要。"有效"则要求情境能吸引学生注意力，激发兴趣，同时要抓住知识本质，使学生快速进入新知学习的环节。结合具体内容，浅谈使用山东版数学教材的尝试与实践。

1. 从"引"到"转"，纠偏拨正，进入主题

山东版数学教材中的有些信息窗，只是给学生提供了数学的生活"入口"，入口"度"的把握直接决定了能否保证学生进行高效的数学学习。

比如：一下《农夫与牧童——方位与图形》（见右图）把抽象的方位融入四幅生动的图中：早晨太阳从天空的东方升起，中午太阳在天空的南方，傍晚太阳从西方落下，晚上北极星在天空的正北方。

以往听课时，发现教师在出示情境图引入新课后，学生确实被生动的图片深深吸引住了，但偏离了数学主题，选取教学片段如下。

师：瞧，老师这儿有几幅有趣图片，你能把它们编成故事讲给大家听吗？注意要讲清楚什么时间、谁、在干什么？先自己想一想然后说给大家听一听。

生1：早晨，太阳刚刚露出笑脸，农民伯伯牵着牛扛着锄头出门了。

生2：我好像还听到公鸡在喔喔叫呢！

生3：中午到了，农民伯伯还在地里干活，热得满头大汗。

生4：傍晚天快黑了，农民伯伯牵着牛扛着锄头回家了。

生5：晚上吃完饭，农民伯伯和小孙子坐在院子里喝茶、看星星。

……

（孩子的介绍滔滔不绝。）

从以上片段可以看出学生过多地纠缠于图中的故事,一旦出现这样"漫无边际"的苗头时,教师要及时进行引导:同学们观察得非常仔细,不仅描绘出图中的故事,还介绍了故事发生的时间。再想想,你能提出关于方向的问题吗? 这样一引导就立刻把学生引回到数学的世界里来,在现实生活中探讨有关方向的问题。

2. 化"整"为"零",弹性调整,降低难度

情境图虽是专家们反复推敲精挑细选的,但只能最大限度地适应不同地区学生的学习需要,具有一定的弹性也是教材本身编写的要求。因此,教学活动的组织要以有利于学生开展学习活动为目标,要善于对教材进行合理、适度、准确地开发。

如二下《富饶的大海——两、三位数乘一位数》信息窗1,呈现的是渔民们出海打鱼归来的热闹场面。通过一个大的信息包,对应隐含了五个知识点:

包含的信息、问题	知识点
船有 4 排,每排 20 条。一共有多少条船?	整十数乘一位数的口算
今天捕了大约 200 千克鱼,每千克能卖 4 元。能卖多少钱?	整百数乘一位数的口算
螃蟹每千克 29 元,买 6 千克 180 元够吗?	两位数乘一位数的估算
每筐虾重 13 千克,2 筐虾一共多少千克?	两位数乘一位数的口算及笔算
这批带鱼一共 312 千克,每千克 3 元。这批带鱼能卖多少钱?	三位数乘一位数的口算及笔算

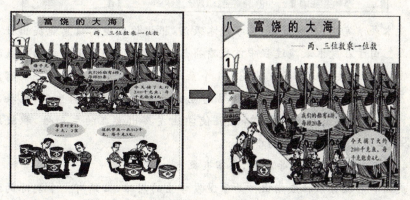

面对这样一个大信息包,如果仍按以往"观察情境——交流信息——提出问题——解决问题"的模式出现,一次性把所有的问题一一提出并加以解决,课堂的容量会很大,学生掌握起来也很累,势必会囫囵吞枣。所以对本信息窗我们可以合理切分(如上图所示),第一课时只研究上半部分,隐去其中一组信息,留下两组信息(船有 4 排,每排 20 条;普通鱼 200 千克,每千克卖 4 元),只探索

整十、整百数乘一位数的口算方法,巩固练习,扎实推进。

3. 变"静"为"动",激发兴趣,以动促思

动态画面和静态情境图相比,无疑更能吸引学生的注意力,激发学生的探索兴趣。二上"看魔术——乘法的初步认识信息窗1"的主题图(右图所示)蕴含的信息值得探究,但不易激发学生的兴趣。

教学时,教师可以运用多媒体课件,先动态展现舞台上方的四组灯,再依次出现5组装饰灯笼。

接着魔术师开始变花表演:先变出2朵花——2朵花——2朵花;其次再变出一个鱼缸(里面有四条鱼),依次变出第二个、第三个、第四个。学生身临其境不仅感受魔术的魅力,也从中发现一组组数学信息。

下图就是变花的动态演示过程:

魔术表演完毕,教师提问:看了魔术表演,根据你发现的信息能提出什么数学问题? 由于在魔术表演过程中学生看得认真仔细,他们会很快提出同数相加的诸多问题:一共变出了多少朵花? 4个鱼缸里一共有多少条鱼? 一共有多少个灯笼? 一共有多少个灯泡? 这样动态地出示情境,化枯燥为生动,化抽象为直观,为学生展现出鲜活的数学,能促使学生发挥出潜在的主动性,积极地思考,全身心地投入到学习活动中。

4. 由"虚"到"实",引导观察,丰富表象

美国著名教育家杜威指出:"为了激发学生的思维,必须有一个实际的经验情境,作为思维的开始阶段。"因为数学教学内容对学生来说,它是外在的、陌生的,需要通过教师加工后,才能更好地为学生接受与掌握。

三上《观察物体》是"空间和图形"领域的教学内容,要求学生从不同方位观察两个物体或一组立体图形,初步把立体图形与其视图联系起来,对学生的空间观念有一定的挑战性,也有一定的难度。教学时,可以这样处理:创设商场里

的冰箱和冰柜大展销的场景,然后出示四幅作品,引导学生观察并交流发现,揭示课题。随后,教师为每个小组提供一个冰箱和冰柜的模型,模拟冰箱冰柜的展销现场,此时教师再提出观察要求:坐在自己的位置上,认真观察你看到的那个面,在卡片里找出来。

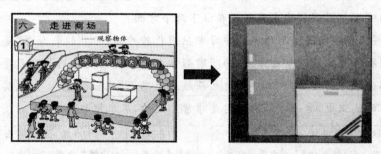

用模拟的场景让图片上的生活场景变虚为实,本来抽象的事物一下变得具体直观了,会大大丰富学生的表象。

总而言之,山东版数学教材为我们的教学提供了更宽广的载体,拓宽了我们的教学视野。小班化数学课堂教学要从钻研教材开始,把握好教材的意图与本质,发掘其丰富的内涵,结合学生的认知背景,对情境的呈现时机、形式和内容进行加工,让情境图成为有生命活力的、有价值的教学资源。在创设数学情境的时候需以学生的发展为目标,生活背景为根基,实际需要为原则,兴趣需求为动力,为数学情境"瘦身",彰显简约之美,打造充满活力和智慧的有效课堂。

(荣成市教育教学研究中心 董琰彦)

2.推理法:从一般原理出发,对个别事物进行说明、分析,而后得出结论。

例文2

空间与图形领域数学思想方法的教学要系统化

数学学习过程是一个系统的认知过程。因而,数学思想方法的教学也应强调其整体性,以帮助学生整体把握思想体系,形成策略与方法。《课程标准》要求,在小学阶段,数学思想方法的教学要渗透在知识教学的过程里。基于此,教材在编写上很难体现其连贯性和系统性,只能将思想方法教学分散地锲入各部分知识的教学之中。如何体现数学思想方法教学的系统性和完整性呢?几年来,笔者结合青岛版小学数学教材教学,借助于小班化课题实验,进行了比较深入的研究与探索。下面,结合空间与图形领域数学思想方法教学的研究,谈谈自己的看法。

一、系统渗透"比较与分类"的数学思想方法

"比较与分类"是自然科学乃至社会科学研究中都经常用到的基本逻辑方法，更是数学学习的重要方法，它与众多数学思想方法之间存在着密切联系。在小学空间与图形领域主要体现在以下两个方面：

第一，在空间与图形领域的学习中应用比较广泛。"比较与分类"是寻找事物之间联系与区别的重要方法，而明晰形体或形体运动的区别与联系是空间与图形部分学习的重要内容之一，自然而然地离不开"比较与分类"。尤其是在图形特征的认识中，这一方法的运用是非常广泛的，基本框架如下：

一年级 比较与分类	⇒	二年级 比较与分类认识	⇒	三年级 比较与分类认识旋转与平移	⇒	四年级 比较与分类认识平行与相交	⇒	四年级 比较与分类认识角与三角形	⇒	五年级 比较与分类认识多边形

第二，它与其他数学思想方法之间有着密切的联系。小学数学教学中，空间与图形部分常见的集合、转化、类比、归纳等思想方法，都与其有着密切的联系。如"转化法"——学生明晰了平行四边形与长方形之间的区别与联系后，才容易联想到平行四边形到长方形的转化；"类比法"——学生意识到立体图形的体积和平面图形面积之间的本质联系时，才有可能进行从面到体的类比猜想；"归纳法"——三角形内角和的学习，就是分锐角、直角、钝角进行探索，然后归纳的。

第三，是空间与图形部分思想方法教学的起点。低年级学生有了少许的数学知识储备，对数学思想方法懵懵懂懂，而"比较与分类"这一与生活有紧密联系的内容，深浅有度，弹性较强，从低年级切入比较合适。当然，把"比较与分类"看成小学阶段空间与图形部分思想方法教学的起点，并不要求在低年级初学时一步到位。对低年级学生，要求按一定标准"不遗漏""不重复"正确地分类，确有一定难度，如果再提高要求，让其能够做到"分清主次""不越级讨论"科学地分类，难度更大。因此，我们要将"比较与分类"的思想方法教学贯穿于整个小学阶段的数学教学之中，引导学生在后续学习中不断深化并灵活应用。

为了系统化地渗透"比较"的思想方法问题，我做了以下尝试。

首先，在二年级学习长方形和正方形的认识时，我创设了这样一个教学情境，让学生把长方体和正方体积木上的"面"画在纸片上。接着，抛出"长方形和正方体有什么不同?"这一挑战性问题，引发学生思考和讨论，对"体"和"面"进行充分地比较，深刻感受"长方形和正方形"的特点，体验由"立体"到"平面"这

一抽象过程。

生1:正方体厚厚的[有长,有宽,还有厚度(高)],正方形薄薄的[只有长和宽,没有厚度(高)]。

生2:正方形有1个面,正方体有4个面(学生的直觉)。

师:数数看,正方体到底有几个面?

生2:6个。

生3:正方形是平平的(对平面图形的直感),正方体是胖胖的(对立体实物的直感)。

师:等等,大家说得这么好,老师要记下来。

一听我要记录,孩子们发言的热情更高了。

生4:正方体不能折起来(动手折正方体实物得到的结论),正方形能(动手折正方形纸片得到的结论)。

生5:正方体能拿起来(正方体实物),正方形不能(正方形图形),只能拿起画正方形的纸(正方形纸片)。

生6:正方形(正方形纸片)可以夹在书里,正方体(正方体实物)不能夹在书里。

生7:正方形有4个角,正方体有8个角。

师:哪8个角?

学生指着正方体的顶点向我进行解释,我也给予了适当的纠正与点拨。

以上,学生用生动的语言揭示了自己对"面"与"体"的个性化理解,在对比和比较中加深了对"长方形和正方形"特征的认识和理解,空间观念也得到了初步形成和发展。

继而,在五年级学习长方体和正方体的认识时,我又设置了一个挑战性的问题:长方体和长方形之间有什么区别和联系?旨在进一步向学生渗透"比较"这一思想方法,以帮助学生建立正确的几何概念。

在经历了2分钟的独立思考、小组交流后,学生的回答如下。

生1:长方形是平面的,长方体是立体的。

生2:长方形占面积,长方体占空间。

生3:长方体和长方形的各部分名称不一样。

……

师:刚才大家说了两者之间的区别,联系呢?

生4:长方体的6个面都是长方形。

师拿出一个长方形的纸片,问:这是一个长方体,还是一个长方形?

半数学生选长方形,半数说长方体。教师和学生就此问题引起讨论……

综上所述,思维水平不同,认知基础也不同,但系统运用"比较"思想方法,其中的"意义"和"价值"不言而喻。

关于分类方法渗透的系统化,我曾经研究过这样一个课例,三年级《旋转与平移》的学习,让学生在分类中,初步认识形体运动之间的区别。

课件演示一些物体的运动,提出问题:这些运动中的物体根据运动方式的不同,可以把它们分几类?哪些是一类?为什么这样分类?

学生一:换气扇、转轴、车轮为一类,因为它们都是转动的;传送带、汽车和大门分为一类,因为它们都是左右移动的;升降机自己为一类,因为它是上下移动的。

学生二:换气扇、转轴、车轮为一类,都是转动的;把传送带、大门、升降机、汽车分为一类,但它们都是直直移动的。

教师提出问题:大家觉得这两种分法,哪一种更为合理?

在辨析中明确:根据运动方式的不同,整体上可以分为两类,一类是转动的,称之为旋转;另一类是平平的、直直的运动,称之为平移。而第一个学生实际上把平移这一大类进行了再一次分类。

经过辨析将板书框架进行了调整:

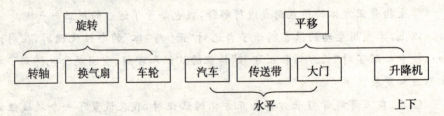

这节课的学习目标是"初步认识平移与旋转现象","分类"不是本节课的教学目标,但却是区别"运动方式"的主要策略与方法。学生在分类过程中遇到困难,通过"辨析"这一环节,对分类有了进一步的理解和认识,掌握了正确的分类方法,形成初步的分类思想,从而内化成自己解决问题的策略与方法。在后续的学习中,一旦遇到类似的问题,就能够利用所学,顺利解决问题。如,在第二学段学习平行和相交时,有前面所学"分类"作铺垫,对"垂直是一种特殊的相交"的理解,则会更加深刻和到位。

二、系统渗透"转化"的数学思想方法

转化解决问题的方式、方法、过程是一种间接解决问题的重要思想方法,更是一种广泛应用的数学方法。作为数学方法的转化，就是把一个数学问题转化成另一个比较容易解答的数学问题，在小学主要表现为将未知转化成已知。由于数学学科的系统性和严密性，使得数学知识之间存在着深刻的内在联系，这一鲜明的特点使得"转化"成为数学学习的基本方法，小学空间与图形领域更不例外，具体体现如下：

平面：

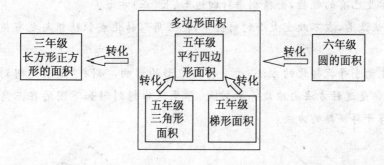

立体：

从上图中可以看出，"转化"贯穿于第二学段几何部分面积和体积计算的全过程，显而易见，它是中高年级空间与图形部分数学思想方法的重点。所以，面积和体积的教学，则成为落实转化思想方法教学的关键期。

为了体现"转化"方法渗透的系统性，笔者对多边形面积计算的教学进行了整体设计，把探索平行四边形面积计算方法作为渗透"转化"思想方法的重点，将探索三角形和梯形面积计算方法作为"转化"思想方法的拓展与应用。让学生深刻体会：将未知图形"转化"成已知图形，通过"已知图形"面积的计算方法，推导出"未知图形"面积计算方法的奥妙。具体设计如下：

1. 平行四边形

一要帮助学生初步形成将未知转化成已知的意识，引导学生思考：不知道平行四边形面积的计算方法，但学过哪些图形的面积？能不能⋯⋯，来完成这项任务？

二要帮助学生掌握基本的转化方法——割补转换，通过引导学生观察比较"平行四边形和长方形的区别在哪里"这一问题，尝试找到转化方法。

三是帮助学生找到化归前后未知和已知的联系,通过引导学生思考"长方形的长就是平行四边形的?……"等问题,形成完整的思辨过程,得出平行四边形面积的计算公式。

2. 三角形

以平行四边形为基础,学习三角形的面积。

师:三角形的面积可以怎样求? 猜猜看,它的面积和哪种图形有关系?

以学生已有的经验,会猜测平行四边形、长(正)方形。

师:试试看,在不改变大小的前提下,把三角形转化成你猜想与之有关的那个图形。

学生动手寻找转化的方法,受平行四边形的影响,"割补"是最先想到的一种方法,但是这种方法的难度系数较大,学生很难想到形如下图的在三角形中位线处剪开再拼接的方法:

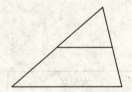 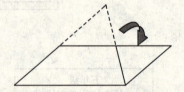

学生遇到困难后,教师可以在图形转化方法上给予必要的引导:换一个角度考虑一下,会有柳暗花明的感觉。可不可以把两个完全相同的三角形进行拼接?

在对以上问题进行思考与实践操作的基础上,进一步体会转化方法的精髓,探索三角形的面积计算方法。

3. 梯形

转化法的运用以知识、经验的积累为基础,随着学过图形的增多,图形变换的方法也逐渐增多,到了梯形面积探索部分,转化思想(意识)和方法都不成问题,所以,这部分思想方法的教学,要在基本方法的基础上对转化方法进行拓展。设计如下:

在提出问题之后,给学生充分的空间,让学生合作探索得到梯形的面积计算方法。有了平行四边形和三角形面积的探索做基础,在转化方法上会五花八门。

(1) 两个一样的梯形拼成一个平行四边形(图①)。

(2) 把一个梯形剪成两个三角形(图②)。

（3）把一个梯形剪成一个平行四边形和一个三角形（图③）。

（4）从梯形两腰中点的连线将梯形剪开，拼成一个平行四边形（图④）。

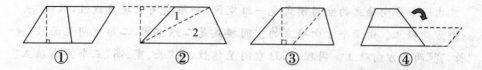

① ② ③ ④

学生对数学思想方法的学习要经过感受、领悟和发展三个阶段。小学是思想方法学习的初期，应以了解感受为主，所以对于转化方法的掌握，不做过高要求。因为第（1）种方法比较容易推导和理解，所以以第（1）种方法为研究重点，让学生完成公式的推导过程，后几种因为涉及乘除法运算定律、性质和等式变形，学生的推导会有困难，只用来实现让学生体会转化方法的多种多样，较为深刻理解转化思想方法的目标。

平行四边形面积部分，重点放在转化"意识"的培养上，沿着提出问题——明确思路——找寻方法，让学生完整经历一个从已知到未知，又从未知到已知的过程；三角形面积部分，进一步巩固转化"意识"的同时，开拓学生解决问题的思路，丰富转化"方法"；梯形面积部分，主要体现的是"方法"的拓展与延伸，让学生更为深刻理解与体会转化这种"思想"与"方法"。这样系统地、循序渐进地展开与推进数学思想方法的教学，有益于突出思想方法教学的重点，突破思想方法教学的难点。

三、系统渗透"类比"的数学思想方法

类比，是合情推理中最常用的一种推理方法，它是指根据两个不同对象的某些方面（如特征、属性、关系等）相同或相似，推断出或猜想出它们在其他方面可能具有相同或相似的特性的一种推理形式。类比是一种基本的数学思想方法，是产生数学猜想的一个重要思维方法，通过类比可以提出新问题、预见新事物、揭示新规律、发现新方法等。在小学空间与图形学习中，这种方法多用于知识的低维度到高维度的提升之处，对学生来说，类比方法的每一次运用都是思维的一次跨越，认识的一次提高。

青岛版小学教材空间与图形领域，"类比"思想方法的渗透，是以"一维→二维→三维"的递进形式呈现的。如：

（一）由平面图形面积的计算方法类推出立体图形体积的计算方法。

① 长方形的面积等于相邻两条边的乘积 —类化→ 长方体的体积等于相邻三条棱的乘积

② 圆面积公式的推导 $\xrightarrow{\text{类化}}$ 圆柱体积的公式推导

（二）运用"一维→二维→三维"的空间思维方式，类推出几何计量单位。

由一个方向确立的空间模式是一维空间，一维空间呈现直线性，只被"长"一个方向确立。由两个方向确立的空间模式是二维空间，二维空间呈面性，被"长、宽"两个方向确立。同理，三维空间呈体性，被"长、宽、高"三个方向确立。长度、面积和体积概念，分别建立在一维、二维和三维空间内，但用单位来计量形体的大小，又具有其共同的属性。在学习长度、面积和体积单位时，结合直观事实，利用直观体验与类比猜测的关系帮助学生建立其概念，无疑是一种行之有效的方法。笔者以长度单位、面积单位和体积单位的教学为例，谈谈如何由浅入深、循序渐进地渗透和运用"类推"的思想方法。

长度单位，是统一计量单位学习的起点。教学设计如下。

以《阿福的新衣》故事引入：……要做一件新衣服，师傅量了三拃，徒弟就按三拃长来做了，怎么就把衣服做小了呢？（部分学生意识到师傅的手大，徒弟的手小。）

老师当师傅，学生当徒弟，在黑板上从同一起点开始分别量出三拃长。

提出讨论问题：怎样能把衣服做的正合适呢？在回答这一问题的过程中，直观体验——模拟师傅徒弟量一量，成为帮助学生体会统一长度单位必要的有效途径。

面积单位的学习需要引导学生借助长度单位进行类比，帮助学生建立起统一面积单位和度量面积的意识。过程设计如下。

提出问题：下面哪个图形的面积大一些呢？

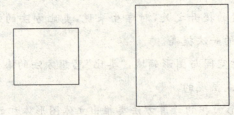

在学生思考讨论的基础上达成共识：需要用一个标准图形的面积来计量。

在此基础上，再让学生通过拼摆，体会这个标准图形需要统一。

进一步提出问题：以前我们学过长度单位，你还记得哪些？

在学生回忆长度单位的基础上，教师引导进行类比：用线段的长度作单位计量长度，于是产生了常用的长度单位厘米、分米、米；同样，用一个图形的面积作单位来计量面积，国际上规定，边长是 1 厘米的正方形，面积是 1 平方厘米。教师在语言叙述的前提下，板图示例边长 1 厘米正方形。

……

体积单位，是小学阶段统一计量单位学习的末端。设计如下。

教师：我们认识了体积，而且知道物体的体积有大有小，怎样计量这个长方体的体积有多大？（学生茫然）不知道用什么来计量，是吧？想一想：我们都学过哪几种计量单位？师生一起回忆，形成框架：

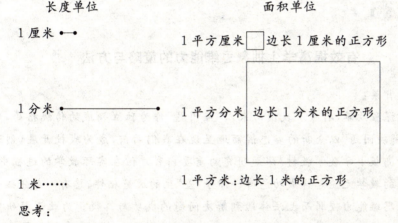

长度单位　　　　　　　　　　面积单位

1 厘米 ⟶　　　　　　 1 平方厘米 □ 边长 1 厘米的正方形

1 分米 ●━━━━━●　　1 平方分米 边长 1 分米的正方形

1 米……　　　　　　 1 平方米：边长 1 米的正方形

思考：

1. 用什么做了长度单位？（线段的长度）用什么做了面积单位？（正方形的面积）

2. 与计量长度和面积一样，计量体积的大小要用到体积单位。根据长度单位和面积单位，猜测：用什么做体积单位？体积单位会有哪些？

综上所述，同样是计量单位的教学，长度单位的教学，更关注引导学生体验统一计量单位必要性的过程；面积单位的教学，重在引导学生借助直观图，经历由"常见的长度单位"类推出"常用的面积单位"的过程；而体积单位的教学，则更侧重于引导学生亲历"常用的长度单位和面积单位"类推出"常用的体积单位"的过程。很显然，长度单位是计量单位学习的起点，直观感受统一计量单位的过程非常重要；面积单位的学习，是类比思想方法在小学阶段的第一次渗透，它建立在直观体验的基础上，从直感上帮助学生突破难点；体积单位的学习，不再以直观操作活动为支点，重点则放在类比这种思维方法的运用上。实践证明,数学思想方法教学的空间有大有小,这个大小是由学生已有的知识与经验决定的,需要我们对学生数学思想方法的发展水平有所了解,在准确把脉的基础上,才能有的放矢开展教学。

笔者对空间与图形领域数学思想方法教学的研究内容还包括归纳、集合、数形结合等,这里就不再赘述。

综上所述,数学思想方法的教学贯穿于空间与图形领域教学的始末。且思想方法的教学与知识教学一样,也是一个由易到难,由浅入深,循序渐进的过程。只有系统把握,才能使思想方法教学的目标落到实处,以全面提高学生的数学素养。

(威海高区教研中心 梁 娟)

有效提高学生抽象思维能力的策略与方法

问题背景:

数学课程改革,打破了我国历来以"应用题"作为独立领域的传统格局,新教材的"解决问题"以全新的姿态靓丽地呈现在我们面前,成为我校开展《创造性使用青岛版小学数学教材》课题研究的重要内容。但在实际教学的过程中,解决问题的教学无论怎样成功总有一部分"差"生的遗憾相伴,总有一部分孩子因为抽象思维能力较弱而无法体验到解决问题的成功与喜悦。为此课题研究中我们开始关注学生易错问题,尝试探索有效提高学生抽象思维能力的策略与方法。下面是一次解决问题能力检测中的错例:

用 10 米长的彩绸做小旗,平均每面小旗用彩绸 $\frac{1}{8}$ 米。这些小旗的 $\frac{4}{5}$ 用来装饰教室,装饰教室的小旗有多少面?

测试结果如下:

测试班级	一班	二班	三班	四班	五班	合计
人数	62	64	62	60	63	311
错误人数	14	16	15	18	19	82
百分率	22.6%	25%	24.2%	30%	30.2%	26.4%

进一步了解,出错情况如下:计算结果出错 9 人,列式错误 73 人,其中抄错数 2 人,其余均为 $10 \times \frac{1}{8} \times \frac{4}{5}$,也就是将第一步除法 $10 \div \frac{1}{8}$ 列为乘法 $10 \times \frac{1}{8}$。

这是一道很简单的问题，为什么会有这么多的学生出错呢？初步判断，我们想学生可能是受到已有经验干扰了———根据心理学的前摄抑制理论（前行学习材料对后继学习材料的干扰），在这次练习之前，我们练习分数乘法问题较多，这部分学生可能并没有仔细读题就急于列式解答，看到分数就想当然地认为又是分数乘法，因而失误了。

　　于是在我班中，我带领学生分析了这道题：应该先求"10 米长的彩绸，平均每面小旗用彩绸 $\frac{1}{8}$ 米，共可以做多少面小旗？"，而求这个问题也就是求 10 米中有几个 $\frac{1}{8}$ 米，用除法列式。之后，又紧跟着进行了 3 道巩固练习，当时看效果很不错，全班同学都会解答了。

　　一个周后，我在我任教的五年四班又提出了一道同类型的问题练习，这次出错有 11 人，而且其中 9 人是原来出错的学生。一步简单的包含除列式，为什么会一而再地出现这么多的错误呢？学生究竟"难"在哪里？

　　带着这个疑问我找来几个出错的学生了解情况，在此过程中关注与寻找学生思维障碍的节点。

　　师：要求"装饰教室的小旗有多少面？"应该先知道什么？

　　生（思考后回答）：先知道一共可以做多少面小旗？

　　师：要求这个问题实际上就是求什么？应该怎样列式计算呢？

　　生眼神茫然，回答不上来。

　　师（提示）：求这个问题不就是求 10 米中有几个 $\frac{1}{8}$ 米吗？

　　生歉然地看着教师，眼神中写着"不理解"。

　　我明白了，学生的"难"就在这里：他们不会分析此题中数学信息间的数量关系。我又接着问：那么，如果平均每面小旗用彩绸 2 米，一共可以做多少面小旗？你会列式吗？

　　生（马上回答）：会，10÷2＝5（面）。

　　一数之差，" $\frac{1}{8}$ "换成"2"，他们就会解答，换回分数 $\frac{1}{8}$ ，则难于理解，是什么原因呢？

　　问题透视：

　　周玉仁教授曾谈到："在解决实际问题的过程中，小学生实际上完成了两个转化。从纷乱的实际问题中获取有用的信息，抽象成数学问题，这是第一个转化；然后分析其间的数量关系，用数学方法求解或近似解，并在实际中检验，这是第二个转化。"本题信息比较简捷，第一个转化不成问题，很显然学生是在第二个转化——分析题中的数量关系时出现了问题，成为这部分学生思维障碍的节点。"数学能力较强的学生，当他们读完一道应用题后，就能立即看到题目的'骨架'，这个'骨架'就是数量关系。"而这些学生的最大困扰就是抽象思维能力弱，看不出这个"骨架"。

产生思维障碍的原因是什么呢？我们经过研讨达成共识：

1. 学生对数量关系的本质认识不到位。无论是"$\frac{1}{8}$米"还是"2米"，"彩绸的总长度"与"每面小旗所用长度"之间的数量关系的本质都是平均分，"彩绸的总长度÷每面小旗所用长度＝面数"这一抽象的数量关系不会随着问题情境的变化而发生变化，学生认识不到这一点。

2. 学生对问题中的数量难以在头脑中形成表象，因而难以达到抽象思维水平。生活中学生对2米很熟悉，看到"2米"能马上在头脑反映出表象——一段具体的长度，10米与2米之间很容易以这种表象为支撑发现"10米里有5个2米"的抽象数量关系；而生活中学生对$\frac{1}{8}$米接触少，学生对$\frac{1}{8}$的理解僵化在"把'1'平均分成8份，表示这样的一份"这一概念上，也就无法借助头脑中的表象，建立数量关系。

问题重建：

基于上面的分析，我在班级中进行了二次辅导，辅导过程如下。

1. 理解题中数量关系的本质仍然是平均分。

师：谁能说一说$\frac{1}{8}$表示什么意义？那"平均每面小旗用彩绸$\frac{1}{8}$米"有多长呢，我们来看一看。（出示米尺）你能指一指吗？

师：$\frac{1}{8}$米和2米一样，都表示一个具体的长度。

师："10米长的彩绸，平均每面小旗用彩绸$\frac{1}{8}$米"，这两个信息之间是怎样的关系呢，我们用画线段图的方法来帮助分析……

我发现其中好几个学生看了图之后还是很迷茫，仍然犹豫不敢张口响应，这也就说明这两人还没有产生思维的共鸣。于是我决定和学生一起做模拟演示帮助他们理解。

师:(取出一张纸条)我们用这张纸条代表 10 米长的彩绸,撕去一段代表 $\frac{1}{8}$ 米,做一面旗,再撕一段代表 $\frac{1}{8}$ 米,再做一面旗……(与讲解配合,教师特意夸张撕的动作)求做多少面小旗实际就是做什么?

生:(受教师的动作启发恍然大悟)把 10 米平均分一分,看 10 米里有几个 $\frac{1}{8}$ 米。

师:平均分用什么方法计算? 你会列式吗?

生:我会了,用除法。

师:对,也就是说问题变了,但题中的数量关系和以前一样都是平均分。

2. 巩固练习,积累表象活动经验,为抽象思维发展打好基础。

学生会做了上题,但思维还是处于直观动作思维阶段,因此我没有停止辅导,又出示了一个新问题:

用 3 千克毛线织手套,每副手套需要毛线 $\frac{3}{40}$ 千克,王阿姨已经织了手套总数的 $\frac{3}{5}$,已经织了多少副手套?

我给学生提供了纸条:"你也可以像刚才一样动手帮助分析题中的数量间有什么关系呀!"于是这几个学生利用动作做支撑分别得出了这道题的数量关系,正确列了算式。

我再出示了几道变换了情境的同类型问题,学生很快地列好算式,我让学生说说自己是怎么分析的:

生 1:我还是动手……

生 2:动手太麻烦了,我用线段图来分一分……

生 3:其实不用动手,我在脑子里想象着刚才那样撕来着,就知道还是一样的数量关系……

师:在"脑子里想象着"就知道了,你们真的可以这样做吗?

看到学生郑重地点了点头,我心中高兴极了,这说明学生已经能够借助表象进行思维活动进而实现到抽象思维的飞跃!

上述辅导方法得到了大家的认可,并推广到了五个班。一个月后我们专门提出了一道同类型问题进行检测,五个班的检测结果如下表:

测试班级	一班	二班	三班	四班	五班	合计
人数	62	64	62	60	63	311
现在错误人数	2	3	3	4	4	14
错误率	3.23%	4.69%	4.84%	6.67%	6.35%	4.50%
错误人数减少了全班的百分之几	19.37%	20.31%	19.36%	23.33%	23.65%	21.90%

问题思考：

小学阶段解决问题主要有两种思维方式：用算术方法和用方程的思维方式，两种思维方式的核心都在于分析数量关系。怎样提高这些抽象思维能力较弱学生分析数量关系的能力呢？我们认为比较有效的教学策略有以下两点：

1. 深入四则运算意义，扎稳思维的"根"。

小学阶段常见的数量关系有很多，但细细分析，所有数量关系都是以四则运算的意义为基础的。例如：汽车 3 小时行了 180 千米，每小时行 60 千米。

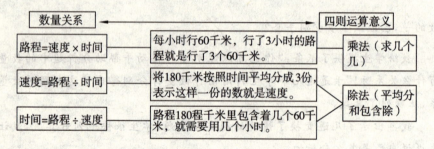

上例中，学生思维必然是沿着图示从右向左地方向一步步才能真正理解"速度路程时间"三者之间的数量关系。其他的一般数量关系或是典型数量关系亦是如此。因此，加、减、乘、除四则运算的意义是核心概念，加减乘除的关系其实是一种最基本的数量关系，是学生思维的"根"，只有"根"深才能枝茂！具体在教学中，要做到：

（1）让抽象的数量关系生动形象地"着陆"，成为理解的基础。

加减乘除这四种运算意义的本质是：合→加、分→减、求几个几→乘、平均分一分→除。但是这种抽象地表达仅靠老师的讲解和机械的记忆，对于学生而言是难于内化理解的。尤其对于抽象思维水平较低的学生，作为数学教师要善于发现，在他们的世界中寻找生活原型，将这些抽象地关系以生动形象的"面孔"建立在这些孩子的头脑中，他们应用起来才会得心应手。

例如,在低年级可以这样给学生打比方:拿来一块橡皮泥,再拿来一块橡皮泥,两块橡皮泥揉成一块大橡皮泥,这就是加法;拿来一个大苹果,"咔嚓"咬下一部分,还剩下一部分,这就是减法。抽象的关系借助生动形象的比喻非常深刻地印在学生的脑海中,效果很好!

在我们的教材中乘法初步认识、除法初步认识单元都专门有一个窗:让学生反复体会同数连加,加很多很多,最后太麻烦,用乘法;除法不停地分东西,充分体会除法的意义。教材的编写意图正是要我们在教学中努力做到让基本数量关系着陆于生动具体的形象。

观察前面的案例,正是由于我们平时教学中领会了教材的编写意图,学生对平均分——除法的理解是建立在生动具体的形象之上,所以在二次辅导中,当教师特意夸张撕纸条的动作时,学生马上反映出这是平均分,从而理解了问题中隐含的数量关系。

(2)让抽象的数量关系清晰地呈现,成为解题的支撑。

著名特级教师张天孝从掌握数学知识的概括化水平和迁移程度来衡量,将学生思维水平分为形式主义掌握、概括化掌握和创造性掌握三种水平。形式主义掌握水平不能识别在新的情境中变化了的因素,对解决变式题感到困难。概括化掌握水平,是指学生掌握的知识能纳入到原有的认知结构中去,既能和原有认知结构中的有关知识精确分化,又能理解它们之间的关系,使新知识成为原有知识体系中的一个有机组成部分,因而不仅能运用到新的问题情境中,也能把它作为理解新知识或解决新问题的基础,即能够广泛地迁移。

按照这一理论,前例中那部分学生的思维水平基本停留在形式主义掌握水平上——"2米"换成"$\frac{1}{8}$米",他们就不会解决问题了。通过二次辅导向学生清晰地呈现:无论是"$\frac{1}{8}$米"还是"2米",题中数量关系的本质都是平均分,它不会随着问题情境的变化而发生变化,这就引领学生将新知纳入到原有的认知结构中。

这种将学生思维向概括化掌握水平引领的过程在实际教学中具有很重要的意义。如今的小学数学新教材中"应用题"的编排完全打破了原先的"题以类分",题目也由呆板的纯数学的文字题变为丰富多彩的多变的生活中的实际问题,这对于抽象思维能力弱的学生来说是非常大的困难与挑战,他们好不容易将某某个例问题情境与抽象数量关系间建立了联系,又遇到了新的问题情境,便无所适从。于是需要教师帮助学生拨开纷杂情境看本质数量关系的过程。

例如教学三年级上册的两步计算问题,教学中可以如下分析:

960个果冻,2个果冻装一包,4包装一盒,可以装多少盒?

解决方法一:

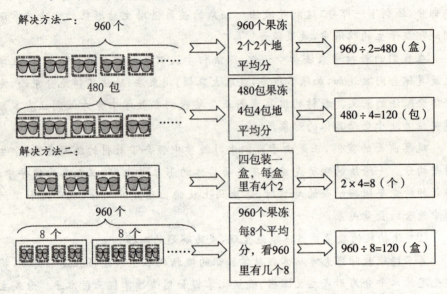

解决方法二:

上例中,通过画图分析使学生理解:无论哪一种解题思路,选择乘法,是因为求几个几;选择用除法,是因为将一个数进行平均分;思路可以有所不同,但基本的四则运算关系是解题的支撑,能深入理解四则运算意义,就能达到真正会解题的目的。

在教学(尤其是低年级)中,经常性地进行这样的由表及里的分析,学生就会逐渐体会"问题千变万化不离数量关系之根",掌握一定的思维方法,提高抽象思维能力,透过问题情境看到"骨架"的能力会得到有效提高。

2. 遵循思维发展规律,架牢思维的"桥"。

心理学认为,儿童思维的发展,一般都经历直观动作思维、具体形象思维和抽象逻辑思维三个阶段。孩子最初的思维往往是直观行动思维,在幼儿期和小学低年级儿童身上表现得非常突出的是具体形象思维,学生需要形象思维来理解知识,并成为他们发展抽象思维的基础。显然,学生的思维发展是"具体——表象——抽象"的过程,了解了心理学的这些研究成果,对我们教学有什么帮助呢?

(1)找准学生的思维起点。

在前面的二次辅导中,我先是用画线段图的方法进行分析讲解数量关系,但发现其中2个学生看了图之后还是很迷茫,仍然犹豫不敢张口响应,这也就说明这两人还没有产生思维的共鸣。后来和学生一起撕纸条做模拟演示后,2人才恍然大悟,是平均分一分的关系,因而马上列出了算式。这表明,这两个学生的思维起点就在直观动作思维阶段,找准了思维的起点才能真正理解问题。譬如,小学阶段解决问题的重要组成部分——分数(百分数)问题,对"1"的理解是首要的关键。以"男生 100 人,女生 125 人,男生比女生少几分之几(百分之几)? 女生比男生多几分之几(百分之几)?"为例,两个问题太过相似,可能讲再多遍那些抽象思维弱的学生也难以理解:为什么"1"不同得到的结果就不同,"1"的实际意义是什么。事实上,这部分孩子的思维可能还需凭借实物,通过直接感知得到体验。我在教学中做过这样的尝试:

教师请班上最高的一个学生 A 和最矮的学生 B 到台前。

师:A 的身高比 B 高几分之几? 这个问题是谁同谁比较? 谁是被比的?

生:A 的身高同 B 的身高比,B 是被比的。

师:很好。B 是被比的,也就是说把 B 作为一个标准来比,这个标准用我们用哪一个数字来表示最简明清楚呢? 对,单位"1"。比的结果是看 A 比 B 高出的那一段占了 B 的身高的几分之几(师拿出一根绳子表示高的那段身高,然后用这段绳子在 B 的身上比量了一下大约占了 B 身高的 $\frac{1}{3}$)。

师:那么 B 比 A 矮几分之几呢? 这个问题又是谁同谁比? 谁是标准的?

生:B 同 A 比,A 是被比的,是标准。

师:同样,这个标准就可以看做"1",我们来看比的结果怎样(师拿出刚才那段绳子)哎,你发现了吗,B 比 A 矮的这段长度和刚才 A 比 B 高的长度变了吗?

生:没变。

师:可是这段长度现在跟谁去比? 比的结果又是多少呢? (师用绳子在 A 的身上比量了一下大约占了 A 身高的 $\frac{1}{5}$。)

师:比的结果变了吗? 为什么会变?

生:因为标准变了。同一段绳子先是同 B 比,B 个子矮,占了 $\frac{1}{3}$;这次又同 A 比,A 个子高很多,占的份数自然就小了。

师:标准变了,也就是看做"1"的量变了,比的结果就会不一样了。想一想,如果让我们的 A 同学和姚明比,那么比的结果还会一样吗?

生:(学生忍不住笑了)不会! 姚明的身高是标准,"1"变了,结果就变了。

实践证明,有效的教学是从研究学生开始的,研究学生包括研究学生现有的思维水平,在此基础上加以引导,才能一步步获得对数学的理解!

(2) 加强"具体"向"抽象"的过渡。

回到具体操作层面明白了,并不等于抽象的知识已经建立。教师要善于引导学生,为学生架牢从"具体"到"表象"再至"抽象"的桥梁,让学生充分体验从"具体"到"抽象"之间的过渡和演变,逐步完成从动作思维到形象思维、抽象思维的发展过程。

前面二次辅导的第二环节的教学活动正是遵循学生思维发展的规律,比较成功地带领学生获得抽象思维的发展。虽然学生通过撕纸条活动会解决问题了,但思维还是处于直观动作思维阶段,因此辅导中教师又紧接着出示好几道变换了情境的同类问题,而在学生分析问题的过程中教师又不断地提示:"你也可以像刚才一样动手帮助分析题中的数量间有什么关系。"学生不断进行实践操作的过程就是积累表象经验的过程,积累到一定程度,终于学生脱口而出:"其实不用动手,我在脑子里想象着刚才那样撕,就知道还是一样的数量关系……"具体实践上升为头脑中反映的表象,这不就说明了学生已学会借助已有表象进行思维活动进而实现到抽象思维的飞跃吗?他们已经很好地弥补了具体形象思维与抽象逻辑思维之间的衔接断层的问题,成功地架起通往抽象逻辑思维的"桥"。

心理学认为,成人在解决问题时,直观动作思维、具体形象思维和抽象逻辑思维三种思维往往是相互联系,相互补充,共同参与思维活动,这也是一般情况下成人解决问题能力总是高于小学生的原因之一。因此,只要我们在教学中善于根据学生思维特点,帮助他们学会将自己比较擅长的直观动作思维和具体形象思维方式与较弱的抽象思维方式之间建立有机联系,因势利导,学生抽象思维能力弱的现状会得到有效改善!

(威海高区一小 于华静)

5.3.3 写作要求

一篇论文的基本写作要求有以下几点:

(1) 论点要正确、鲜明、集中。

(2) 论据要典型、真实、可靠。

(3) 论证的基本要求是推理必须符合逻辑。

结构严谨、层次分明、语言流畅、言简意赅等也是论文撰写要注意的一些主要问题。

另外,一篇好的论文还需要具备以下几点:

（1）要具有科学性。

论文的科学性就是要客观地、真实地、准确地分析一切事物，求得比较正确的判断或结论，使人们能把握事物的本质和规律，以指导教育教学实践。概言之，论文的科学性就是要抓住事物的本质。如有的数学论文介绍某种新的教学方式，只是一味地"吹"其如何之新，如何之好。其实，在"吹"后再说说在什么情境下才适合使用，使用时还要注意什么问题，这样才是科学的命题。

（2）要具有创造性和新颖性。

教学论文最活跃的生命力就是创造，因为创造性的理论或观点对社会最有启发教益，有独特的见解，言人之所未言，道人之所未道，闪烁着智慧的精华，对教育教学才有实际的运用和借鉴价值。论文的创造性和新颖性亦并非都要求老师们能"发现新大陆"，做到下面之一点亦算"创新"。

① 在同意别人观点的基础上，从新的角度补充新的理由，形成自己的看法。

② 不同意别人的观点，说明自己的理由。

③ 把散见于很多文章中的精彩意见集中起来，归纳整理，合并同类，抽象出规律。

④ 选择比较前沿的有现实意义的论题，选择那些教师们普遍关注，牵动大家心弦的或是比较具有地方特色的问题来写，另外在使用语汇上也要注意时代性。

（3）要具有理论性。

学术论文属于议论文的范畴，要通过摆事实，讲道理，以理服人，因而具有理论性。从表达形式看，主要是运用议论的方法阐述事理。从论据内容看，多使用"事理论据"进行论证。据此，我们在论文中应适当地引用一些名人名言、贤文锦句、比较权威的纲领性文件如"课标"等主要观点等。如果行文中从头到尾都是"我是这样想的""我认为"，这样就显得理性思维不够，理论基础薄弱了。人们常把"引经据典"看做是一个人的才能。从论文中引证的内容及其引证的方法和技巧，可以判断出作者的天资、涵养、能力和水平。引证能有助于印证自己的观点，增强理论的权威性；能够为论证提供有力的论据，丰富论文的内容；有利于增强论文的色彩、情趣和表现力。因此，我们在论文写作中要注意适当地引用教育的名言公理，以增加论文的理论高度。

（4）要具有论辩性。

论文是作者用来申述、阐明自己的思想和理论观点的，因而其语言表达上就具有论辩性。就论说方式而言，或立论——以解说、诠释为主；或驳论——以反驳异论为主。就语言风格来说，要多用论述性、概述性、说明性语言，少用描述性语言。可是,我们的一些教师在引用一些教例时,采用描述性语言进行具体的描述,特别是引完后又没有很好地进行评论,似乎就变成了记叙文了。一些教师很热衷写自己的事,一再用"我……""有一次,我……",这样的用语太多就变成了叙事故事而不是教学论文了。

(5)要具有专业性。

一篇学术论文,只能要求它对某一学科的某一问题进行研究和探讨,写出的文章或参加评选,或供专门刊物发表,或在同行业研究者中交流,都具有明显的专业性。论文的专业性不仅表现在内容上,而且在概念和术语、写作表达格式、计量方法与单位等,都与其他文章有所不同。例如,如果写一篇关于数学教学方面的论文,就应尽可能地使用数学专业术语。当然,专业性主要体现在内容的深度上,写作者要有本专业深厚的理论修养,要具有本专业研究的方法和技巧。

(6)要具有条缕性。

处在高度信息化的社会里,作者是知识生产的主体,读者是知识接受的主体,这是一种二元并存的状况。如果你提供的知识产品不被读者所接受,就将无声无息,形同废纸,成为无效劳动。在信息海洋中,人们将用最少的时间收集最有用处的信息和知识,因而当前的论文出现了标题化和条缕化的趋势,这适应了读者选择信息的需要,有利于论文的快捷传播,也立于评阅专家对文章要点的概括。

论文的条缕化主要表现如下方面:

① 标题化——分列小标题,有的甚至用一两句话的提要作小标题,使全文主旨从小标题中清晰显现,一目了然。

小标题一般可采用如下方式:

短语式(由两个以上的词组合而成)

对称式(采用对称的四言、五言、七言等句式)

陈述式(用陈述句的形式,各标题的句子可长短不一)

组合式(两个短语或两句话联结在一起,共同点明论文各部分的内容。前后两部分常用破折号连接)。

② 条文化——条文化不仅是论文作者思想清晰的显示,对读者也很重要,能使读者对新的知识信息有条理地吸收和储存;有时,这些清晰的条理十分有助于社会实践。尤其是介绍的方法十分具体且实践性较强的文章,使人一看就能理解和记住。过去那种恣肆汪洋、长篇大论的学术论文正在被条目清晰、中心论点和分论点一目了然的论文所代替。

条文化一般采用如下由大到小的序号顺序:

一＞（一）＞1＞（1）＞①＞A

以上是六级序号，一般的文章使用两级序号仅用"一""1"即可，三级则再添加"（1）"，四级以上再使用二级的"（一）"。

一些教师的论文条缕化意识比较薄弱，从头到尾没使用序号，或者只是使用"首先""其次""再次"这些主要用于段内表述的方式，常常是第一页使用"首先"后过了三四页才出现一个"其次"，这就使评阅者不易抓住文章的纲目。

（7）要具有合理性。

论文的结构必须要符合这样的两条基本原则：一是要正确反映客观事物的发展规律和内在联系；二是要以中心论点为文章的核心进行结构的构架。具体要求是：① 依理定形，顺理成章；② 次第有序，条理清晰；③ 驭繁务简，主次分明；④ 接榫密致，转折自然。

就文章的主体内容来说其绪论、本论、结论往往形成"提出问题——分析问题——解决问题"的结构形式。

在实际写作中，也可以把分析问题与解决问题融合在一起，即提出当前"教参"存在"重分析，轻教学，教学意识不强"的弊病后紧接着就针对性地提出要"强化教学意识，注重教学设计五法"，即逐个地破立结合。

我们的教师大部分写的是应用性的文章，大都是以"立"为主的，要分析讲解的大道理可以简略些（因为大家大都知晓），重在解决问题，于是就形成了以介绍相应的方法和途径为主的文章，这些文章明显地有别于专家们写的以论证和分析为主的理论性文章，但这是符合中小学教学科研实际的，方法越具体，其操作性和实用性就越强，这些文章也就越容易在评比中获得优秀奖级。当然，我们也并不反对一线教师写理论性的教育研究文章。

5.4 教学案例

5.4.1 本质内涵

教学案例就是一个有着具体教学情境的故事。在叙述这个故事的同时，人们常常发表一些自己的看法——点评。简而言之，案例就是一个生动真实的故事加上精彩的点评或反思。

我们可以从以下几个层次来理解。

教学案例是事件：教学案例是对教学过程中的一个实际情境的描述，它讲述的是一个故事，这个故事必须是真实的，它叙述的是这个教学故事产生、发展的历程,是对教学现象的动态性的把握。

教学案例是含有问题的事件:事件只是案例的基本素材,并不是所有的教学事件都可以成为案例。能够成为案例的事件,必须包含问题或疑难情境在内,并且也可能包含有解决问题的方法在内。正因为这一点,案例才成为一种独特的研究成果的表现形式。

案例是真实而又典型的事件:案例必须是有典型意义的,它必须能给读者带来一定的启示和体会。

5.4.2 体例结构

客观描述性文稿、案例背景＋案例描述＋案例分析与反思。

例文1

小小学号 演绎精彩
——《倍数、公倍数、最小公倍数》教学案例

【案例背景】

"倍数、公倍数、最小公倍数"是异分母分数加减法的基础,是内涵比较丰富的数学概念。本课的教学重点是使学生在操作中积累感性经验,深刻理解公倍数和最小公倍数的意义,探索找两个数的最小公倍数的方法。在我们学校的"同研赛课"课例研究活动中,我第一次的教学设计是让学生在理解倍数、公倍数、最小公倍数的意义之后,再适时介绍短除法。课后,听课老师们都普遍感到理解意义的过程不够充分,没有形成清晰的概念,后面的短除法也显得仓促带过,没能很好地激发学生的学习兴趣,没能体现出学生探求的主动性。而我们学校实行小班化教学,它最大特点就是在课堂中体现学生的主动发展,面向全体,让学生从中获得直接体验,亲身经历概念的形成过程,真正理解概念的含义。所以经过再次集体教研,我们进行了另辟蹊径的研究,取得了实效。

【精彩回放】

一、课上创设情境片断

师:这节课我们继续来研究剪纸中的数学问题。看,同学们用自己的小巧手剪出了很多个长3分米,宽2分米的"春"字,接下来,要用这种规格的剪纸作品,布置成大小不同的正方形展板。(课件:徐徐落下春字剪纸作品及要求)

师：看到这里，你想解决什么问题？

生1：春字的面积是多少？

生2：正方形展板的边长是多少分米？

生3：多少个春字才能摆成一个正方形展板？

师（放慢语速，让学生弄清要解决的问题）：是呀，这需要多少个春字才能摆出一个正方形展板呢？正方形展板的边长又是多少？（师边说，边出示课件：沿长方形春字作品的长和宽以虚线形式向两边延伸，学生独立思考）

师：让我们先来猜测一下这些正方形展板的边长吧。（在黑板右侧板书学生猜测的结果）

生1：18分米。

生2：6分米。

生3：10分米。（有的学生小声说：10分米不行。）

二、课中游戏片断

游戏1——

师：同学们都有自己的学号（全班共40个同学），下面我们就做一个与学号有关的小游戏。学号是6的倍数的同学请举着学号排右边。（6,12,18,24,30,36）

师：举好了，保持不动。下面请学号是8的倍数同学举着学号排左边（8,16,24,32,40）。

师：24号同学，你怎么在左右两边跑呀？

生笑。

生1：老师，我知道24号为什么左右两边跑了，因为24号既是6的倍数，也是8的倍数，是它们共有的倍数。

师：这个发现很有价值，24就是6和8的公倍数，那么24还是谁的倍数？（主要渗透公倍数的意识）

生：2，4，6，8，12，24。

师：那谁来试着总结一下，什么是公倍数？

生：几个数中共同拥有的倍数就是它们的公倍数。

游戏2——

师：很好，我们继续做游戏，下面请学号是8的倍数的同学排排队。

学生按倍数大小排队。

师：同学们如果你们的学号有无数个，那么第6个8的倍数的学号是几？第51个呢？（渗透找一个数的倍数的方法）

师：那么你们猜想一下一个数最小的倍数是几？（渗透任何一个数的最小倍数是它本身）

游戏3——

师：请同学们用倍数说一句话让这些同学们都回到座位上。（渗透任何数都是1的倍数）

生：是1的倍数的同学请回座位。

【教学反思】

"倍数""公倍数""最小公倍数"这三个概念，如果单从纯数学的角度去让学生领会，显然是比较枯燥、乏味的。因此本节课中我从学生的已有经验和知识出发，把枯燥乏味的数学知识用学生熟悉的学号编成游戏的形式，激发学生的学习兴趣，使问题不仅有童趣，而且呈现出开放性，并具有丰富的数学结构。

一、课前创设情境，主动发展

促进学生的主动发展是小班化教学最明显的优势。本课中，我创设现实的生活情境，让学生从中获得数概念内部结构特征的直接体验，积累数学活动的经验；在此基础上，再引导学生从生活"进到数学"，通过对实际问题的反思，抽象出数学概念，学生获取知识的过程被"拉长"了，花的时间可能也要稍多一些。但是，在这一过程中，当他们面对那些生动有趣的实际问题时，能够自觉地调动起已有的生活经验和那些"自己的"思维方式参与到解决问题的过程中来，主动展示自己内部的思维过程。通过经历这一过程，学生获得了对数学概念更深刻的理解。

二、在游戏中悟方法，提升思维

借学号编练习的方式虽然不是我的首创，但对上课的学生却是头一回。学生在一系列的"学号游戏"中,兴趣盎然,积极参与,课堂呈现一种即兴的对话与互动的态势,教学过程真正成为教学内容持续生成与转化、知识不断建构与提升的过程,学生不断利用原有经验背景对新的数学现象作出解释、进行加工,每一次小小的发现都表达着他们对数学学习个性化的感悟与创造;每一次小小的补充,都见证着他们数学经验的孕育和理解能力的提升。在交流中,经验得以分享;在质疑中,知识得以确证;在补充中,意义得以拓展。教学由此变成一种动态的、生长性的"生态系统"和完整文化。

通过这样的小班化教学,不仅使每一位学生加深了对公倍数意义的理解,而且使每一位学生真正投入到探究学习的氛围中,体验到学习给他们带来的快乐。学生们在学习知识的同时既提高了能力,掌握了方法,又培养了情感,体现了"面向全体,全面发展"的素质教育理念。所以我在思考,在今后的教学中我要充分利用小班化的教学优势,经常设计精妙的问题情境唤醒学生沉睡的潜能;组织多向的探究活动铺设学生思维发展的阶梯;再现知识形成的轨迹引领学生感悟结论获得过程。让我的每节数学课堂都成为学生快乐学习的乐园!

(威海市长征小学 张娜娜)

有意"难为",收获精彩

——"长方体的认识"教学案例

【案例背景】

"长方体的认识"是五年级下册第七单元信息窗1(85~86页)教学内容,这是学生全面系统地认识立体图形的开端,也是后续学习其他立体图形的基础。课堂上,教师通常会采用动手操作的方式,帮助学生建立表象。例如让学生"摸一摸"感受长方体的面、棱、顶点;"数一数"得出长方体面、棱、顶点的数量;"量一量"找到长方体面与棱的特点等等。表面看,学生的探索过程很顺利,能够发现并掌握长方体的特征,达到教学目的。但对于这样的课,我总认为少了点儿什么。试想,对于一个五年级的学生来说,只采用"摸一摸""数一数""量一量"等方式得出结果,是不是太过小儿科了?其思维含量之低与五年级学生的智力发展水平是不匹配的,更谈不上思维提升了。

在今年的执教中,我摒弃了传统教法,在探究过程中有意识地"难为"学生,收到了意想不到的效果。

【案例描述】

1. 提出要求（在引导学生认识了长方体的面、棱、顶点后，教师提出要求）

师：同学们反应很迅速，想不想亲自动手做长方体呢？老师为你提供了一些材料，小组合作，选择适当的材料，拼插两个长方体框架，并根据你的操作填写表格并回答问题。[4厘米的小棒6根，3厘米、5厘米的小棒各12根]

学生小组合作制作长方体并填写表格。

制作长方体的材料

	5厘米小棒	4厘米小棒	3厘米小棒	连接点
长方体1				
长方体2				

如果要做长方体纸盒，还需要准备什么样的面？

你有什么发现？

2. 交流

师：谁愿意说说你们小组的发现？

生1：我们小组发现每个长方体都有6个面、12条棱、8个顶点。

（师板书：6个面、12条棱、8个顶点）

师：还有补充吗？

生2：我们小组只拼插了一个长方体，它的6个面都是长方形。剩下的棱不能拼成一个长方体了。

师：哦？

生2：你看，拼这样一个长方体，每种长度的棱需要4根，现在3厘米和5厘米的棱剩得多，每样剩下8根，但4厘米的棱只剩下两根了，不够了。

师：哦，你们遇到困难了。

生3：老师，我们也遇到了这种情况，但是我们和别人的小棒合起来，又拼了一个。

师：哦，你们还学会资源共享了呢。

生4：老师，我们用剩下的棱也能拼一个长方体。你看[生举起长方体]这个长方体有8条棱的长度都是3厘米，其余4条棱的长度是5厘米。这个长方体有四个面是长方形，另两个面是正方形。

师：你们非常善于动脑，这样也能拼成长方体，了不起！

生5：我们拼的长方体也有4个面是长方形，两个面是正方形，只是我们用了8条5厘米的棱、4条3厘米的棱。

师：太棒了！看来，有的长方体的棱只有两种长度的小棒就可以拼成了。

生6：我们小组还发现，长方体相对的面一样。

师：一样？能具体说说是什么一样吗？

生6：形状一样，大小也一样。

师：那么说形状相同、大小相等可以吗？

生6：可以。

师：你们总结出长方体面与面之间的关系了。（师板书：相对的面形状相同，大小相等。）那棱与棱之间有没有关系呢？

生7：我们小组发现，长方体有些棱的长度是相等的。

（生指出4条相等的棱。）

生8：还有相等的棱。（生在长方体上指出其余两组相等长度的棱。）

师：你能总结一下，什么位置上的四条棱长度是相等的吗？

生8：平行的棱。

生9：相对的棱。

（师板书：相对的棱长度相等。）

在交流中可以发现，学生通过操作，总结出了长方体和正方体面、棱、顶点的特点，同时整个探索活动气氛热烈，学生在小组中你一言我一语地讨论着、交流着，参与度极高，课堂散发出一种生命活力。

【案例反思】

以前的教学中，用简单的操作学生便可轻易地得出长方体与正方体的特征，教师虽然教得轻松，但学生学得无趣；而本次教学中，教师让学生动手做长方体，有意提高学习难度，学生因为探究内容有了吸引力，探究过程有了挑战性，反而更有效地激发了他们内心深处的探究欲望，收获了别样精彩。

一、有吸引才有真发现

苏霍姆林斯基说过："在人的心灵深处都有一种根深蒂固的需要，就是希望感到自己是一个发现者、研究者、探索者，而儿童的精神世界上，这种需要特别强烈。"《数学课程标准（实验稿）》指出："学生的数学学习内容应当是现实的、有意义的、富有挑战性的，这些内容要有利于学生主动地进行观察、试验、猜测、验证、推理与交流等活动……"只有把教学内容设计得具有"挑战性"，才能激发学生的探究兴趣，引导学生去自主"发现"。

在以往的教学中,学生采用"摸""数""量"等方式无需费力就可以得出长方体与正方体的特征,这样的内容对五年级学生来说没有什么吸引力,无需思维参与就可"发现",这样的发现其价值并不大;而本次教学中,老师人为地把很容易就"数出来""量出来"的特点隐藏在制作长方体的过程中,学生真正经历着发现过程:猜测、验证、否定、肯定等,不断去伪存真。在这一过程中,学生的思维由形象到抽象,在思辨中不断得以提升。

二、有挑战才有深探究

《数学课程标准》指出:"动手实践、自主探究与合作交流是学生学习数学的重要方式。"正所谓"眼过百遍不如手动一遍",然而探究是为数学思考服务的,如果只是满足于得到探究结果,那就失去了探究的价值,因而在探究过程中,要设计有挑战性的内容,给学生留有充足的空间思考,从而实现深度探究。

在以往教学中,学生只要按教师的提示"摸""数""量"一步一步走,就可以找到问题的答案,这样的探究内容对于五年级学生来说没什么挑战性;而本次探究内容则大胆放开,让学生在拼插长方体与正方体的过程中自己去体验、感悟、总结。学生在拼插过程中需要猜想、尝试、创造:选择哪种长度的小棒?各需要几根?选择几个顶点?每根小棒应摆放在什么位置上?而且由于每组要拼插2个长方体框架,而4厘米长的小棒只有6根,在拼插完一个长、宽、高分别是3厘米、4厘米、5厘米的长方体框架后,余下的材料如何拼插成一个长方体框架?这些问题一一摆在学生面前。这样的探究内容无疑是具有挑战性的,学生在思考、操作的过程中,真正感受到自己成为知识的发现者、研究者、探索者,他们渴望通过拼插成功来证明自己,也就自觉地投入到自主探究中来,而这样的探究内容对于学生的长远发展无疑有着积极的推动作用。

(威海市文登实验小学　颜春娅)

5.4.3 写作要求

教学案例要选择典型性、现实性的问题,对其背景、主题和情境与细节进行描述,对教学结果进行诠释与研究,并提出问题讨论。具体要求如下:

1. 教学案例必须基于真实的课堂教学实践。对真实的课堂教学实践可以做某种技术性调整或修补,但不能虚构。写作前,首先进行资料的搜集、整理和分析,不但要形成一定的观点,还要让数据说话尽可能使数据表格化,从主观和客观、历史和现实等维度进行归因。

2. 教学案例的写作方式必须以"叙述"为主。"叙述"的主体可以是上课的教师本人,在反思自己教学行为的基础上,以第一人称的语气撰写的"教学事件"。也可是教学研究者,在观察他人课堂教学的基础上,以第三人称语气撰写的"教学事件"。在叙述"教学事件"时除了"白描"以外,还可以采用"夹叙夹议"的方式。

3. 每个教学案例必须蕴涵一个或几个教学事件,要相应地显示出一定的情节性和可读性。

4. 教学案例所叙述的教学事件要具有典型性,体现新课程的教学理念,有较强的说服力。

5. 注意不必要抒情。

5.4.4 教学论文与教学案例的关系

<table>
<tr><th></th><th>教学论文</th><th>教学案例</th></tr>
<tr><td>相同点</td><td colspan="2">两者都是讨论或研究某个教学热点问题。不必像教学设计和教学实录那样反映教学活动的全过程,而是根据主题的需要,对原始资料进行筛选,有针对性的向读者交代特定的内容(一个或几个片断、某个或几个环节、一个或几个事件)。</td></tr>
<tr><td rowspan="2">不同点</td><td>从文体和表达方式来看</td><td>以说理为目的,以议论为主。</td><td>以记录、评析或反思一个(或几个)教学事件为目的,以叙述为主,兼有议论和说明。</td></tr>
<tr><td>从写作思路和思维方式来看</td><td>论文是一种演绎思维,思维方式是从抽象到具体。</td><td>教学案例则是一种归纳思维,思维方式是从具体到抽象。</td></tr>
</table>

5.5 教学反思

叶澜教授曾指出:"一个教师写一辈子教案不可能成为名师,如果一个教师写三年教学反思,就有可能成为名师。"美国学者波斯纳认为:教师的成长＝经验＋反思。可见,教学反思的写作是提高教师素质的重要途径,更是教师专业化发展的关键。

5.5.1 本质内涵

教学反思是教师以自己的教学活动过程为思考对象,对自己教学中的行为、决策以及由此所产生的结果等进行审视和分析的过程。

虽然教学反思就是对过去教学经历的再认识,但反思不等于回顾:反思需要回顾,但反思更需要思考,要在思考中回顾。反思包含对"失"的反省,也包含对"得"的归纳。教学反思是理性扬弃的过程。

5.5.2 体例结构

反思的主要内容有：

1. 成功之处。主要反思在教学过程中,哪些地方达到了预设的教学目标,哪些教学策略或思想方法的渗透比较恰当和到位,情感、态度、价值观教育方面取得了哪些成效等。把这些比较详细地记录下来,供以后教学时参考使用,并在此基础上不断地改进、完善、推陈出新,以求取得更好的教学效果。

2. 不足之处。即使是成功的课堂教学也难免有疏漏失误之处,对它们进行系统的回顾、梳理,并对其进行深刻的反思、探究和剖析,使之成为今后教学可以吸取的教训。

3. 教学机智。教学中,师生关系融洽,往往会产生一些偶发事件和瞬间的灵感,这些"智慧的火花"要善于及时地去捕捉,积累成教师的教学经验,提高教师驾驭课堂的能力。

4. 学生创新。教学中,学生总会有"创新的火花"在闪烁,教师在充分肯定学生这些独特的见解的同时,要把这些难能可贵的见解作为对课堂教学的补充与完善,拓宽教学思路。教师可以将其记录下来,作为以后教学的丰富资源。

5. "再教设计"。反思一节课的得失,及时将这些得失进行必要的归类与取舍,考虑一下再教这部分内容时应该如何做,写出"再教设计",这样可以做到扬长避短、精益求精,把自己的教学水平提高到一个新的境界和高度。

反思的写作形式主要有以下几种：

旁注。旁注就是在教案旁边的空白处写反思,是教学的"细节",是在教学过程中,由某个知识点的展开、某一处的操作安排、某一句诱导提问、某一道练习设计等等所引发的点滴感受。坚持记"旁注",有利于教学感悟的积累。

点批。点批就是在教学环节的中间处写反思。点批的重点是教学的"片段"：对教学过程中出现的一些令人难忘的东西,或典型的经验,或深刻的教训,进行深层的剖析,坚持"点批",有利于教学水平的提高。

总评。总评就是在结尾处写反思。总评教学的"整体",通过对教学过程的回顾,反思教学目标的达成,教学过程的合理……从多个角度去透视教学实践。坚持"总评",有利于教学风格的形成。

串析。串析就是在章节设计的结束处写反思。串析的重点是"归纳"：对一阶段积累的教学反思进行系统的归类、比较、分析,从多个特殊的现象中梳理出共同的本质。坚持"串析",有利于教学经验的提炼。

例文1

小问题大精彩

"今天的数学课上可真让第二小组出尽了风头,就连石佳明也得到了两次发言的机会,真没想到平时默不作声的他,关键时刻还真不掉链子呢!看来他平时坐公交车上学真给他增添了不少生活经验呀。虽然我也发言了三次,但我们组提的问题也超简单了,要想争夺本月的"最佳提问星级组"可得加把劲了。哎,下次提问题,我们一定得设个更大的陷阱让大家全都不小心掉进去,哈哈!"看了周金波同学的日记,白天课堂上的一幕又在我眼前回放:

现场回眸(一)

在学完"估算"后,照例是由本组的"小先生"组织,每组4名学生,先在小组内根据所学知识自由提问题并解答。然后选择一个问题在全班进行交流。在交流环节,第三小组的问题如下:

"大头儿子要过生日了,小头爸爸打算给他买一盒彩笔和一双旱冰鞋。彩笔19元,旱冰鞋63元。你能估计一下,小头爸爸大约要带多少钱吗?"

第一小组的同学解答如下:"我们是这样估算的,19和20比较接近,就先把19想成20,63和60比较接近,就把63看成60。"

师:现在你能估计出来小头爸爸大约要带多少钱吗?

生:大约80元。

这时,二组的石佳明怯怯地说:"老师,我觉得,刚才的估算结果有点问题。"

我微笑着示意他解释一下。

石佳明:"我们估算的结果是80元,而实际上买这两样东西要花82元。如果小头爸爸也像我们一样估算,只带80元钱,那就不够了。"

此时,激烈的辩论拉来了帷幕,一组的同学反驳:

"现在是经济社会,可以砍价嘛!就差2元钱,我想做生意的人会卖给小头爸爸的。"

三组周金波说:"我赞同石佳明的观点,上次我妈妈带我去买书,估计要花七八十元,我妈妈就带上了100元。因为有些商场是明码实价,不可以砍价的。所以多带一些才行,要不然书可能就买不齐了。而且,万一大头儿子还想要别的什么东西,只带80元钱就更不够了。"

同学们纷纷点头表示赞同。

师：那么请同学们想一想，购物时估算钱是否够用，把商品的价格往大估还是往小估更好一些？谁还能举几个生活中需要估算的例子考考大家？

一石激起千层浪，在小组讨论过后，交流整理如下：

二组：过桥时，桥的承重量是有限的，可以估计车和货物的总重量，判断能否安全过桥，把货物和车的重量往大估还是往小估更好一些？

四组：同学们春游坐车，每辆车的座位有限，可以根据总人数估计租车的辆数，将每辆车的座位数往大估还是往小估更保险呢？

……

瞧，这就是我们在实施小班化教学后，孩子们在课堂上的精彩表现。在小班化的教学研究中，我们致力于培养学生的问题意识，把设计问题的权利还给学生，使质疑、设疑有机结合起来。我们鼓励学生自己发现问题、提出问题并能解决问题。和谐的教学氛围是学生积极性、主动性发挥的前提，它能消除学生的紧张心理，使他们处于一种宽松的环境中。在我们创设的轻松和谐的教学环境下，学生心情舒畅，能迅速地进入到学习的最佳状态——乐于思维，敢于质疑。在此过程中孩子们敢想、敢说、敢问、敢发表自己的独立见解，渐渐学会了用恰当的语言表达自己的疑惑，并进而达到问得巧、问得精、问得新、问得有思维价值。

现场回眸（二）

师：小头爸爸和围裙妈妈带着大头儿子一起坐车到超市买生日礼物，谁能继续设计几个问题考考大家呢？

同学们争先恐后地举起了小手。由于在上一轮中石佳明崭露头角，这使平时课堂上默默无闻的他士气倍增，站起来几乎把手够到了我的眼镜，看到跃跃欲试的他，我欣喜于他终于打破了以往课堂上"零发言"的记录。在我鼓励的眼神中石佳明再次站了起来："我的问题是：现在小头爸爸和围裙妈妈要带着大头儿子一起坐车到华联商厦买生日礼物，每张车票4元，一共要用多少钱？"

问题一出示，大家显得不屑一顾：这么简单的问题啊！

"谭力你来回答吧。"石佳明以一副小老师的口吻提问了学习比他稍差一点的同学。

"12元。"

"回答错误！"石佳明斩钉截铁地否定了谭力的答案。

"啊？怎么错了？"下面的同学又是一片唏嘘声。

这时，五组的刘凯问："石佳明我想问问你，大头儿子长多高？"

话音未落，刘凯接着说："这道题应有三种情况，一种是大头儿子很矮不需要买票,是求2个4元是多少;一种是大头儿子较高要买半票,是2个4元再加2元;一种是大头儿子身高超过1.2米要买全票,是求3个4元是多少。"

此时,教室里沸腾了,"火车票才有半票,咱们威海公交车票价都是一元,哪有半票啊?"有同学反驳。

石佳明解释说:"刘凯说得很有道理,这道题的答案不是唯一的,我姥姥住在草庙子,从那里坐中巴车到威海票价就需要4元。现在我们威海的公交汽车虽然票价是一元,但我们学生月票一次才5角,建议大家都让爸爸妈妈给办个月票,这样很划算的哦。"

……

我的思考:

实施小班化教学以来,作为教师,我们最大的欣喜莫过于学生在课堂上的问题意识不断增强。经过一段时间的探索,如今孩子们在课堂上敢于提问,乐于提问,善于提问。

"敢问""爱问"和"勤问"是提问的初步阶段,培养学生的提问能力最关键的还是让学生"善问"。所谓的"善问"就是先问己,后问人;问得准,问得深。小班化教学由于学生人数相对较少,每位学生平均在课堂内所占有的时间成倍增加,因此我们采用分组、分层的教学模式,让每一位学生都能有展示自己的时间和机会。为了使学生养成勤于思考、乐于提问的好习惯,我们充分调动起孩子们的提问热情,努力营造自由、轻松的提问环境,使学生感到亲切、自由,可以放心大胆地提问。例如在黑板的左上角写上"今天你提问了吗?""谁是提问小明星?""提问你我他,创新靠大家!"等等这样的标语指示,让学生觉得每天都要有提问的准备。同时教师在教学中做到"少一些不准,多一些允许",让学生在课堂上能够"自由地呼吸"。学生一旦体验到一次成功的乐趣,就会勇气倍增,激起无数次的提问热情,从而使孩子们自觉地在学中问,在问中学。同时我们开展评选"提问之星"、"最佳问题"、"最佳提问星级组"等活动,让学生对各位同学提出的问题进行评价,体会各个问题的价值,并能结合生活实际解决问题,从而提高提问的准确性,进而达到"善问"。

小问题,"问"出了学生的思维,"问"出了学生的激情,"问"出了学生的创造!

在小班化的教学氛围下,由于研究的目标明确,我们欣喜地看到孩子们课堂上问题多了,想法多了,课堂上争先恐后地想当"小老师",并且愿意把自己的想法与小伙伴分享,思维也不断地被激活。在小班化环境下的孩子们善于发现问题,不拘泥于他人的意见,敢于发表自己见解的这一表现已经成为小班化教学中一道亮丽的风景线!

（威海市古寨小学　周海燕）

学生数学联想思维的训练

——"扇形面积"教学反思

小班实验班里有一位不起眼的学生用三角形的面积公式来求扇形的面积,是生搬硬套,还是独辟新径? 透过表面现象我感受到了一种数学思维"想象"的作用。

《圆的面积》这一单元结束后,我设计了一节"扇形面积"的探究课方案。根据生本教育的理念,我照例设计了前置性作业供学生自主选择:

1. 你认为求扇形的面积需要知道哪些条件? 怎样计算?

2. 你还可以通过其他途径算出扇形的面积吗?

第二天进行作业交流展示,一开始都在我的预料之中。

生1:要想知道扇形的面积,我觉得应该知道扇形的半径,还要知道这个扇形的面积占圆的面积的几分之几,然后先通过半径算出圆的面积,再乘几分之几。

生2:如果知道了扇形的圆心角和半径也可以求出圆的面积。

师:怎样求?（教师相机点拨。）

生2:我先算出扇形的圆心角占360°的几分之几,再用半径算出圆的面积,然后乘扇形占整个圆的份率。（投影展示自己的计算过程。）

按照我的预想,下一步该进行巩固练习了,可是还有学生举手。

生3:老师,我是用三角形的面积公式来计算扇形面积的。

（不可能,三角形和扇形根本就是两种图形。我心里这样想,但是不着急下结论。按照惯例,当学生产生错误的想法时,要让学生自己领悟到自己的错误,我就接着引导——）

师:你的想法很奇特,能说说你是怎样想的吗?

生3:我把扇形的弧当做三角形的底,我把扇形的半径当做三角形的高,这样就可以算出扇形的面积了。（一厢情愿,这可能吗? 我并没说出来。）

师：可是你怎样知道结果是正确的呢？

生3：我试验了好多次，你看——

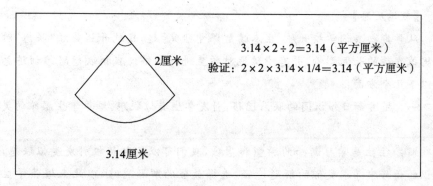

2厘米

3.14×2÷2＝3.14（平方厘米）

验证：2×2×3.14×1/4＝3.14（平方厘米）

3.14厘米

师：可是验证的时候，你为什么要乘1/4呢？

生3：半径是2厘米的圆的周长是12.56厘米，3.14厘米正好占它的1/4。那么面积也应该是1/4。

师：……可是，这一个数也许是巧合吧？（我不甘心，还想打破砂锅问到底。）

生3：我还试验了弧长1.57厘米的，我找的数都是能除尽的。

师：你是怎样想到这种方法的呢？

生3：求圆的面积时，我们是把圆分割成小的扇形，拼成近似长方形，长方形的底还是这些扇形的小弧连在一起组成的，并不是线段。另外，扇形真像三角形，于是我就联想到三角形的面积公式。

华东师大的吴刚平教授说："真实的教学情境是具体的、动态生成的和不确定的，需要在教学过程中才能呈现出来，不是为了观赏。"这节课从学生真实的认知起点，展现学生真实的学习过程，让每个孩子都有所发展。我努力创设这种真实的数学课堂，让学生交流不同的方法，虽然耽误的时间比较长，可能也会影响课堂目标达成。但是，我让学生充分地讨论、理解、阐述自己的观点，并进行几个轮回的深挖掘，这样使学生获得更多的自主学习空间，学生学习的主动性和学习能力大大增强。这样，改变了教师以往照本宣科填鸭式的授课方式，淡化分析性操作，让学生思维插上想象的翅膀，让智慧的火花不断交互碰撞。学生最后的一句话"扇形与三角形很像，于是我就联想到三角形的面积公式"，使我感受到了"联想"这种重要的数学思维方法对学生的深远影响。从上面的例子不难看出，第三个学生通过联想提出一个大胆的猜测：用三角形的面积公式计算扇形的面积是否可行，同时又进行了数据验证，并得出肯定的结论。我暗自庆幸,幸亏我没有一棍子将他压下,有足够的耐心听他讲完,否则又一个"哥德巴赫猜想"可能会断送在我的武断之下。

【教学反思】

从学期初我们学校开展"生本情智课堂研究"起,我就开始关注"联想"对孩子思维发展的长远影响,并有步骤地对学生进行训练。我把联想思维训练总结为以下几个方面:

一、利用新旧知识间的联系迁移,引发学生类似联想,培养学生思维的灵活性

旧知往往是学习新知的原型和基础,我们可以抓住契机引发类似联想,在知识的迁移中寻求类似的解题途径,选择最佳的解题思路,以此来培养学生思维的灵活性。

如教学分数的基本性质时,通过直观图形感知得出:1/2=2/4=4/8,再观察分子、分母的变化情况,学生逐步归纳出分数的基本性质,但往往把"0除外"这个条件忽视了。这时可以及时启发学生从分数与除法关系的原型中展开联想,发现分母相当于除法中的除数,分数的分子、分母同乘以(或除以)相同的数,必须补上"0除外",否则这一性质不能成立,从而使学生比较轻松地理解了分数的基本性质。

再如,在数学教学中,当学生解题发生困难时,教师应该帮助学生运用知识间的联系产生联想,使头脑中既有的相关知识、经验复活起来,寻找契机,使问题得到解决。如在简算9.8×12时,学生一时找不到简便的计算方法,这时教师出示98×12,学生就会由此联想到用乘法分配律来计算,进而再联想到:9.8×12=(10-0.2)×12=10×12-0.2×12=120-2.4=117.6。又如,在学习"比的性质"时,引导学生联想商不变的性质、分数的基本性质来解决新问题。在学习"小数乘除法"时,通过同整数乘除法的计算比较,能够加深学生的印象,从而提高课堂效率,发展学生的思维能力,培养学生思维的灵活性。

二、利用教具、学具的实践操作,激发学生求异联想,培养学生思维的广阔性

众所周知,数学的产生与发展依赖于人的实践活动,因此,在教学过程中,教师要充分利用教具、学具的动态演示,放手让学生操作、实验、观察、计算、推理、想象,在主动探索的过程中激发学生求异联想,培养学生思维的广阔性。

例如,小学阶段学过的五种平面图形——长方形、正方形、平行四边形、三角形、梯形,虽然它们各自都有不同的特征及面积计算公式,但却有本质的关

联。如何让学生自己悟出其中的道理呢？我设计了一个等腰梯形教具，它的上底可以拉长，也可以缩短。第一步，我先通过拉长梯形的上底，让它逐渐变成平行四边形，并不断问学生"现在还是梯形吗？"，然后我又调整四个角的度数，让它逐渐变成长方形。第二步，我不断缩短梯形的上底长度，直到变成三角形。这时我抛出问题：通过刚才的演示你想到了什么？学生有了不同的回答，但共同的认识是这五种图形是可以互相转化的。接着我又追问：假如我把以上图形都称为梯形，你能说说它们都是什么样的梯形？学生经过讨论都能说出答案：三角形——上底是 0 的梯形；平行四边形——上底和下底相等且腰平行的梯形；长方形——上底和下底相等的直角梯形；正方形——上底、下底和高都相等的直角梯形。学生通过教具的动态演示，联想到不同图形间的联系与区别，发现了数学知识间的互通有无及神奇变化。我再次追问：如果用一种面积公式来计算这五种图形的面积，你选哪个公式？学生自然联想到梯形面积公式应用的广泛性，结合其他图形又联想到不同的面积计算公式，这样的触类旁通，使学生思维的广阔性得以培养。

三、利用自主探究中的错误资源，诱导学生对比联想，培养学生思维的深刻性

青岛版教材的知识体系是按照螺旋上升的体式编排的，高年级的知识一般在低年级都有所铺垫。新授课时，我提倡让学生想一想这与以前学过的哪些旧知识有关，让他们尝试进行自主探究，设想解决问题的办法。学生的联想有时是正确的，我把它叫做正联想；有时是错误的，我把它叫做负联想。当学生产生"负联想"时，教师要及时的利用错误资源引导学生进行对比联想，在比较中或猜想、或验证，从而找到正确的结论，在辨析纠错中培养学生思维的深刻性。

例如：教学"小数乘法"一课时，有这样一个环节：

师：猜一猜 $13.2 \times 0.4 = $？

生：在一番计算后，得出 $13.2 \times 0.4 = 52.8$。

师：小数点为什么要点在那里？

生：我们计算小数加法时，要把小数点对齐，我想小数乘法中也应把小数点对齐。

（学生这样想很正常，关键我们要引导学生自己验证这种方法是否正确。）

师：0.4 的意义是什么？

生：十分之四。

师：请同学们拿出一张长方形的纸，请你剪下它的十分之四。

生：动手操作。

师：有没有原来的大？

生：没有。

师：那么 13.2×0.4 的结果怎么会比 13.2 大了呢？

教师通过这样的点拨与引导，学生自然要对自己的做法进行反思，从而在"对与错"的辨析中理清思路，加深理解。

很长时间以来，我一直在思考一个问题："数学思想、数学方法、数学知识，哪一个才是最重要的？"直接教给孩子数学知识、解题方法无疑是提高学生考试成绩最简捷有效的方法，积极的数学思想和思维模式训练也许并不能在短时间内就会对孩子的成绩产生多大影响，但是这是一个启发、训练、巩固和内化的过程，对孩子的终身发展起着至关重要的作用。就像竹子的根需要在地底下盘根错节地生长四年，地面上却看不出任何动静。一旦一场春雨过后，满地的笋芽儿破土而出，蔓延百里，展示出春天的生机与活力。我们对学生进行数学思维的训练不就像孕育竹子吗？是要一片绿叶，还是要整个春天，完全取决于我们。

爱因斯坦说过："想象力比知识更重要，因为知识是有限的，而想象力概括着世界上的一切，推动着进步，并且是知识进化的源泉。"联想是想象力的重要组成部分，培养联想能力，是数学教育的重要任务，也是培养学生数学思维的关键所在。所以在数学教学中，我还会持之以恒地加强学生联想思维的训练，帮助学生养成良好的联想习惯。通过联想加深对所学知识的理解，深化巩固各种相关的数学知识，增强分析、判断、推理的能力，开启学生多种思维活动的大门。

（荣成市府新小学 邢少春）

例文3

赏析观摩课拒绝"雾里看花"

——一次校本教研活动的反思

观摩课，其意义在于通过观摩，发挥其榜样示范作用，对听课教师的教学起到一定的指导作用。可很多时候，我们在观摩优质课或听专家作报告时，觉得真好。但好在哪里，或者当时感触几句，或者交流几句，之后就烟消云散了，回到自己的课堂上依然是涛声依旧，这样当然就失去了观摩课的意义了。如何最大限度发挥观摩课的效应，通过近日的一次校本教研活动，颇有些体会，现将教研活动过程摘要如下。

学校两位教师参加了山东省小学数学"解决问题"教学专题研讨会议回来之后,自我感觉收获颇丰,尤其对于会上的观摩课更是赞不绝口。为了让更多的老师领会会议精神,共享会议硕果,参加听课的两位老师分别翻版了同一节课——徐斌老师的《解决问题的策略—替换》。课的流程大致如下。

一、导入新课

1. 明晰什么是解决问题的策略。

2. 课件出示天平:通过明确苹果和梨重量之间的关系,来明确"替换"的意义。

二、探究新知

1. 把 720 毫升果汁倒入 6 个小杯和 1 个大杯,正好都倒满,小杯的容量是大杯的 $\frac{1}{3}$,小杯和大杯的容量各是多少毫升?(学生读题、探究、交流)

2. 改变条件:大杯的容量是小杯的 4 倍。(学生再次探究)

3. 改变条件:大杯的容量比小杯容量多 20 毫升。(学生探究)

4. 比较,总结规律。

三、课堂练习

问题的产生:

课后,老师们在一起进行了讨论交流,上课与听课老师纷纷提出了困惑:

为什么同一节课,徐老师的课堂容量那么大,而我们的老师却只完成了约三分之二?

为什么"大杯的容量比小杯容量多 20 毫升"这个教学难点在我们的课堂上难以突破,而在徐老师的课堂上却显得游刃有余?

上课的老师长叹一声:理想是美丽的,现实是残酷的。难道观摩课真如空中楼阁或海市蜃楼,可远观而不可近玩焉?导致这些问题的原因究竟是什么呢?

二度观课,释疑解惑。

带着重重的疑问,带着迫切解决问题的期待,老师们一起观摩了徐老师这节课的录像。观摩之后,老师们都各有所获,也皆有恍然大悟的感觉,效果比亲临会场听课尤甚。问题当然也是一一迎刃而解。

问题一:为什么我们完不成教学任务?

我们常常说要向课堂 40 分钟要效率,究竟如何提高课堂有效性,通过细节的对比,我们发现了问题的提出和要求也是影响课堂有效性的一个重要方面。

试看下面对比(为表述方便,用 A 代表我们的老师,B 代表徐老师)。

对比一：

出示这幅图后，

A：你想说什么？（生：一样重；重量相等。）

B：你能用数学语言表达出一个苹果和一个梨重量之间的关系吗？（生：一个苹果的重量是两个梨的重量，一个梨的重量是一个苹果重量的1/2。）

对比二：

出示这幅图后，

A：你想提出什么问题？

B：你能推想出一个苹果多重，一个梨多重吗？

对比三：

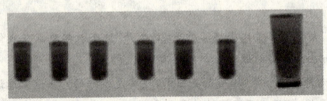

把720毫升果汁倒入6个小杯和1个大杯，正好都倒满，小杯的容量是大杯的$\frac{1}{3}$，小杯和大杯的容量各是多少毫升？

出示上述问题后，

A：画一画、做一做。（部分学生画的过程中，有点不知所然，教师只得暂停，再补充。）

B：选一种替换的方法，并且把替换的方法画出来。可以把换掉的圈起来，替换成什么杯子用箭头表示在下面。画完图再列式算一算。（学生明确了要求，解决问题的速度比较快。）

通过三个对比,我们不难发现,B问题指向性明确,让学生有明确的思考方向;而A问题比较宽范,问题要求不明确,缺乏指向性。学生的思维要多转几个弯,才能弯到需要解决的问题上来。新课改重点强调了要培养学生的问题意识和解决问题的能力,因此在我们的课堂上常常看到出示情境图或条件之后,一句"你能提出什么问题"交代给学生了事,可能学生云里雾里提问了半天,还绕不到这节课需要解决的问题上来,急得老师是抓耳挠腮。像上述情境,老师直接明确问题,既指明了思考的方向,又为解决本节课的重点问题节省了时间,课堂有效性得以提高。

当然,提高课堂有效性绝不仅仅只与问题的提出和要求有关系,但它可以作为提高课堂有效性的一个手段,值得我们去研究和实践。

问题二:难点怎样突破?

720毫升

把720毫升果汁倒入6个小杯和1个大杯,正好都倒满,大杯的容量比小杯容量多20毫升,小杯和大杯的容量各是多少毫升?

两位老师在突破这个难点时,都显得有点束手无策,无奈之下拖着学生顺着自己的思路往下引。因此,老师们在观看这一教学环节时,瞪大了眼睛看看徐老师究竟是怎样突破这一难点的。可听下来,徐老师也没有使大家"眼前一亮"的绝招呀!再揣摩,就有所发现了:教师的有效引导很重要。

在新课探究过程中,一共解决了三个问题。这三个问题的编排是由浅入深的,第三个问题的解决需要第一、第二个问题的解决经验做基础。且看徐老师这三个问题分别是怎样进行有效引导的。

第一个问题:你想怎样替换呢(问题解决前)?你是把什么替换成什么?几个大(小)杯替换成了几个小(大)杯?"3"是怎么回事?你能说说"9"是怎么得到的吗?(学生交流时)为什么要替换呢?替换的依据是什么?(解决完问题之后)

第二个问题:还能替换吗?

第三个问题:还能替换吗?替换之后,现在的7个小杯还能装得下720毫升吗?变多了还是变少了?7个大杯一共多装了120毫升,120毫升是怎么得到的?

在交流第一个问题时,通过老师几个关键小问题循循善诱地引导,建构了用"替换"的策略解决"倍数关系"这类问题的模型。所以解决第二个问题时,就完全放手让学生去解决、交流。解决第一个问题和第三个问题时,有相同点,即都能用"替换"的策略来解决,老师跟问的一句"还能替换吗",先让学生去寻找替换的依据。当然这两个问题也存在着区别,既"杯子的数量变化、总容量不变"和"杯子数量不变,总容量发生了变化"。你看,在交流第一个问题时,老师有重点地进行引导"3"是怎么回事,交流第三个问题时,老师以"7个小杯还能装得下720毫升吗"这个问题为突破口,有效地解决了难点。

反观我们的课,缺少"还能替换吗"这样的问题来引领学生思考,学生交流时抓不住重点去引导,有时只是在一味地重量学生的回答。

每节课都有重点和难点,如何把握重点,突破难点,离不开老师的有效引导。老师的主导地位很重要,如何抓住问题的核心,使引导能够做到四两拨千斤,教师胸中应有丘壑,有效地引导学生拾级而上,突破难点。

管中窥豹:

纵观本次研讨过程,老师们的收获颇丰。为什么?因为在研究的过程中,老师们遇到了问题,而问题又亟待解决自己却解决不了。所以在观摩录像的时候,老师们不同于以往的听课,顺着讲课老师的思路走。而是思考在前:这个问题会怎样解决呢?边听又边思考:原来问题出在这里,原来问题可以这样解决!孔子曰:不愤不启。教学生是这样,我们研讨又何尝不是这样呢?

其实听课也好,研讨也罢,正如观光旅游一样:去一处名胜古迹,如果对其历史、典故等一无所知,那看的就是热闹,甚至是大失所望,觉得充其量就是如此罢了。而如果旅游之前就熟知其历史渊源,那么这时候再去游览,想象与现实一重合,就会收获颇丰了。所以下次观摩课前,让我们带着问题出发!观摩课之后,用课堂实践来验证自己的收获!

(高区大岚寺小学 王晓萍)

5.5.3 写作要求

1. 首先要吃透教材,也就是精心备课。因为如果做不到这些,你的课堂就不会出现更多的生成和精彩,因为预设这个环节很重要,有的老师觉得没有什么反思的,就是因为自己没有精心研究教材,在课堂上没有和孩子心贴心的交流。没有和学生进行"质对话",怎么会有发现呢?

2. 秉承新教育理念,形成反思参照标准。反思只是一个手段,可以用来达到这样或那样的目的,既可以成为实施素质教育的帮手,也可以成为背离素质教育的"帮凶"。教师在开展反思活动时,要以新教育理念为出发点,以新课程的基本主张为参照点,注意形成反思的框架标准,实施对教育教学活动的评判、思考活动。

3.具有鲜明问题意识,及时捕捉反思对象。有问题、有障碍才会有思考、有分析。教师在开展教育反思活动时,要注意形成自身的问题意识,要善于在稍纵即逝的现象中捕捉问题,在貌似没有问题的地方发现问题。就拿教学来说,如果教师有明确的问题意识,就可能在教学的方方面面发现问题。比如,在教学目标方面,可以反思教学目标是否完成,如果没有完成的话,原因是什么,教学目标设置得是否合理;在教学内容方面,可以反思教材内容重点、难点的处理方法是否适合学生的实际情况,单元教学内容在学科体系中的位置是否合理,能不能补充一些新的教学内容,什么样的教学内容是学生感兴趣的;在教学方法方面,可以反思什么样的方法比较适合于本节课的内容,学生对于讨论法、小组学习法等是否适应,在选择、使用不同的教学方法时要注意什么策略;在教学程序方面,可以反思教学的导入、教学的推进、教学的结束等教学环节是否衔接得恰到好处,各环节花费时间是否合理;在师生互动方面,可以反思教师是否过多地占用了课堂教学时间,是否过度地使用了预设,是否过分地强调了课堂纪律,学生在课堂教学中是否积极参与,学生在课堂上是否敢于提出不同于教师、不同于同学的看法,学习困难的学生是否处于师生互动的边缘等。另外要及时的总结,有些东西是火花,是灵感的泡泡,一瞬即逝。

4.联系已有经验进行综合分析,构建个人化理论。反思是针对某一现象或问题进行的,但并不意味着反思是就事论事的思维活动,它可以完全引申开来,在思维深处将自己以往的经历包括他人相关的经历联系起来,或者将已有的理论知识与当下问题的思考联系起来,这样的反思才更有深度,更能提升自己的智慧水平。在教育反思中,反思者要致力于形成自己对问题的看法,提升自己理性分析问题的能力,构建个人化的理论,并不见得要一味认同他人的观点和认识。

5.写反思要注意"以点带面"。在反思的同时最好不要把眼睛只盯着一课或者一个环节,要注意联系教学现象,注意提炼教学规律,发现教学艺术。

6.写反思贵在坚持。反思不在于写得多好,而在于我们能不能坚持。教学工作本身就是一个繁琐的工作,要想自己的教学水平有发展,有创新,那就需要毅力支撑。

7.教师要注重将反思的结果用于实践之中。反思本身不是目的,其目的在于切实变革实践,提升教师的教育教学水平。因而,教师一方面要注重对教育教学现象或问题的反思;另一方面,也要注重将反思的成果用于后续的教育教学活动,不断改进实践状态,提升教育智慧。

5.6 教育叙事

20世纪80年代加拿大的几位课程学者将叙事研究作为教师的研究方法运用于教育领域,从而出现了教育叙事的研究。

5.6.1 本质内涵

教育叙事是以叙事或讲故事的形式,记录自己在教育实践、教育生活中发生的各种真实鲜活的教育事件,以及发人深省的动人故事,同时表述自己在实践过程中的亲身经历、内心体验和对教育的理解和感悟。简单地说,教育叙事就是"讲一个教育方面的故事",通过对故事进行感悟与反思,来研究教育问题。

5.6.2 体例结构

最简单的条例式结构包括两部分内容:叙事+反思。主要以"叙述"为主,是教师本人在教育、教学的基础上,以第一人称语气撰写的"教育、教学事件"。

1. 故事背景

交代故事发生的时间、地点、人物、起因,但不必面面俱到,关键在于说明故事发生有何特别原因和条件。

2. 情境描述

每个教育叙事都必须有一个鲜明的主题或矛盾。不能杜撰,但可以对实际情节进行选择,凸现主题和焦点。要有细节的描写,描写要生动、引人入胜。一般采取叙议结合,即先描述后分析,或夹叙夹议等方法。

3. 问题解决结果或效果

问题或矛盾解决后的情形.可以用一句或几句简单的话进行描述。

4. 反思或评析

反思是指教师把自己的教育教学活动本身作为研究的对象,多角度地进行审视、深思、探究与评价,对教学教育行为的成功与失败上升到理论层面进行分析。评析是从观察者的角度对他人的教学叙事进行的分析和思考。

叙述方式:与写记叙文一样,分为顺叙、倒叙、插叙。

例文 1

花儿为什么这样红

——我的小班化教育教学故事

小班里的一张张笑脸,仿佛一朵朵即将绽放的花朵。如何让花儿更红,我思考着、实践着。平凡的日子,平凡的文字,记录了我与小班化课题实验班里孩子的欢乐与感动,记录了我们共同成长的足迹。

(一)课堂创境:人人争当"数学医生"

小班教学,要求我们做到几个百分百,其中就有课堂参与度的百分百。为实现这一目标,要求老师备课应更精心,并注意练习设计的趣味性。

如进行小数乘法的练习时,我精心设计了情境式角色扮演练习——我当小医生,演绎生活中的课堂,引导学生尽享数学知识的幽默带来的成功与喜悦。先出示如下题目:

$$(1) \quad \begin{array}{r} 1.2 \\ \times \quad 7 \\ \hline 7.4 \end{array} \qquad (2) \quad \begin{array}{r} 0.52 \\ \times \ 0.02 \\ \hline 0.104 \end{array} \qquad (3) \quad \begin{array}{r} 4.76 \\ \times \quad 0.8 \\ \hline 3.808 \end{array}$$

"今天,有几个数学病人怀疑自己生病了,来我们班求医,大家想不想当个小医生为他们把脉问诊?"听说要当小医生,大家的兴致很高。凝神静思后,很多孩子争先恐后地举起了小手,嘴里还不停地喊着:"老师,我知道他们得什么病了!"坐在前排的个别学生甚至离开座位,把手举到我的面前来了,就怕争不到当"小医生"的机会。"先请刘沅这个小医生,为第一个病人问诊。"刘沅同学听我这么称呼她,非常开心地上台分析"病情":"他生病的原因是忘记在这里进位了。"一边讲解,一边还用红粉笔指着个位和十位之间的位置,并补上"1",又把"7"改成了"8"。没等我评价,下面的学生早已回应:"对了,对了,和我的看法一样。"我趁势表扬:"看来,我们班有许多医术高明的小医生!刘医生,请回。"刘沅同学成为第一个小医生,雄赳赳气昂昂地回到座位,那幅"英雄胜利凯旋"的模样,逗得大家哈哈大笑。

刘医生开了个好头,大家参与的热情更高了。这一次,我把机会给了平时很少举手发言的连琪:"我们有请连琪医生上来为第二个病人瞧瞧,好不好?"连琪尽管有些意外,但在我信任的目光中还是走上了讲台,他十分认真地看了看题目,肯定地说:"这个病人生病的原因是得数少了一位小数。"边说便拿起粉笔在 0.104 的小数点后面填了一个"0",变成 0.0104。

"连医生医术怎样?"我问台下的孩子。

"高明!"大家纷纷点头称是,弄得连琪羞红了脸。

如此这般,孩子们继续"看病、治病"。最后,我告诉孩子们:"做题时难免会出错,重要的是我们应养成经常检查的习惯,当一名合格的数学医生,及时查找病因,对症下药。对于那些没有做错的题目,就权当免费体检了!"

寓学于乐,课堂也真正活起来了。

(二)课下心语:"快件传递"迟到的爱

故事发生在 2000 年的秋天。

开学后第三个周星期三的中午,我值班。

伴着午睡的铃声,我刚把学生们安顿好,就传来了三声轻微的敲门声。打开门,只见一位中年妇女手里拿着一件校服,凭经验我猜测:"您来给孩子送衣服的吧!"她朝教室里扫视了一眼:"老师,您能出来一下吗,我有点事。"到底发生了什么事?我很纳闷。

刚进办公室,这位家长便打开了话匣子:"我是李彤的妈妈,您看——"她展开手中的衣服:"孩子昨天穿的校服,背后被画上了一道道长长的笔油。""怎么会这样?"我有些震惊和愤怒,虽然学生之间打打闹闹很平常,但这件事发生在李彤身上,我的第一反应就是这意味着侮辱和歧视。李彤,一个有点特别的女孩,右腿有点瘸,走起路来一高一低的,学习也很吃力。刚分班的时候我向前任老师了解情况,说是小时候就这样,于是也没多问,学生们也没觉得特别异样,可能习惯了吧。

"老师,孩子胆小,不敢告诉老师,也不让我到学校找您,可您不知道,有两三次了,这圆珠笔油真的挺不好洗的。"李彤的妈妈是个温和的人,虽然她说这话时一点怒气也没有,但我不由羞愧难当,只能检讨自己的粗心:"大姐,真不好意思,都是我的工作没做好,让孩子受委屈了……"想想自己在管理班级时,李彤深邃的眸子总会冷冷地看你一眼,好像在提醒我:"老师,你不要觉得我和别的同学有什么不一样。"虽然我行动上做到了,但在心里却没有做到,也没有施之以特殊的爱,我不敢轻举妄动,因为我怕刺伤了她的自尊。可我偏偏忘了她处在孩子们中间,别的同学会怎么对她呢?这不,我晚了一步,也犯了一个大错误。

她妈妈继续说道:"老师,这孩子……从小因为发高烧打针结果成这样了,到处治也没治好……"怜惜和无奈写在她的脸上,我的心随着李彤妈妈的话,跌宕起伏。

经过一番思索,我决定直面小彤,把自己的关爱快速传递给她!随后,《心语》这个联系本成了我和小彤情感交流的纽带。

小彤,这样亲昵地称呼你,表达了老师对你的喜爱之情。可是现在,老师的心在流泪,对不起,老师以前忽略了你,让你受委屈了。今后有什么事,尽管向老师诉说,请相信我!

——梁老师 9 月 24 日

老师,也没什么大不了的事,很多事我自己能行。不过,我也想和大家一样多参加班级活动。

——李彤 9 月 25 日

行,这个没问题,老师一定为你多创造机会!

——梁老师 9 月 26 日

心灵的对话开始了。小彤自尊心的种子也开始萌芽。

课堂上,全班交流时,我会发现"那只似举非举的小手","李彤同学也有问题,想听听吗?""想!"大家异口同声。"这个问题非常有价值!"我赞叹道。她有点激动,我看到了。

今天的回答很精彩,你迈出了成功的第一步,老师相信你行!

——梁老师 10 月 26 日

老师,我今天很开心,真的。我想经过努力,也能和其他同学一样!老师,谢谢您,我一定会加油,不让您失望。

——李彤 10 月 26 日

渐渐地,她在学生们心中的地位提升了,这棵小树开始长高了。

小彤比较细心,我就让她当课代表助理,负责检查作业的认真程度,打上等级,为同学服务。

你真是老师和同学们的好帮手,我觉得同学们很喜欢你了!

——梁老师 11 月 7 日

这棵小树在其他树的环绕下茁壮成长,划圆珠笔油的现象也自生自灭了。

在班级规模缩小的前提下,教师在班级管理、教育教学等方面体现了等高、等距、等爱的小班精神。只有师生平等,才能唤醒生生平等,这迟来的爱点亮了一盏心灯,辉映着心灵们的平等。让我们把学生当成自己的一面镜子吧,每一面镜子折射的你都是美丽的、平等的、向善的。

（三）家校互动："特别"的奖状

期末考试后的第二天，照例召开家长会。

我得了重感冒，声音嘶哑，实在无法支撑。家长会上我没有侃侃而谈，只是照本宣科。家长会临近结束时，我还是照例说了一句："如果哪位家长还想和老师个别交流，散会后可以留下来，我们再具体谈！"会后，果然有10几个家长向讲台围过来。其中一位身着警服的家长先开了腔："老师，今天我的孩子回家情绪很不好！"

我听了一愣，马上接着问："您是——"

"哦，黄明的家长。"他顿了顿，继续娓娓道来："今天孩子回家告诉我，班里评选优秀学生，他觉得自己挺符合条件，准备站起来，可是同桌却笑话他，所以就没敢站起来！"

"对，今天上午班里举行了评选活动，我和班长一起组织的。大家一致同意，把这次考试等级为优作为首选条件，共25名学生入选。因为学校分配的名额有限，所以全班同学又进行了民主投票。"

"原来是这样！"他若有所悟。

"老师，您说……"另一位家长插话了，我们又接着聊了起来。黄明的爸爸仍然站在那里，过了一会儿，他又接上话："老师，这半年黄明确实进步很大，这次考试科科得优，他回家自豪地告诉我们今年一定能拿一张奖状回来，让我们高兴高兴。结果没能如愿，还在房间偷偷哭鼻子了呢！不过，孩子有进步了，谢谢老师！"他连声向我道谢，这真让我受之有愧："您别这么说，都是我应该做的！""真的老师，孩子确实有进步！""您快别这么说了，有些事我处理得不太妥当，让孩子……"我欲言又止。

和家长一一道别，便独自骑车行进在夜色中。"孩子今天情绪不好！""孩子确实挺有进步！"这两句话一直在耳边回荡，也让我陷入沉思：奖状——也许在成人眼里，得不得无所谓，但孩子们却不这么认为。一颗小苗经过自己的努力迎来了一缕阳光，却因为我的疏忽使他的心灵蒙上了阴影，多压抑呀！"让鲜花和小草同样享受阳光！"即时，我决定：再设立一个进步奖，让班里进步大的学生也能得到表扬、激励！

可没有奖状了，怎么办？发挥自己的设计才能吧。以心形为框，用绿色来涂底，因为绿色象征生机，让我的心永远充满活力！

第二天早上，我举着自制的绿色奖状健步走上讲台："看，老师给你们带来了什么？""绿色卡片！"大家欢呼。"老师今天要颁发的是本学期的进步奖，它和红色奖状同样有意义!"说到这里,我特意扫视了全班同学,只见他们个个瞪大了小眼睛,期望着——"黄明、张强……是这学期进步很大的同学,他们光荣地获奖!"话音刚落,教室里响起了热烈的掌声,我看到了黄明湿润的眼睛。

发完十多张绿色心形奖,我仿佛听到了很多棵可爱的绿苗张开嘴唱着一首熟悉的歌:"小雨小雨沙沙沙,沙沙沙;种子种子在说话,在说话:哎呀呀雨水真甜,哎哟哟我要发芽……"

小班化教育是让每一个孩子都能得到为他量身定做的教育,让每一个孩子都能得到适合他的最好的发展。今后,我会继续做辛勤的园丁,让每个孩子都像花儿一样鲜艳美丽,灿烂无比。

(荣成市幸福街小学　梁　丽)

等等他
——小班化教育叙事

星期四下午第一节是数学课,天气有些暗沉。一进教室,就看见孩子们睡眼蒙眬、蔫头蔫脑的,有的干脆还趴在桌子上打呼噜。怎样才能给孩子们提提神?我灵机一动,在黑板上写下"小组抢答赛"几个大字,并用彩笔画上两个大大的笑脸,然后等待同学们的反应。果然,不少同学睁开了惺忪的睡眼,紧接着叽叽喳喳谈论了起来。有的迫不及待地寻找自己的组员,有的用胳膊捅了捅同桌:"快起来,快起来,看看老师要干什么?"……

铃声响了,我面带微笑地站在讲台上,三十双小眼睛急切地望着我。我环顾四周后,对大家说:"同学们,上节课我们学习了《除数是两位数的除法》,这节课我们先用抢答赛的方式来复习一下。竞赛优胜的小组呢,每个组员都会得到一颗小金星。大家说,好不好?"

"好!"孩子们一听立刻兴奋起来,个个摩拳擦掌、跃跃欲试。为了激发孩子们的学习兴趣,我迅速把原先课件上的八道题设计成一一亮题的形式,"请看题:238÷34商是几位数?"我的话音刚落,一只只小手就举了起来,有的把手举过头顶,眼睛急切地望着我;有的干脆站起来,把手伸向了我。

"老师,我知道……"

"老师,我会……"

"老师,我,我……"

教室里热闹了起来,之前的沉闷之气一扫而光。眼见提神的目的已然达到,我的心情也格外愉快。这时,我发现调皮的小龙几乎要站到椅子上了。这可新鲜,以往的课堂上他总是低着头,要么打瞌睡,要么发呆。偶尔提问他,也总是结结巴巴答不出来。这次看他猴急的样子,真是不同寻常。

"小龙,你来说说。"

"一……一……",结结巴巴老半天,终于说出了三个字"一位数"。

此时,不少同学已经忍不住捂着嘴巴笑了起来,小龙的脸刷地红了。

"答得不错!"我用鼓励的眼神望着他,"你能告诉大家,商几呢?"

"商……商……商'7'吧。"

"能说说如何试商得'7'呢?"

"三……三……三七,二……二十一,我……我……"又结巴了老半天。

"老师,别等他了,他从小就结巴。"有些同学着急了。

"老师,别再浪费时间了。我们小组还没轮到呢!"其他几个小组同学更是急不可耐。

"老师……"教室里吵吵嚷嚷。

我正在犹豫是否等他时,小北——小龙的组长站了起来,"老师,小龙商 7 是正确的。他把除数 34 用'四舍'法看做 30 来除,238 里面有 7 个 30,所以用三七二十一的口诀找出商是'7'的。其实他是能看出来的呀,他话还没有说完呢。"

"对……对! 我……我……我说的就……就是这……这个意思嘛!"小龙急忙表白。

"什么呀,组长说了不算!"一个同学不满地站起来说。

"就是,他哪会呀……"教室里又议论了起来。

我示意同学们安静下来,温和地说:"同学们,小龙试商'7'是对的吧! 他能做出正确的答案,说明他事先是做过认真思考的呀! 来,我们再给小龙一次机会,耐心地等等他,让他完整地重述一遍,好吗?"

教室里安静了下来,小龙的眼里闪着激动的泪光。他挺了挺胸脯,一字一句地做了回答。

那节课后,小龙变了。是啊,就因为"等等他",曾经冷漠的脸上重现了纯真的笑容;就因为"等等他",曾经自暴自弃的心里重燃了自信的火焰。

"等等他"多么简单的三个字,可是很多时候,孩子需要的不就是这简单的三个字吗？当我们的孩子答不出问题时，我们要等等他；当我们的学生完不成练习时，我们也要等等他；当我们的孩子出现错误时，我们更要等等他。

等等他，也许我们放慢了学习的脚步，但我们却等到了学生走出被遗忘的角落；等等他，也许我们赶不上教学的进度，但我们却等到了学生树起学习的信心。"等等他"——让每一棵幼苗都沐浴阳光，"等等他"——让每一片花瓣都溢满芳香，"等等他"——让每一个生命都绽放精彩！

（荣成市二十一中学区崂山中心完小　张　茹）

5.6.3　写作要求

1. 问题性。教育叙事不是简单地把一段时间或一天的事情原原本本地记录下来。应该有重点、有选择地记叙教育情境中发生的真实事情，只要能反映一个现实问题即可。

2. 客观性。教育叙事必须基于真实的教育教学实践，对真实的教育教学实践可以作某种技术性的调整或修补，但不能虚构。

3. 典型性。教育叙事必须注意教育故事的典型性，必须能引发人的思考，对类似事件有应对、借鉴意义和价值。

4. 有效性。教育叙事中的"故事"本身必须有现实意义、应用价值和理论价值。

5.6.4　教育叙事与教学案例的关系

	教育叙事	教学案例
相同点	（1）都是教师从教育实践、校园生活等真实的自然情境出发，是"原汁原味"的教育教学事件。 （2）通常情况下，作者本身就是研究的主体，是写作者的亲身体验和自我感受，写的是真情实感。 （3）案例和叙事都不是记流水账，而是记述有情节、有意义的（如具体人物、矛盾冲突和事件发生发展的情况等），相对完整的故事（可以是教学的某个或某些环节、一个或几个片断）。 （4）都属于一种反思性的研究。教师在叙事中反思，在反思中深化对问题或事件的认识，提升原有的经验，修正行动计划，探寻事件或行为背后所隐含的意义、理念和思想。离开了反思，教学案例和叙事研究就会变成为叙事而叙事，就失去了它的意义和价值。	

续表

		教育叙事	教学案例
不同点	(1)	教育叙事不拘泥于某种具体的理论,更强调回归教育教学实践本身,在日常生活和教育教学事件中,通过观察与反思,归纳出解释性的见解与结论。	教学案例是用理论指导实践,同时在实践中检验和修正理论。它是通过对先进教学理论指导下的教学实践进行观察与反思过程,使专家"倡导的理论"真正内化为教师自己的观念。
	(2)	教育叙事研究可以只有问题没有主题。	教学案例要有主题,主题是案例所要反映的核心理念和观点,是案例的灵魂和精髓。写案例首先要考虑这个案例所要反映的主题是什么。主题像一条主线把案例故事串起来。案例主题要有指导意义,能引起大家对教育教学中带普遍性、倾向性问题的关注,并能促使这些问题解决,不能只局限于个别情境或特殊问题。
	(3)	教育叙事研究采用的是"从实践,到解释性见解"的自下而上的归纳法。	教学案例既有自下而上的归纳法,又有自上而下的演绎法,采用的是"理论—实践—修正理论"的途径。
	(4)	教育叙事更强调故事的自然性,一般没有事先的安排与设计,主要是事后的感悟与反思。	教学案例事先往往要进行精心的设计与安排,事后要有系统的教师反思与学生反馈,带有较浓厚的"研究"的味道,是一种"有血有肉"的理论。
	(5)	教育叙事的内容一般比教学案例要更加宽泛,可以涉及教育和教学领域的方方面面。	教学案例一般局限于具体教学的范围,由于有事先的设计与一定的条件控制,因而更有典型性与代表性。
	(6)	体例上要求不是太严格,也没有比较明确的格式与规范,只要具有某些基本要素就行了。	教学案例虽然目前也没有统一的格式与规范,但相对教育叙事来说,还是要严格一些,结构要求相对统一。
	(7)	对背景的描述,教育叙事侧重于时间、地点、人物、故事发生、发展的过程。	教学案例侧重于描述教学的基础、条件、学情等方面的情况。
	(8)	反思方面,教育叙事侧重于感悟。	教学案例强调理性分析与研讨。
	(9)	写作手法上,教育叙事常采取夹叙夹议的方法。	教学案例大多是先叙述后集中分析的方法。

5.7 课例研究报告

5.7.1 本质内涵

课例研究：以某一节具体的课为研究对象，重在对这节课本身的"改进、优化和提高"，从而给出"问题解决"的示例。

课例研究报告：反映课例研究的基本情况、叙述课例研究过程的文本或音像资料。

5.7.2 体例结构

"教学课例"反映的是课堂教学活动从"设计"到"实施"的过程。主要包括：教学设计＋教学实录＋教学反思。由于教学设计是"方案"，教学实录是"做法"，教学反思则是"评价"。因此，课例还应该包括同伴的建议＋专家的点评＋相关数据分析等。

《用数对确定位置》课例研究报告

在第十届华东六省一市小学数学优质课评选中，本课荣获了一等奖第二名的成绩。回首来路，追溯过程，并非一蹴而就，一次次的酝酿、实践、思辨至今记忆犹新。

一、教学设计

【最终设计】

教学目标：

1. 在具体情境中认识列与行，理解数对的含义，能用数对表示位置。

2. 使学生亲身经历由具体的实物图到方格图的抽象过程，提高抽象思维能力，渗透坐标思想，发展空间观念。

3. 使学生体验用数对确定位置知识在生活中的应用，进一步增强用数学的眼光观察生活的意识。

教学过程：

教学设计	学生活动
（一）用自己的方法确定位置 课伊始，教师播放刘公岛少年军校学生军训录像，并很快将画面定格在方队图上，引导学生尽量用准确而简练的语言把方队中小强的位置描述出来。让学生用自己的语言来描述小强的位置，激活了学生头脑中已有的描述物体位置的经验，学生的描述可能比较准确但不够简练，也可能比较简练，但不够准确，再通过学生之间的互动评价，使他们认识到这些表示方法的不足，产生用统一、简明的方式来确定位置的需求，体会到学习新知的必要性。	· 观看录像。 · 观察画面中小强的位置，用自己的语言来描述小强的位置。 · 学生之间互动评价，发表自己的观点，充分认识这些表示方法的不足。
（二）用列与行的方法确定位置 通过第一环节的学习，学生认识到自己描述位置的方法不够规范、准确、简明。这时，教师因势利导，引导学生将描述的方法统一到列与行上，能用"第几列第几行"来表示位置，图例也由人物图演变为点子图，然后再引导学生对用"第几列第几行"表示位置和用"自己的方法"表示位置进行比较，并观察从人物图到点子图的变化过程，感受到用"列与行的方法"确定位置的简明性和准确性。这一环节是学习在方格图上确定一个点位置的必要过渡环节。	· 根据自己的理解指出队列中的列与行。 · 学习列与行的概念和确定列与行的规则，能用"第几列第几行"表示位置。 · 对用"第几列第几行"表示位置和第一环节中用自己的方法表示位置进行比较，感受到用"列与行的方法"确定位置的简明性。 · 观察从人物图到点子图的变化过程。
（三）用数对的方法确定位置 1. 当学生认识到用"第几列第几行"描述物体位置的简捷性后，教师抛出了一个挑战性的问题："这还不是最简练的方法，数学的表示方法经常用到数字和符号，你能用更简练的方法来表示小强的位置吗？"将学生的"求知欲望"再次点燃起来。同学们以小强的位置"第3列第2行"为例，根据数学的简明性特点和符号化特点，自主探索更简捷的表示方法，让学生的主动性和创造性得以尽情释放。在此基础上引导学生认识"数对"，使学生进一步感受到用数对确定位置的简明性和准确性。	· 根据数学的简明性特点和符号化特点，自主探索比"第3列第2行"更简捷的表示方法。

续表

教学设计	学生活动
2. 这一环节中,设计了一道趣味游戏:快速找药。以男女对抗赛的形式展开,台下的同学以开火车的形式依次说出表示某种中药位置的数对,台上的同学根据描述在电脑上把这种中药找出来,限时30秒,看谁找得多。通过这个小游戏,学生更加感受到用数对确定位置的简明性和准确性。	· 学生交流自己创造的方法,最后通过思维碰撞,达成共识。 · 教师引导提升,认识数对,并在一系列趣味练习中深化对数对知识的应用。
3. 游戏结束后,教师又启动了一个问题:"观察屏幕上的图形(动态显示点子图变方格图的过程),你能发现什么? 你还能在图中(这时已经变成方格图)找到小强的位置吗?"将点子图自然过渡到方格图,有效地完成了由具体的实物图→点子图→方格图的抽象过程。	· 观察从点子图过渡到方格图的过程,感受方格图的简明性。
(四)用数对的思想确定位置 　　学生掌握了用数对表示位置的方法,为了帮助学生建立数对的思想,设计了"说说生活中哪些地方用到了数对思想"和介绍"地球上经纬线知识"两个环节,让学生感悟"数对思想"的价值,体验"数对知识"应用的广泛性。	· 联系实际举例:说说生活中哪些地方用到了数对思想确定位置。 · 了解地球上经纬线知识。

　　课后侧记:上海特级教师曹培英这样评价这节课:"《数对》这节课,细腻的环节设计,扎实的教学效果,洋洋洒洒的教学风格,不仅淋漓尽致地展示了数学知识的产生和发展过程,而且还将'基础知识、基本技能、基本的数学方法和基本的数学活动经验'四大教学目标有效地落到了实处,是一节充分体现新课程改革理念的典型课例。"

【回忆对比】

　　显然作为一个教者,一堂课能得到专家和业内人士的认可是我所向往和企盼的。虽然结果让我非常欣慰,但高兴之余,除了感激各级教研领导、同事的一路指导与陪伴,更多的是难忘磨课过程中的点点滴滴:群策群力运筹、集体听课研讨、集思广益创新。以下是在研课过程中前后两阶段设计、授课情况的对比分析。

第一大板块：用自己的方法确定位置	
初始设计	最终设计
情境引入 播放刘公岛少年军校学生军训录像，并很快将画面定格在方队图上，让学生提问题。 效果分析：学生提的问题经常是"一共有多少个同学""男生几人""女生几人"等等，因为"××同学在什么位置"大部分学生可能觉得这不是数学问题，因此往往兜了一大圈也切入不了主题。 数据分析：用时5~7分钟 　　　　学生参与度不足30%	情境引入 课伊始，播放刘公岛少年军校学生军训录像，并很快将画面定格在方队图上，引导学生用准确而简练的语言把方队中小强的位置描述出来。 效果分析：教师的提问直奔主题——"小强在什么位置？""怎样能用准确而简练的语言把小强的位置描述出来？"将学生直接引入到有效的思考中，避免学生兜圈子，有效地节省了课堂时间。 数据分析：用时2分钟 　　　　学生参与度95%以上
自由描述 学生发言，用自己的方法直接描述小强的位置，其他同学评价。 效果分析：当前面同学的描述被其他同学否定后，后面的学生就不愿意再发言，不利于全面了解学生的原有知识水平。 数据分析：学生参与度20%左右	自由描述 描述小强的位置由学生直接说出来改为写出来。 效果分析：这样就能避免受其他同学的干扰，能够激活每个学生头脑中已有的描述物体位置的经验。 数据分析：学生参与度100%

第二大板块：用列与行的方法确定位置	
初始设计	最终设计
明确概念 什么是列与行？教师直接讲解。 效果分析：忽略了学生原有的知识基础，把学生作为被动接受知识的工具。 数据分析：学生主动思维积极参与程度0%	明确概念 先提问学生"你觉得什么是列与行？"再根据学生的发言情况有的放矢地进行讲解。 效果分析：了解学生的认知水平，调动学生学习的主动性。总之能让学生说出来的教师绝不说，能让学生教学生的教师绝不教。 数据分析：学生主动思维积极参与程度95%
抽象图例 直接出示点子图，让学生从图中找小强的位置。 效果分析：直接出示点子图不利于学生体会抽象的过程。 数据分析：对抽象后图例感悟理解的程度20%	抽象图例 课件中人物图渐变过渡到点子图，并让学生谈感受："你认为这样表示队列有什么好处？" 效果分析："渐变"有利于学生体会抽象的过程。让学生谈变化前后的感受，可以帮助学生养成反思的习惯，同时深刻感受到简化的过程和优点。 数据分析：对抽象后图例感悟理解的程度100%

第三大板块：用数对的方法确定位置

初始设计	最终设计
自主探索 当学生认识到用"第几列第几行"确定位置的方法后，再让学生用这种方法记录几个同学的位置，并故意提快速度，使学生产生进一步探索简洁方法的需求。	自主探索 当学生认识到用"第几列第几行"描述物体位置的简捷性后，教师又抛出了一个挑战性的问题："这还不是最简练的方法，数学的表示法经常用到数字和符号，你能用更简练的方法来表示小强的位置吗？"让学生根据数学的简明性和符号化特点，自主探索更简捷的表示方法。
效果分析：教师人为给学生制造矛盾，不易得到学生的认可和信服。	效果分析：有利于学生对数学符号化的深刻认识，同时让学生的主动性和创造性得到尽情释放。在此基础上提升到"数对"的方法上，使学生更加感受到用数对确定位置的简明性和准确性。
数据分析：主动性创造性调动发挥的程度50％	数据分析：主动性创造性调动发挥的程度96％
巩固练习 教材97页第7题：用数对表示某些中药的位置，再将某些中药的位置用数对表示出来。 形式：抽取部分学生口头回答。	巩固练习 男女对抗赛：快速找药。 形式：台下的同学以开火车的形式对照图片依次说出表示某种中药位置的数对，台上的同学根据描述在电脑上把这种中药找出来。比一比在30秒内谁找的中药多。
效果分析：形式比较单调、枯燥，不利于调动学生学习的积极性和主动性。	效果分析：通过男女对抗赛的形式，既练习了用数对表示位置，又练习了根据数对找位置，既活跃了课堂气氛又巩固了用数对确定位置这一新知识，使学生更加感受到用数对确定位置的简明性和准确性。
数据分析：学生喜欢度60％左右	数据分析：学生喜欢度100％

第四大板块：用数对的思想确定位置

初始设计	最终设计
整理拓展 回顾整理，全课小结，布置课后作业：了解地球上经纬线的有关知识。	整理拓展 联系实际举例：说说生活中哪些地方用到了数对思想，以及课件介绍"地球上经纬线知识"。
效果分析：把"了解地球上经纬线的有关知识"作为课后作业布置，一部分同学必然不重视不去了解。	效果分析：通过课件紧紧抓住学生的注意力，让学生充分感悟"数对思想"的价值，体验"数对知识"应用的广泛性。
数据分析：用时1分钟 　　　　　学生参与度30％	数据分析：用时3分钟 　　　　　学生参与度100％

二、数据分析

（一）时间分配

表1 课堂教学各环节时间分配

	用自己的方法			用列与行的方法			用数对的方法								用数对的思想		
	观看录像引入	学生自由描述	互动交流	讲解概念明确列行	用列行描述	抽象出点子图	学生自主探索	互动交流统一认识	讲解概念认识数对	基础练习	深化练习	拓展练习	抽象图例升华认识	回顾总结	联系生活举例	知识拓展延伸
占时	2	2	3	3	1	2	2	3	2	2	4	7	3	1	2	1
提问次数	1	0	1	2	2	4	1	1	2	0	1	3	4	1	1	1

表2 主要教学行为时间分布

	教师讲解	生生交流 师生问答	学生活动	其他时间
时间	5	12	18	5
占总课时（％）	12.5％	30％	45％	12.5％

结果分析：

从整堂课师生时间分配中可以清晰地发现，教师的分析讲解只占整堂课的12.5％，学生参与讨论和动手的时间共计30分钟，占到了课堂时间的近75％。教师给学生提供了自主探索的空间，及充分表达交流的空间，使得学生们在课堂上参与得很充分，学生的主体地位十分突出。

（二）提问分析

教师的提问技巧水平分析表

教师提问
1. 小强在什么位置？想一想怎样能用准确而简练的语言把小强的位置描述出来？（描述性问题）
2. 你们觉得这3位同学描述的怎么样？谁来评价一下？（反思性问题）

续表

教师提问
3. 你觉得什么是列？什么是行？（描述性问题）
4. 指一指，哪是第一列的同学？（描述性问题）
5. 现在你能用列和行来描述一下小强的位置吗？（描述性问题）
6. 对比这种描述方法(第几列第几行)和你们自己的描述方法,有什么感受？（反思性问题）
7. (课件演示人物图渐变成点子图)发生什么变化了？（探索性问题）
8. 用圆点来代替每个同学,你认为这样表示队列有什么好处？（探索性问题）
9. 在这幅图上(点子图)你还能指出哪是第 1 列和第 1 行吗？（探索性问题）
10. 你能在点子图中找到小强的位置吗？（探索性问题）
11. 你能不能把这种表示位置的方法(第 3 列第 2 行)变得再简练一些呢？（探索性问题）
12. (展示学生创造的方法)老师发现你们的这些方法有个共同之处,你们发现了吗？（反思性问题）
13. 为什么会叫数对呢？（反思性问题）
14. 这样表示(3,2)比(第 3 列第 2 行)怎么样？（反思性问题）
15. 通过快速找药这个小游戏,你觉得用数对确定位置怎么样？（反思性问题）
16. 想象一下,假设你们都站在老师这个位置上观察,哪是第 1 列？（探索性问题）
17. 这组数对(3,1)(3,2)(3,3)(3,4)(3,5)(3,6)有什么特点？为什么会这样？（探索性问题）
18. 这组数对(1,2)(2,2)(3,2)(4,2)(5,2)(6,2)有什么特点？为什么会这样？（探索性问题）
19. 出示数对(1,1)(2,2)(3,3)(4,4)(5,5)(6,6),你猜这组数对能让哪些同学站起来？这组数对又有什么特点？（探索性问题）
20. 方格图和点子图相比又有哪些好处？（探索性问题）
21. 现在你还能在方格图中找到小强的位置吗？（探索性问题）
22. 这节课,我们学习了什么？（反思性问题）
23. 对"数对"你有什么感受？（反思性问题）
24. 在我们的生活中,还有哪些地方也是用数对思想确定位置的？（探索性问题）
25. 知道在地球上,是靠什么来确定位置的吗？（探索性问题）

（三）各种提问行为类别频次表

行为类别	频次	百分比
教师提出问题的类别		
1. 描述性问题	4	16％
2. 探索性问题	13	52％
3. 反思性问题	8	32％
4. 无关问题	0	0

提问技术、方式、水平的分析：

课堂提问是数学教学活动的重要组成部分，是激发学生积极思维的动力，是开启学生智慧之门的钥匙。只有思维含量高的问题，才能激发学生的求知欲，促进学生的思维发展，从而提高教学质量和教学效果。从本课教师提问统计中不难看出，具有探索性的提问和引导学生反思的问题占到了80％以上，比如"通过这个小游戏，你觉得用数对确定位置怎么样？""现在的图示和刚才相比又有哪些好处？"等等，引领学生进行对比反思，真正做到了"问"而生"思"，"答"而有所"得"，收到启发学生思考、开拓学生思路、发展联想的效果。

如果教师提问时对问题的表述不明确、太空泛，会使学生抓不住要领，在思考过程中缺乏思维定向，失去目的性、针对性。本课提问的一个显著特征就是提问方向明确，切中要害，提出的问题有的放矢，如"想一想怎样能用准确而简练的语言把小强的位置描述出来？""你觉得什么是列？什么是行？"直接将学生引入到有效的教学思考中。

思考：从课堂教学中可以观察到，对于反思性的问题，只有中、上等学生愿意回答，很多学生处于观望状态，我觉得这与学生平时的学习习惯和思维习惯有关，学生善于思考问题、解决问题，却不善于反思问题，可能也与我们教师的培养习惯有关。细想一下，我们经常提"做反思型的教师"，是否也应该培养反思型的学生呢？

三、学生学情调查分析

（一）课前学生学情分析

前测样本：

1. 做广播操时你处在班级队列中的什么位置？请用简练的语言描述出来。

2. 去电影院看电影，怎样找自己的座位？

3. 你喜欢学习数学吗？为什么？

后测结果及分析：

通过前测，可以了解到，约30％的学生是利用前后、左右和上下来描述实际情境中物体位置的，约60％的同学是利用"第几排第几个"来描述位置的，只有8％甚至更少的同学了解一点列与行的知识，而且了解不具体，概念不准确，对数对知识100％的同学不了解。对于数学的态度，有的学生认为数学简单易懂，学起来轻松愉快，也有少数学生认为数学枯燥无趣，使人头脑发昏。总体来看，学生思维敏捷，具有创新意识，敢于发表自己的观点，对数学学习的积极性很高。

（二）课后学情反馈分析

后测样本：

1. 阳光小区平面图

（1）花园的位置用数对表示是_____。

（2）学校的位置用数对表示是(2,5)，

书店的位置用数对表示是(6,3)，

电影院的位置用数对表示是(1,7)，请在图中将它们的位置标出来。

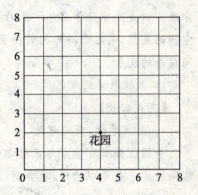

2. 结合生活实际举例说明数对的应用。

后测结果及分析：

通过后测，欣喜地看到，对于第1道题100％的学生写出了正确的结果。可以看出，学生对"数对"知识的理解很明确，也很到位，掌握得非常好。对于"数形结合"的思想，也有了初步的理解。第2题结合生活实际举例说明数对的应用，在学习本课之前，学生对数对是一点概念都没有的，通过本课，感受到了数对的简洁性和准确性之后，学生对数对的应用有很多自己的设想，比如在设计拼摆花坛图案的设计图纸上，用数对注明每盆花的位置；运动会方阵中举牌拼字的位置表示等等，虽然有些例子举得不是特别恰当，但我们主要的目的是引导孩子们能从生活中发现更多数对的应用价值，学生能有这种应用的意识是很重要的。

四、课堂教学执教分析

（一）教学目标定位

《用数对确定位置》是青岛版教材（五、四分段）五年级上册第七单元教学内容。本单元教材主要编写特点：一是从实际情境出发，提升学生的已有经验。学生在一年级上册已经学习过用"前后、左右、上下"来描述实际情境中物体的

位置,并且在生活中也有许多类似"第几排第几个"的经验。由此,教材通过"军营中的队列训练"这一学生熟悉的情境,引入"数对"知识的学习。教材选择这一情境,能有效地激活学生已有的经验。二是引导学生经历知识的形成过程,体验数学表达的简明性。通过"小强在什么位置?""怎样才能既准确又简明地表示小强的位置呢?""你能在格子图中找到小强的位置吗"这一系列问题,引导学生探索,将实际的具体情境数学化,使学生亲身经历由具体的实物图→点子图→方格图的抽象过程,帮助学生理解数对的意义。三是选取丰富的贴近学生生活的素材,帮助学生有效掌握用数对确定位置的方法,使学生在这些熟悉的生活情境中,通过自主探索与合作交流解决实际问题,掌握用数对确定位置的方法。四是注重数学思想方法的渗透。通过学习数对,帮助学生初步建立二维空间的表象,架起数与形间的桥梁,初步渗透数形结合及坐标思想,促进学生空间观念的发展。

（二）执教者的反思

【亮点回放】

1. 关注学情,教而有效

美国认知教育学家奥苏贝尔说过:"如果我不得不把教育心理学的所有内容简约成一条原理的话,我会说:影响学习的最重要的因素是学生已经知道了什么,弄清了这一点后,再进行相应的教学。"的确,有效的数学教学应该基于学生的已有经验。唤醒学生原有知识,了解学生的生活经验和已有知识背景,是学生学习的基础。因此我在教学时,首先通过让学生自己来描述小强的位置,激活学生头脑中已有的描述物体位置的经验,然后通过交流评价,自己认识到这些方法的不足,引发学生产生用统一、简明的方式来确定位置的需求,体会学习新知的必要性。

2. 巧设平台,彰显个性

学习是一种个性化行动。作为教师,应当在课堂教学环境中创设一个有利于张扬学生个性的"场所",让学生的主动性和创造性得到尽情释放。在第三环节中让学生以小强的位置"第3列第2行"为例,根据数学的简明性特点和符号化特点自己创造更简洁的表示方法,为学生提供了自主思考的空间,学生的思想无拘无束,创新灵感、创新思维不断涌现,课堂真正成为他们发挥自己聪明才智的乐园。然后再针对学生自己创造的方法,通过师生互评、生生互评,让学生产生矛盾冲突,抽取共性,从而产生确定位置的方式——数对。可以说数学的特点促进了数对的产生,数对的产生也符合数学的特点。再通过对"数对"名字的分析,使学生对于"一对数"确定位置的理解也更加清晰了。

3. 知趣交融,快乐求学

心理实验表明,学生经过 20 至 30 分钟紧张的新课学习后,会感到疲劳,学习兴趣降低,学困生表现尤为明显。而"兴趣是最好的老师",为了继续保持学生积极的学习状态,教师要特别注意练习的设计。"快速找药"的练习紧密联系生活实际,而且形式活泼有趣,极大调动起了学生学习的兴趣。学生在这一活动中,动眼看,动耳听,动脑想,动口读,动手做,调动了多种感官参与学习。通过这个形式新颖有趣的练习,变学生被动学习为主动参与,既增大了练习面,又使全体学生主动参与。

4. 研究探索,发展思维

本课有两大主线贯穿始终。一条是图例的抽象和演变:由实物图→点子图→方格图,这一抽象的过程细腻、清晰,借助"数形结合"的方式很好地渗透了"坐标"这一较难理解的数学知识,为学生的后续学习做好铺垫。另一条线是确定位置的方法:由不同的描述方法→列与行的方法→数对的方法,这一表达方式逐步递进、简化、抽象,都使学生对数学的简捷性和抽象性有了深刻的感受和体会。

课堂中,两大主线的层层递进与发展,把本课数学知识和思想的产生与发展过程展现得淋漓尽致,而且两大主线的每一次递进、转化,教师引导学生进行前后对比反思,及时提升学生的认识,培养反思习惯和能力。通过学习,学生不但熟练地掌握了数对知识,而且真正感受到了数学能够把复杂的问题简单化,也真正体会到了数学符号的简洁清晰,最重要的是学生真正亲身经历了数学知识、数学思想的形成过程,这些都为学生的全面发展、长远发展打下了良好基础。

5. 学生获得了更多的创造空间和时间,开展能动的创造

本课采用小班化教育模式,小班化教育的特点是班级学生人数少,相对每个学生占用的学习空间、活动空间和其他教育资源占有量比较大,学生受教育的时间、条件得到了改善。课堂上学生获得了更多的创造空间和时间,充分地发挥了学生的主体作用,学生自主思考、探究、表现的机会增多,自主地创造、创新的机会增多,学生的潜能得到了更好地挖掘,因此,"小班教育"不仅增强了课堂教学效果,培养了学生良好的学习习惯,同时也使教学质量得到了大幅度的提高。

【盘点不足】

常言道:教学永远是一门有遗憾的艺术。的确,尽管在不断的雕琢中我努力追求完美,但几缕缺失时常萦绕脑际,难以释怀。

1. 在第一环节中让学生用自己的方法把方队中小强的位置描述出来,学生书写速度较慢,浪费时间,在试讲的过程中也尝试过让学生口头表述,后面学生受前面发言学生影响,往往不愿意表达自己的描述方法,所以这一环节还需精加工改进。

2. 这节课不仅仅要教会学生用"数对"的方法来表示位置,更重要的是让学生在解决问题中,构建"数对"模型,经历用简洁的数学符号确定位置这一抽象的过程,这才是本课的重点。学生在经历了由文字描述到符号表达,由繁到简的再创造过程中,进一步感受到了数学的抽象化、符号化。这些方面本课都体现得比较充分,但在让学生感知"数对"确定物体位置,要从两个维度来考虑的数学本质的同时,对数对的有序性体现的不够充分。

此外一些老师在听课过程中指出,联系实际举例:说说生活中哪些地方用到了数对思想,学生非常缺少这方面的经验,往往举不出恰当的例子,是否能改为先介绍"地球上经纬线知识",课后再让学生在生活中寻找应用了数对思想确定位置实例,也在思考中。

(威海市南山小学　吴锦娜)

5.7.3 写作要求

1. 对教学设计的背景、思路与意图进行说明,即回答"我是怎样设计这堂课的"。

2. 如实描述课堂教学的实际进程,即回答"这堂课实际上是怎样展开的",包括学生是怎样学习的、师生是如何互动的,描述应点面结合,给人以整体感,同时又要突出重点。

3. 对授课过程及效果的反思与讨论即回答"这堂课上得如何",要重点说明课堂教学的实际进程与教学设计有何差异,哪些地方超出了预期的范围,超出的部分是否具有教育意义;对成功的地方进行总结,对失败的地方进行诊断、分析,并提出解决问题的设想与建议。

4. 尽可能体现八字方针,具体如下:

我——是指要写自己的教学课例。只有自己的东西,才是最鲜活的、最有生命力的,也是最独特的、最有个性的。研究自己教学中出现的问题,与自己的教学实际结合起来,这样的研究才是实用的。

小——是指研究的问题要小,要从小处入手。不要空谈那些大的理论,教师的教学工作是平凡的,是由一点一滴的经验积累而成的。只有关注这一点一滴的小经验,从大处着眼,小处着手,这样的研究才能做到"以小见大,见微知著"。

实——是说内容要真实、充实，文风要朴实。内容真实，才有实际意义。内容充实，有细节的具体描写，才有可读性和可信性。文风朴实，才能避免哗众取宠。因此，课例研究不要虚构，不要大话连篇言之无物，更不要堆砌华丽辞藻，使人望文生厌。

思——是指要有自己的思考。有人说："不会反思的教师，最多只能是一个教书匠，会反思的教师，就已经是一个研究者了。"这说明，反思是由教书匠转变为研究者的重要一步。因此，教师备课后的反思、上课后的反思以及行动跟进后的反思就尤为重要。

研——是指一定要写出"研"的过程。也就是同伴间的合作互助、专业的引领、自我反思、行动跟进的过程。这是课例研究中最重要的一环，也是最能引起人们思考的部分。

新——是说观察的视角要新，要从习以为常的事情中观察出新问题。要有新的见解、新的思路；切忌老生常谈，人云我云。

情——是指要写出自己的真情实感。反映自己的情感、态度和价值观，但又不是感情的宣泄。

升——则是指要写出自己经历课例研究的过程所获得的理论和经验的提升。我们的研究，归根结底是为了促进教师自身的专业发展，是为了教师自身素质的提升。把这些提升记下来，既是自己成长的记录，又为今后的研究提供了丰富的经验和理论。

5.7.4　课例研究报告与教学案例的关系

		教学案例	课例研究报告
相同点		(1) 都有一个主题，都是以教学实录为素材。 (2) 都有矛盾冲突、故事性强，能吸引读者。	
不同点	(1)	对某个或某些教学事件的进行分析与研究。	对一节课的教学活动的分析与研究。
	(2)	选择典型性、现实性的问题，对其背景、主题和情境与细节进行描述，对教学结果进行诠释与研究，并提出问题讨论。	对整堂课教学任务、教学对象和教学目标、教学实际流程、教学场景等进行描述或展示，并对其进行反思与评价。
	(3)	组成：背景＋问题＋问题解决＋反思讨论。	教学设计＋教学实录＋教学反思

5.8 课题实验报告

5.8.1 本质内涵

课题实验报告,是课题实验研究的最后环节,是对实验的整个过程进行全面总结,从而提出一个客观的、概括的、能反映全过程及其结果的书面材料。它是针对某种教育现象,某一教育课题或某种教育理论进行调查研究、实验或论证后所得出的新的教育观点、新的教育思想、新的教育方法或新的教育理论。撰写好实验研究报告对总结和推广实验具有重要作用。

5.8.2 体例结构

实验研究报告主要由题目、项目负责人和课题组成员、课题的由来、课题的目的和意义、实验的方法、实施结果、分析与讨论、结论、参考文献等组成。

具体内容有:

1. 题目

用简练、概括、明确的语句反映出实验的对象、领域、方法和问题,使读者一目了然,判断出有无阅读价值。

2. 项目负责人和课题组成员

写出课题组组长和课题组成员的姓名。

3. 课题的由来

简要说明课题的背景和来源,即问题的提出。

4. 实验的目的和意义

包括:① 说明实验的重要性,揭示实验的动机和目的。② 说明选题的依据,说明实验的对象、进展和规模,揭示课题的价值和意义。③ 目前国内外相关研究成果、现状、问题和趋势。④ 说明实验所要解决的问题。

5. 实验的方法

这是实验研究报告的主要内容之一,不仅强调阐明研究的方法和研究的过程,而且强调科学性。告诉读者实验的结果是在什么条件和情况下,通过什么方法,根据什么事实得来的,从而判定实验研究的科学性和实验结果的真实性、可靠性。主要包括以下基本内容:① 主要概念的定义和阐述。② 怎样选择的实验对象,实验的组织类型和分组名册。③ 有哪几种实验因子。④ 用什么方法控制哪些无关因素。⑤ 实验步骤。⑥ 测量的材料和实验的器材。⑦ 实验数据的搜集和分析。

6. 实验结果

实验结果是实验研究报告的核心内容。实验结果中最重要的是要说明每一结果与实验假设的关系。主要内容有二：① 用统计表、统计图等方式把搜集的原始数据、典型案例、观察资料等进行初步的整理和分析。② 用统计检验来描述实验因子与实验结果之间的关系，得出研究的最终结果，然后对实验结果的事实加以分析说明。

7. 分析与讨论

包括：① 从理论上分析和论证实验结果。② 探讨实验中实验方法的科学性和局限性。③ 提出可供进一步深入研究的问题。

8. 结论

实验结果是对整个实验的一个总结。因此，应对实验研究的问题作出明确的解答，推出一般的结论，使其具有客观性和概括性。作结论时，应做到语言准确、简明，推理严密，有理论依据，有逻辑性。

"小班化课堂教学与评价的研究"课题实验报告

一、研究背景

1. 课题的提出

实施小班化教育是学校贯彻落实党的教育方针、努力办好让人民满意的教育、不断提高教育质量的主观需要。基于以上的原因，我们确立了"小班化课堂教学与评价的研究"课题，旨在通过研究构建适应小班化教育的教学策略、教学组织形式及教育管理体系和教学评估体系。

2. 课题研究的目的意义

（1）探索"小班化教育"进一步拓展和深化实施的切入口。

（2）为小班化课堂教学模式和教育评价理论寻找实践操作的途径和方法。

二、课题研究设计

1. 课题界定与研究依据

小班化教育是优质教育，它以高质量的教育效果为追求目标。它是素质教育最优秀的教育思想、教育过程和教育效果。是"让每一个孩子都得到为他量身定做的教育，让每一个孩子都得到适合他的最好的发展"，即个别化教育。它突出的特点是:班级规模变小,全纳性教学,个别化教学,教学情感性,多元性评价,活动化,合作化。

研究依据:(1) 现代教育理论;(2) 现代心理学理论。

2. 理论假设与研究目标

通过本课题的研究,探索小班化数学教学策略,引导学生形成个性化学习策略,形成一套科学的教学评价体系。通过研究更新教师的教育观念,学会在实践中进行研究反思。

3. 研究内容:研究内容包括数学教学策略、个性化学习策略和教学评价策略等。

4. 研究对象:在一至五年级各选一个实验班,开展小班化数学教学与评价的研究。

5. 研究方法:主要以行动研究法为主,辅以问卷调查法、观察法、经验总结法、个案研究法、综合评价法等。

6. 实验原则:自主性原则、综合性原则、开放性原则。

三、研究进程

(一) 实验准备阶段(理论学习、资源建设阶段)

1. 组建优秀实验团队,确保实验顺利开展

挑选优秀的骨干教师,组成优秀实验团队,参与课题研究。

2. 开展系列调查活动,分析研究制订计划

为了有目的、高效率地进行研究,我们从每班抽取几位同学共计 100 人做了问卷调查,并发现大班教学存在下列问题:

(1) 对数学学习的兴趣及快乐感——没有感觉的同学多,感到快乐的同学少。

(2) 数学测验后的感觉——不高兴、没感觉的同学多,很快乐的同学少。

(3) 只是被动听老师讲课的多,而在课堂上参与活动回答问题积极的同学少。

(4) 对同学与老师提出的问题,不知怎样去评价的同学多,能评价的同学少。

分析研究的基础上,我们制订了小班化数学教学与评价课题总体研究计划:

问题的类型	问题所追求的目标	解决问题的途径
A. 学生对数学学习及测验没有成功感和快乐感。	要让每一位学生在获取数学知识的过程中及考试中"快乐体悟"，并且有成功与快乐感。	① 组织实验教师系统地学习小班化教学理念（全纳性教学、个别化教学、教学情感性、多元性评价、活动化、合作化），不断提高教师的业务水平，改变老师的教育理念。
B. 学习时学生只是被动听老师讲课，而不主动参与学习活动。	要让学生主动而快乐地参与学习知识的全过程，让学生在探索中得到快乐。	② 把全班学生分成几个小组，每次评比按"优与优比、中与中比、差与差比"，让每个人都有收获的机会，让每个人都能得到成功与奖励、快乐的感觉。
C. 不敢评价同学与老师所提的问题，或是不知道评价问题的方法。	要让学生有机会评、会评价、爱评价，从而在评价中获取快乐。	③ 在课堂教学中研究探讨：A. 让学生感受被平等尊重的快乐。B. 让学生体验数学"美"和"趣"的快乐。C. 让学生体悟自主探索的快乐。D. 让学生体悟同学合作交流的快乐。E. 让学生体悟品尝考试成功的快乐。F. 让学生体悟自我评价的快乐。G. 让学生在倾听中快乐体悟。H. 让学生在观察中快乐体悟。I. 让学生在做题中快乐体悟。J. 让学生在情境中快乐体悟。
D. 学生不会体验数学中的美与乐。	让学生通过观察、活动去体悟数学的美与乐。	④ 探索小班化生本数学课堂教学的模式与策略。
E. 学生不会体悟数学知识的思维过程及乐趣。	创设情境，让学生主动参与，从而体悟数学知识形成过程的快乐。	

3. 聘请专家引领研究，推动实验深入扎实

聘请各级教研中心的专家担任实验课题顾问，具体指导实验工作。

4. 加强教学资源建设，搭建软硬实验环境

"采购＋网络下载＋教师自建"三结合，组建了幸福街小学教学资源平台系统，为实验研究提供了海量教学资源。

（二）课题研究全面实施阶段

在课题研究实施中，课题组坚持"科学、有效、创新"的研究思想，认真开展课题研究活动，主要做好了以下几个方面的工作：

第一，凸显三个重点，深入课题研究。

1. 抓实教学常规，把目光盯在规范有序上，推进教学管理精细化。

(1) 教案学案讲创新，重实用性；(2) 课堂观察有重点，重研究性；(3) 作业批改更精心，重针对性；(4) 质量检测多反馈，重经常性。

2. 搞好团队教研，把时间花在提升素质上，实现教师队伍精良化。

(1) 加强学习，品读智慧；(2) 阳光牵手，合作共赢；(3) 多轮磨课，智慧共享；(4) 集思广益，全员共享。实验以来，团队磨课的展示交流、威海教育网上登载的 100 多篇小班化教学案例、实验随笔等，一一见证老师成长的足迹。

3. 关注学生发展，把功夫用在培养习惯上，做到教书育人精心化。

为引导学生形成良好的学习习惯，促学习效率的提高，我们的做法是：

(1) 细化要求——好习惯，我知道；(2) 常抓不懈——好习惯，我能行；(3) 评价激励——好习惯，伴我行。另外，"计算小能手""合作星"等评选活动的开展，形成了较强的正面影响力量，促进了学生良好习惯的养成。

第二，加强课题管理，确保有序发展。

邀请教研员、专家对课题研究进行论证，提出修订实施方案。在实施过程中分别从"开卷有益、主题阅读、直面课堂、精品展示、对话交流、观测评析、个性修炼、行为研究、案例研究、教育故事、荣誉展台、成长足迹"几个部分进行了详细记载。在研究过程中广泛吸收他们对课题研究的新点子、新思路、新方案，优化了课题管理的思路。课题研究做到"科学、有效、创新"，力求从制度给予保证，措施上切合实际，方法上达到更优，经费上予以倾斜，观念上力求更新，确保课题研究有序发展。

(三) 课题总结验收阶段

与实验教师探讨课题实验过程中的困惑、问题，对实验结果进行调查、测试、分析、撰写结题报告，进行评审鉴定，成果推广。在前期研究的基础上，总结经验，撰写课题研究报告，巩固研究成果，对切实可行的做法加以推广。

四、研究的实践与探索

在上级领导的关心和支持下，经过全体课题组成员的共同努力，我们的课题研究已步入扎实推进阶段。一堂堂的课题实验课，一次次生动活泼的教科研论坛，一个个富有思想、蕴含新课程理念的总结交流活动，都是我们在探索路上留下的行行脚印。

(一) 教学是一门艺术，具有小班特色的课堂教学模式初步形成

"自主、合作、探究"的基本结构

流程	教师活动	学生活动	设计意图
激趣定向 目标导航	① 教师创设情境、创设悬念,唤起学生的有意注意,引起学生对学习内容的好奇心。 ② 引导学生确定学习目标。	① 操作、观察比较、思考、答问或操作等。 ② 明确学习目标。	创设情境、激发学生的兴趣,激发学生学习的欲望。
尝试自学 自行解疑	教师可为学生提供一些思考题。	① 学生自学课本收集解决目标的信息。 ② 自己解决不了的问题,做好记录。	培养学生自主学习的能力。
合作交流 深入探究	① 引导学生进行讨论,互相交流意见和看法。 ② 参与学生的讨论。	① 交流意见和看法。 ② 矫正、补充和完善自学成果。 ③ 深入研究、思考。	学生不同的观点发生碰撞,在碰撞中学生对问题进行更加深入的研究和思考。
反馈点拨 释疑自结	① 精讲点拨。 ② 引导学生自结。	① 提出弄不清楚的问题。 ② 发表意见。 ③ 进行自结。	开阔学生的思维空间,培养创新能力。
延伸拓展 当堂训练	设计一定层次的练习题。	完成练习	掌握基本知识,形成基本技能,培养学生灵活运用知识的能力,形成技能技巧。
评价体验 课后实践	① 引导回顾、总结。 ② 布置课后实践题。	思考、归纳	体验成功、学会学习、学会运用。

(二)评价是一门科学,具有小班特色的多元评价模式正在实施

让评价的阳光充盈孩子的心灵,不仅构建了我校小班化数学评价模式的雏形,也有力推动了教与学方式方法的根本变化,使我们的小班化数学教学一路欢声笑语。

1. 课堂评价:全程嵌入,重在激励

(1)口语激励——润物无声。比如老师评学生:"你能积极参加讨论,具有合作精神,很好。""请你勇敢地试一试,老师相信你能行!""没关系,至少你思考

了、参与了,很棒!"……生生互评:"我觉得他们小组的办法特别简便!""他说得挺有条理,如果声音再大点就好了。"……

（2）星章奖励——扬起自信。在小班化数学教学中,我们精心设计了六种星星奖励章:慧眼章评价学生的"看",听力大王章评价学生的"听",智慧金钥匙评价学生的"想",金话筒章评价学生的"说",小巧手章评价学生的"做",合作章评价学生的合作能力。

（3）表格检核——关注发展。通过评价表,教师可以了解学生的学习情况以及发展中的需求,充分体现了评价的反馈与激励功能。

数学课堂观察检核表

班级_____　姓名_____

观察项目	因　素	1	2	3	说　明
知识和技能的掌握情况	数与代数				1＝真正理解并掌握;2＝初步理解;3＝参与有关的活动。
	空间与图形				
	统计与概率				
	解决问题				
是否认真	听讲				1＝认真;2＝一般;3＝不认真。
	作业				
是否积极	举手发言				1＝积极;2＝一般;3＝不积极。
	提出问题并询问				
	讨论与交流				
	阅读课外读物				
是否自信	提出和别人不一样的问题				1＝经常;2＝一般;3＝很少。
	大胆尝试并表达自己的想法				
是否善于与人合作	倾听别人的意见				1＝能;2＝一般;3＝很少。
	积极表达自己的意见				
思维的条理性	能有条理地表达自己的意见				1＝强;2＝一般;3＝不足。
	解决问题的过程清楚				
	做事有计划				
思维的独创性	善于用不同的方法解决问题				1＝能;2＝一般;3＝很少。
	独立思考				
总　评					

学生自评表

班级＿＿＿＿＿＿ 姓名＿＿＿＿＿＿ 时间＿＿＿＿＿＿

星期	课前准备	课堂表现	课堂作业			家庭作业			课本、作业本保存		综合等级
			全对	已改错	没完成	全对	已改错	没完成	完好	损坏	
一											
二											
三											
四											
五											

家长评价表（数学家庭作业）

项目	学生表现情况		
孩子是否主动学习（写作业、读书）	主动（　）	一般（　）	不主动（　）
孩子写作业的速度	快　（　）	一般（　）	慢　（　）
孩子写作业的质量（正确率）	高　（　）	一般（　）	低　（　）
孩子的课本、作业是否整洁	整洁（　）	一般（　）	不整洁（　）
孩子是否与家长探讨数学问题	经常（　）	很少（　）	不探讨（　）
孩子是否读数学课外书	书名《　　　　》《　　　　》		
家长综合评价：优（　　）良（　　）一般（　　）差（　　）			

2. 数学作业：精彩纷呈，匠心批改

实施小班化教学，我们尝试为作业增加许多快乐新元素，让"老面孔"悄悄精彩"变脸"。对这样的作业，学生的心中充满了期待。

（1）作业设计实现四个转变，力求精彩纷呈。

第一，变枯燥为有趣，体验快乐。

我们将布置的作业从"写"的单一形式中走出来，与画画、游戏、制作、参观、访问等学生喜闻乐见的形式巧妙结合，力求使作业变得生动有趣，让孩子体验到学习的快乐。

第二，变封闭为开放，提升能力。

课题研究——潇潇洒洒走一回。实施小班化教学后，我们开始引领学生进行小课题研究。"数字编码用处大""消费知多少""生活中的百分数""饮食与健康""环境的污染与危害""数字奥运"等小课题，引导学生从小课堂走向大社会，他们学到的不仅仅是数学知识本身，更重要的是观察、分析、合作、交流、创新、实践等综合素质得到了提高。

手抄小报——轻轻松松当编辑。孩子起的报名是五花八门：《数学大观园》《小脚丫》《金太阳》《青青园中葵》……设置的栏目是举不胜举："故事中的数学""数学史话""开心果""生活中的数学"……办报纸不仅在于办，更重要的是在于读报。学生交来的数学手抄小报，我们每期都进行展出，组织学生或阅读，或提出修改建议，或评选优秀作品，或交流办报经验。通过办数学小报，学生的视野开阔了，对于课内学习也是一种促进。

数学日记——真真切切话体验。例如，学习三上第七单元"我家买新房子啦——长方形和正方形的面积"后，刘子鉴同学在数学日记中写道："以前，我总是搞不清面积与周长，一做这样的题目就出错，这真让我烦恼。后来，小组长帮助了我。他告诉我面积和周长有三点不一样：意义不一样；单位名称不一样；计算公式不一样。听了他的讲解，我才渐渐明白，心情也一下子轻松了，再也不怕做这样的题了。"他还在日记的后面给自己画了一个大大的笑脸呢！

第三，变自学为互动，学会合作。

小班化教学，我们更注重培养学生在合作中综合运用数学知识的能力。

亲情性作业　　　爸妈一起来　　　　友情型作业　　　伙伴共完成

第四，变单一为多选，关注差异。

在小班化教学中，我们精心设计布置"超市型"作业，让不同水平的学生自主选择，给学生作业的"弹性权"，实现"人人能练习、人人能成功"的目标，达到"减负增效"之目的，实现真正的"人本回归"。

此外，我们的数学作业还有很多类型，如准备性作业、知识巩固、资料搜集、延伸阅读、现场考察、参观访问、社区数学活动等等。小班化的孩子常常会发出这样的呼声："多彩作业，想说爱你很容易！"

（2）作业批改凸显四个关注，力求匠心独具。

除了设计趣味多样的作业，对于作业的批改我们凸显四个关注，并着力在"温馨"方面下工夫。

第一，关注错误缘由，引导自我改正。

仔细揣摩学生为什么做错、错在什么地方、第几步、怎么改正，写下指导方法评语，如"运算顺序对吗？""想清计算公式"或"请仔细再算一次结果"等评语，让学生自己去思考、发现错在哪里，自己纠正解法，提高答题技能。

第二，关注独特见解，激活创新意识。

数学作业批改中的评语，不仅要注意学生解题的正误，而且要注意挖掘学生的智力因素，对学生作业中的巧解、灵活解答、一题多解，适当给予启发，可以帮助学生拓宽思路，开发潜能，标新立异，达到"四两拨千斤"的效果。

第三，关注情感态度，培养良好习惯。

我们在批改时特别注意方法，对症下药。例如，刘建萍老师班上的王明同学思维比较敏捷，喜欢钻研教材中较难的题目，但是作业急于求成，字体马虎，导致作业正确率下降。有一次，自选作业是三上 88 页的"聪明小屋"关于栽树的问题，他是班内为数不多做对了的学生。于是刘老师写道："你是我们班解答难题的高手，如果你的字体也能超越其他同学，那该多好！"读了老师的评语，他主动表示，老师给我点时间，我一定能把字写好。果然，王明同学写的字慢慢变正规了，作业质量自然就提高了。

第四，关注细微进步，激发前进动力。

一些学生的作业做得不那么完美，但只要有进步，我们就会打上五角星，评为"优秀作业"并写上"真了不起，你又进步了！""努力给你带来了成功"等；一些学生虽然有一些小错误，但字迹始终工整，也会评为"优秀作业"；另外，对于一些学习暂时较落后的学生，老师们会降低要求，只要尽力了，有进步，就毫不吝啬地送上五角星，并写上"继续努力，让优秀成为你的好朋友！"

另外，我们每次作业评价采用星星标志，累计 10 颗星星可以升级换一个月亮，3 个月亮升级成一个太阳，每学期根据太阳标志的多少来综合评出"作业之星"，颁发证书，计入数学综合成绩评定中。

3. 成绩评定：采用等级，关注发展

在考试观、评价方法以及命题内容、形式和学生作答方式等方面，我们都进行了全方位、多层面的革新，让小班化的每个孩子都能在宽松、愉快、竞争的评价环境中发挥出自己的最佳水平。

成长驿站

（亲爱的同学，这一阶段你学得怎样？）

1. 以前学过的知识用得好。	很好☐ 好☐ 待改进☐
2. 认真倾听别人的意见。	很好☐ 好☐ 待改进☐
3. 勇于提出问题。	很好☐ 好☐ 待改进☐
4. 乐于与同伴合作。	很好☐ 好☐ 待改进☐
你认为今后哪方面要继续努力：	
老师的悄悄话：	

（1）阶段测试，重在引导自我反思。

阶段测试完成后，引导孩子进行自我反思，及时调整。

（2）期末命题，注重内容形式变化。

为了落实数学课标的新理念，我们对期末试卷的版面设计与命题要求做了适当调整，具体做法如下：

融入人文关怀。卷首加上祝语，卷中友情提示，卷尾提醒学生自觉检查，进而养成良好答题习惯，同时也给中高年级的孩子提供了与老师倾心交流的平台。

增加趣味内容。首先，我们把试卷命名为"数学快乐园"，采用图文结合的形式，由"情景串"引出"问题串"。配上色彩斑斓、栩栩如生的卡通图案、插图，将理性问题感性化，抽象问题具体化。其次，在考题的形式上下工夫，围绕学生的年龄特征进行设计，努力做到生动活泼。如"填空题"改为"争夺免费入场券"，"判断题"改为"火眼金睛辨对错"或"我是公正的小法官"等；"计算题"改为"乘坐神算列车"，"应用题"改为"快乐游园"（智慧城展才华、美术室巧动手、气象站算雪情、数学超市购物忙）。快车道上夺红旗、猫追击去捉老鼠、砸金蛋、机智玩套圈、钓鱼比赛、摸球游戏、扎气球等等趣味多样的题目呈现在试卷中，在孩子们的心目中，考试就是一次极富情趣的智慧之旅。

例如：四年级的砸金蛋。

（1）任意砸一枚金蛋，砸到手机、彩电的可能性分别是多大？

（2）任意砸一枚金蛋，砸不到奖的可能性是多大？

联系生活实际。如租车买门票、当导游定路线、拍球比赛、参观景点、当设计员、我市人口问题、游泳馆和篮球场的问题、购买饮料和纪念品、出租车付费、过小河中的平均数等等问题。

如：新建路值勤交警，每天换岗 5 次，早上 7：30 分开始，以后每隔 2 小时换一次岗。你能在下表中标出每次换岗的时间吗？

换岗时间
第一次：
第二次：
第三次：
第四次：
第五次：

通过解答这样的题目，使学生学会用数学的思维方式去观察、分析、解决日常生活中的问题，从而领悟学习数学的真正价值。

关注学生差异。为了改变传统考试中"千人一面"的做法，关注学生的差异，期末试卷的最后部分我们在聪明屋里提供了探究数学规律、设计各种方案、寻找多种解题策略以及有关发展智力的题目。

如：数学快乐园（四年级上册期末质量检测）中有这样一道题：15 届多哈亚运会上中国选手刘翔在男子 110 米栏的比赛中获得了冠军，并打破了该项目的亚运会记录。110 米栏的赛道的示意图如下：

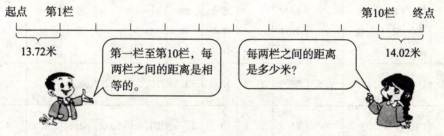

起点　第1栏　　　　　　　　　　　　　　　　　第10栏　终点

13.72米　　第一栏至第10栏，每两栏之间的距离是相等的。　　每两栏之间的距离是多少米？　　14.02米

此类题目着眼于学生的发展，使智力水平相对较差的学生也能大胆试一试，参与解决问题过程。而对于智力水平较好的学生来说，提供给他们的是充分施展才能的机会。

（3）等级评价，扬起自信促进发展。

在知识与技能方面，我们把《数学课程标准》要求学生掌握的内容具体细化，分为若干子项目。对每一项内容的评价，在一个学期内全时段中分散安排，

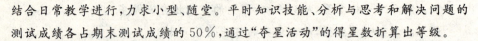
结合日常教学进行,力求小型、随堂。平时知识技能、分析与思考和解决问题的测试成绩各占期末测试成绩的 50%,通过"夺星活动"的得星数折算出等级。

4. 成长档案:点点滴滴,记录足迹

着眼于学生数学素养的形成,"成长档案"走进了我校小班化的数学教学评价中,从而满足了学生多样化的需求,促使学生的个性、潜能得到均衡发展。精心采集与整理——绽放个性;及时反思和评价——促进发展。一件件学具、一份份手抄报、一张张图片、一组组数据、一页页调查报告……都凝聚着学生的成功和创造,记载着学生成长的足迹。也让你惊叹:我们的孩子有着惊人的潜力!

小班化教学与评价的探索实践之路,就是这样一个孕育在平凡中,沁润在每一天的教学生活中,但又充满着挑战,需要不断地超越和创新的教学之路。我们虽说已经行走在这样的路上,但还只是刚刚起步,期待着大家的共同参与、共同建设。

五、研究结果的分析和讨论

开展小班化教学与评价,随着课题研究的一步步深入,我们的数学课堂、教师素质、学校的知名度等等方方面面都发生了很大变化,主要表现在:

1. 学生的学习兴趣、实践能力得到发展,催化学生快乐成长

下边是我们对王丽娟老师执教的三年级数学实验班进行的学习行为问卷调查:

有效问卷	学习数学态度%			小组合作学习与评价的能力%			回答问题的积极性%			评价他人的能力%		
	喜欢	一般	不喜欢	乐意合作与评价	一般	不乐意合作与评价	积极	一般	不积极	乐意	一般	不乐意
前测 19	58.3	38.9	2.8	60.2	21.1	18.7	53.3	15.2	31.5	52.6	28.5	18.9
后测 19	76.3	23.7	0	84.2	15.8	0	75.6	24.4	0	81.6	15.4	3
比差 0	18	−15.2	−2.8	24	−5.3	−18.7	22.3	9.2	−31.5	29	−13.1	−15.9

由上表可以看出:小班化教学与评价实验有利于学生的全面发展,有利于提高学生回答问题的积极性,有利于提高学生参与教学评价的能力。

以下是四年级实验班与对比班的学习成效的数据分析：

评价指标	具体表现	实验班	对比班
积极参与	学习兴趣浓，喜欢动手操作	98%	88%
	能主动发现问题	88%	65%
	能自主探究问题	86%	58%
	兴趣的维持	93%	60%
知识面广	会围绕情境寻找相关信息	98%	70%
	知识面广	85%	65%
	善于发现知识的内在联系	80%	50%
	会运用学到的知识解决实际问题	80%	58%
思维活跃	思维敏捷，反应迅速	95%	65%
	提出问题多角度、有深度	88%	50%
	见解独到，分析深刻	80%	40%
	想象丰富，自由活泼	98%	86%
互助合作	制订学习计划，分工合作	98%	70%
	主动与老师沟通	90%	60%
	主动表达自己的见解	90%	70%
	客观评价自己和他人的表现	85%	60%
创新力强	能多角度地思考问题	88%	70%
	有创造的意识和兴趣	95%	70%
	想象力丰富	85%	65%
	解题方法有创意	85%	60%

以下是开展小班化教学与评价，学生成长变化情况统计。

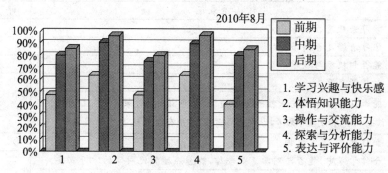

小班化教学与评价"学生成长变化统计"

从统计表、统计图中可以看出，课题实验给学生带来的变化，足以说明开展这个实验的必要性和可行性。小班化教学与评价策略真正能让同学与教师在平等和谐的环境中对话、能让学生快乐交流、快乐评价、快乐探索，从而催化学生快乐成长。

（1）多样的教学方法促进了学生的发展。经过实践我们发现小班学生各种能力整合得比较全面,学生性格更加活泼开朗,生生之间、师生之间更为和谐。

（2）学生动手实践能力逐步养成。以活动为载体,通过实验、出小报、表演、实践、调查等多种形式学生的动手实践能力提升很大。

2. 教师的教学水平、科研素养得以提高,加速教师专业发展

开展小班化实验前,我校11名数学教师在实验前的摸底调查评定,反思能力达到良好等级的只有1人,占9.09％;达到及格等级的有4人,占36.36％;不及格的有6人,占54.55％,这说明教师的反思能力令人担忧。实验后,13名实验教师的反思能力达到优秀的有1人,占7.69％,比实验前提高了7.69％;良好的有4人,占30.77％,比实验前提高了21.68％。

反思能力测评	优秀		良好		一般		差	
	人数	百分比	人数	百分比	人数	百分比	人数	百分比
实验前(11人)	0	0	1	9.09％	4	36.36％	6	54.55％
实验后(13人)	1	7.69％	4	30.77％	8	61.54％	0	0

愿意深入课堂听课,课堂观察是我们深化小班化课题研究的一项重要举措。以前我们的听课更多具有随意性,如今实验老师着重从教师教学行为、学生学习行为、师生双边活动等进行课堂观察,老师们正逐步走向比较专业的听评课。

附课堂观察样表:

课堂教学观察表一

（学生活动等级量表）

时　间		地点		课题	
观察者资料	姓名		年龄		教龄		单位	
观察中心	新课程背景下学生学习方式的转变——自主学习、探究学习、合作学习				
	学生表现				评　分
观 察 记 录	1. 学习兴趣是否浓厚。				
	2. 学习情绪是否高昂。				
	3. 能否积极参与教学活动。				
	4. 对教师态度。				
	5. 能否在学习中自觉从教师推荐的资源（网络、资料袋）中自主选择、重组信息、能否"发现"规律,形成自己的见解并有效表达自己的观点。				
	6. 积极思考,深入探询。				
	7. 合作学习中,能否与同学有效合作,能否照顾其他同学的学习需要。				
	8. 学习中,能否对老师和同学提出的观点大胆质疑,提出不同意见。				
	9. 学习中,能否应用已经掌握的知识与技能,解决新问题。				
	10. 学习中,能否反思自己的学习行为,调整学习策略。				
	合　计				

（5分制:优,5分;良,4分;好,3分;一般,2分;尚好,1分。）

课堂教学观察表二

（教师行为等级量表）

时　间		地点		课题			
观察者资料		姓名		年龄		教龄	单位
观察中心		新课程背景下教师工作方式的转变——学生学习组织者、引导者、促进者					
观 察 记 录	学生表现						评　分
	1. 教学态度是否沉稳、愉快。						
	2. 课堂教学语言用词是否浅显易懂。						
	3. 对教室秩序的管理是否到位。						
	4. 学习前是否就学习目标与方法与学生讨论。						
	5. 能否通过评价调动学生的学习积极性、有效调控学习气氛。						
	6. 能否有效激发学生的学习兴趣。						
	7. 对学生反应的注意。						
	8. 对学生突如其来问题及状况的处理。						
	9. 能否通过恰当评价引导对学习主题的深入思考。						
	10. 能否学生的意见，并与学生平等交流。						
	合　　计						

（5分制：优，5分；良，4分；好，3分；一般，2分；尚好，1分。）

课堂教学观察表三

（师生互动等级量表）

时间		地点		课题：						
观察者资料		姓名		年龄		教龄		单位		
观 察 记 录		观察内容		次数	效果评价					
					A	B	C	D	E	
	教师提问 类型	1. 描述性问题								
		2. 判断性问题								
		3. 论证性问题								

续表

时间		地点		课题：						
观察者资料		姓名		年龄		教龄		单位		

观察记录	观察内容		次数	效果评价				
				A	B	C	D	E
	学生提问类型	4. 理解性疑惑						
		5. 判断性疑惑						
		6. 实证性疑惑						
	互动类型	7. 师生互动						
		8. 生生互动						
		9. 师班互动						
	教师对互动过程的推进	10. 以问题推进互动						
		11. 以评价推进互动						
		12. 以非语言推进互动						
	言语互动过程记时	13. 30秒以下						
		14. 30秒以上						
	教师对学生提问的态度	15. 热情						
		16. 冷漠						
		17. 忽视						
	互动管理	18. 有效调控						
		19. 放任						

（5分制：优，5分；良，4分；好，3分；一般，2分；尚好，1分。）

由于教师更加注重读书学习、听课评课、教学反思，所以大大加速了教师的专业发展，其变化是显而易见的：

（1）教学观念得到转变。

学校采取了"请进来，走出去"的方法，为教师了解新的教育形势提供了较多机会。教师们也能虚心求教，认真探索，尝试新的课堂教学方法。正是教学观念的转变，教师们开始重视教法研究，也重视学法指导，力求激发学生学习的积极性，努力引导学生自主学习。在抓实基础知识的基础上，培养学生的创新精神，发展学生的个性。

（2）科研能力得到提高。

作为一名教师，能否把握好课堂教学，能否紧扣教学要求上出有质量的课，能否在学生中取得较好反馈，这是至关重要的。小班化教学实验为我校的教师们创造了条件，让她们在这片"试验地"里能毫无拘束地自由探索，尝试有效的教学方法，以此使自己的业务能力不断提高。正如孙小平老师在总结中提到的：

课题研究让我学会了与新课程对话，与书本对话，与自己的心灵对话。在对话的过程中，我找到了自我，找到了快乐。我在不断地实践，不断地反思，不断地记录，因而我有了实践智慧，有了心灵体验，自己也在繁忙中快乐地成长……

在实验的过程中，老师们享受着研究的快乐，探寻着成长的喜悦。

3. 学校的办学水平、知名程度得以提升

随着课题研究的不断深入，学校拿出资金不断改善办学条件，积极参与各级教学及研讨活动，交流探讨我们的实践做法，也得到同行们的充分肯定。

课题研究获奖情况一览表（荣誉证书、优质课、课题成果等略）

唯有实验，才会给我们带来这么多的惊叹和荣誉；唯有实验，才会使这么多人享受到收获和喜悦。校园，因课题实验而生机盎然。2010 年 7 月，我校数学团队入选威海市名课程团队。课题就是一块实验田，优良的产品都是从这块土地上诞生的，广大教师在课题研究这块沃土中不断成长！以上这些，都记录着我们探索路上的点点滴滴，愿与所有同行共同分享，从而取长补短，使我们的课题研究工作再上新台阶。

六、存在的问题与后续研究

回首几年的课题实验，我们跨出了艰难的第一步，成绩告慰我们：汗水没有白流！当然我们也遇到了很多问题和困惑，需要进一步解决，我们将在探索研究的路上继续前行。

1. 积极提高课题成员的素质

从事本课题研究的教师中青年教师比例较大，实践经验积累不足，理论水平有待提高，今后我们将继续走校本培训与校本科研之路，继续实施课题牵动促进教师专业化发展的策略，使教师具有深厚的理论基础，从而更好地指导自己的实践研究。

2. 多元评价的体系还有待完善

问卷中有不少学生提出操作评价时影响了学习,操作的评价体系还有待在今后的研究边学习、边改革、边总结,使之进一步完善,有助于我们的数学学习。

3. 不断推进课题研究的深度

在今后的课题研究中,我们在原有的课题研究成果的基础上,不断深入进行课题研究,带领课题组成员对自己的课题研究状况进一步回顾和反思,对自己在过去的课题研究中存在的不足认真分析,从而为课题研究的深入打下扎实的基础。

小班教学与评价的探索、研究还只是刚刚起步,以上点滴只是我们在课堂教学改革和重构评价体系中的一些做法,离形成系统的小班教学模式、评价的方法和管理制度要求还相差很远。前面的道路中肯定充满了坎坷、艰辛,有我们的理念和能力的不足,也有与现行的教育体制和规定的矛盾,但我们会以微笑去迎接每一个挑战,用"心"去学习、研究、探索、实践、反思。我们相信,只要继续探索、努力实践,我们一定会品尝到成功的喜悦。

(荣成市幸福街小学课题组 李淑芹)

5.8.3 写作要求

1. 依据实验方案写出实验报告的前四项内容(从"题目"——"实验的目的和意义")。

2. 在具体实施过程中要写出具体的做法,突出的特色。既要有做法的总体概括,又要有做法的具体描述。也就是说,有学校的总的做法,还要有实验教师个体的具体做法。总结有由面到点,由总到分的层次,又有普遍到具体的过程,翔实而又具体,具有一定的说服力。

3. 在实施过程的叙述中要有具体的数字。即让数据说话(如,在例文中有学习行为问卷调查、学习成效数据分析、反思能力测评等,既有数据统计又有数据分析)。分析要详细,要有层次,要系统,要科学,从不同层面上,如学生学习的情感态度,学习的方式方法,学习的效果,学习的能力,竞赛的成绩等。

4. 在"分析与讨论"中要摆事实,讲道理,对研究内容进行分析。这是实验报告的主体部分,应按原来设计的内容,分几个部分把自己已做的工作加以描述分析出来。这些事情做后得到什么启发,得出什么规律性的东西,可以有数据分析、案例分析等。分析的内容是:由实验结果回答篇首提出的问题;对结果进行理论上的分析与论证,是否在理论上站得住脚,或对发展理论有何意义;找出得失成败,对实验中有争论的问题提出见解;本实验有待深入研究的问题和不足之处。

  总而言之,撰写实验报告,是课题实验的一个重要环节,编筐编篓重在收口。写出一份翔实、全面、生动、真实有力的结题报告,是为课题实验画上一个完美的句号,也为今后更好的工作提供可借鉴的依据。

参考文献

《小学"小班化教育"教学指南》　主编：张雪珍　　上海科技文献出版社

《小班化教育》　　　　　　　　主编：小班化　　东南大学出版社
　　　　　　　　　　　　　　　教育编写组

《小班化互动教育》　　　　　　主编：林静　　　黑龙江出版社

《小班化教育课堂教学》　　　　主编：赵笑梅　　四川大学出版社
　　　　　　　　　　　　　　　文丽

《小学小班化教育行动研究》　　主编：朱秀琴　　南京大学出版社

图书在版编目(CIP)数据

小班化让教育走向优质高效：小学数学小班化教学的实践与探索/潘桂华主编.—济南：山东人民出版社,2011.4

（威海市基础教育重点课题研究成果系列丛书）

ISBN 978－7－209－05682－3

Ⅰ.①小...　Ⅱ.①潘...　Ⅲ.①小学数学课－教学研究　Ⅳ.①G623.502

中国版本图书馆 CIP 数据核字(2011)第 047925 号

威海市基础教育重点课题研究成果系列丛书

小班化让教育走向优质高效

潘桂华　主编

山东出版集团

山东人民出版社出版发行

社　址:济南市经九路胜利大街 39 号　邮　编:250001

网　址:http://www.sd－book.com.cn

发行部:(0531)82098027　82098028

新华书店经销

日照报业印刷有限公司印装

规　格　16 开　（169mm×239mm）

印　张　19.75

字　数　320 千字

版　次　2011 年 4 月第 1 版

印　次　2011 年 4 月第 1 次

ISBN 978－7－209－05682－3

总定价　95.00 元(共 3 册)

如有质量问题,请与印刷厂调换。电话:(0633)8221365